KB216255

이시우李時雨

서울대학교 천문학과와 동 대학원 이론물리학 석사과정을 졸업하였으며, 미국 웨슬리안(Wesleyan) 대학교에서 천문학 석사과정을 재차 밟았다. 그뒤 호주국립대학교에서 관측천문학 박사과정을 졸업, 이학박사가 되었다. 경북대를 거쳐 서울대 천문학과 교수를 지냈으며, 한국과학기술원 한림원 종신회원으로 있다.

주요 저서로는 『태양계 천문학』, 『은하계의 형성과 진화』, 『별과 인간의 일생』, 『우주의 신비』, 『천문학자와 붓다의 대화』, 『인생』, 『화엄법계와 천문학』, 『연기와 우주인드라망』, 『붓다의 세계와 불교 우주관』, 『직지, 길을 가르키다』 등이 있다.

금강경과 천문학

금강경과 천문학

천문학자가 풀어낸 금강경의 비밀

이시우 해설

DOPIANSA 到彼岸社

서문

『금강경』은 부처님 말씀을 담은 여러 경전들 중에서 불법의 핵심을 가장 잘 정리해서 담은 경으로 대승경전 가운데 단연 으뜸이다. 이런 중요성 때문에 『금강경』은 여러 나라 글로 다투어 번역되었고 또 많은 연구가들이 각자의 견해를 가지고 해석하고 주석을 달았다.

그중에서 우리 한국의 불자들이 가장 많이 읽는 것은 중국의 구마라집(鳩摩羅什, Kumarajiva, 후한, 343~413년) 한역(漢譯) 본이다. 이 역본은 아주 매끈한 문장으로 직역(直譯)보다는 뜻을 잘 새겨 의역(意譯)된 부분이 많아, 쉬운 것 같으면서도 뜻을 이해하는 데 부분적으로 어려움도 따른다. 그럼에도 불구하고 구마라집의 한문본을 근거로 많은 사람들이 『금강경』 해설서를 썼다.

지금까지 나온 『금강경』의 해설을 살펴보면 주로 경에 나오는 자구의 해석에 많이 치중하고, 그리고 부처님께서 설한 내용을 부처님 자신의 개인적 견지에서만 보면서 해설했다. 즉 수보리가 부처님께 묻고, 부처님이 질문에 대답하는 형태의 틀을 벗어나지 못하고 있다. 그러다 보니 경의 제1분에 나오는 1,250인으로 구성된 대중의 존재는 무시되고 있다. 그래서 『금강경』은 대승불교의 소의(所依) 경전으로 대표되면서도 경의 해석에서는 대승의 근본 뜻을 뚜렷이 나타내지 못하고 있다.

이런 점을 고려하여 1,250인의 대중 집회로부터 시작되는 『금강경』은 붓다 개인의 경이 아니라 대중의 경이라는 관점에서 경을 대중의 집단, 즉 공동체를 중심으로 한 연기법으로 새롭게 해석해 보고자 한 것이 본서의 의도이다. 그리고 『금강경』에서 설한 부처님의 불법이 인간에만 국한되는 것이 아니라 우주 만유에 적용되는 우주 법계의 법임을 보이기 위해 경의 해석을 별들의 세계인 우주로 확장했다.

본서에서 채택한 『금강경』은 구마라집의 한역(漢譯)과 한암(漢岩) 스님이 현토한 광덕(光德) 스님의 국역(國譯, 『금강반야바라밀경』: 불광출판부, 1992)이며, 경의 분절은 양 나라의 소명태자(昭明太子)가 나눈 32분절의 전통적인 형태를 그대로 따랐다. 그리고 필자의 해설은 신강(新講)으로 표시하고, 그 아래 각 분의 요약과 그에 따른 해설, 우주적인 불법의 확장에 따른 별의 세계를 표시했다. 중요한 『금강경』의 사구게(四句偈)는 간추려 부록에 실었다. 또한 주(註)를 자세하게 달아 공부하는 분들에게 도움이 되고자 했다.

본서의 내용은 기존의 여러 해설과 달리 『금강경』은 대승불교의 근본 사상을 담은 경이라는 관점에서 시도된 것임을 유의하여 이해해 주기를 바라며 눈 밝은 분의 질정(叱正)을 바란다.

본서의 원고를 자세히 읽고 문장을 다듬어 주신 소설가 이재운 선생께 깊이 감사한다. 그리고 정성스럽게 편집해 준 조인숙에게도 깊은 감사의 마음을 전하고 싶다.

2015년 제호를 바꾸고 판을 새로 짜며
안성 토굴에서 이시우

차례

금강경과 천문학

제1분 법회를 이룬 연유

漢譯 법회인유분(法會因由分)

如是我聞하사오니 一時에 佛이 在舍衛國祇樹給孤獨園하사
여 시 아 문 일 시 불 재 사 위 국 기 수 급 고 독 원

與大比丘衆千二百五十人으로 俱러시니 爾時에 世尊이 食時에
여 대 비 구 중 천 이 백 오 십 인 구 이 시 세 존 식 시

着衣持鉢하시고 入舍衛大城하사 乞食하실새 於其城中에
착 의 지 발 입 사 위 대 성 걸 식 어 기 성 중

次第乞已하시고 還至本處하사 飯食訖하시고 收衣鉢하시며
차 제 걸 이 환 지 본 처 반 사 흘 수 의 발

洗足已하시고 敷座而座하시다.
세 족 이 부 좌 이 좌

國譯 법회를 이룬 연유

이와 같이 내가 들었다. 한때 부처님께서 사위국[1] 기수급고독원[2]에 계시사 대비구중 천이백오십 인과 더불어 함께하셨다.

그때는 세존께서 공양하실 때라 큰 옷 입으시고 발우 가지시어 사위대

---

1 사위국: 당시 인도 중원의 16국 중 왕사성과 더불어 가장 강대했던 나라.
2 기수급고독원: 제따 태자의 숲(기수)에 태자와 급고독(아나타삔디까) 장자가 공동으로 기증해서 세운 승원.

성에 들어가시사 밥을 비시는데 그 성중에서 차례로 비시옵고 본 곳으로 돌아오시어 공양을 마치신 뒤 의발을 거두시고 발을 씻으신 다음 자리를 펴고 앉으셨다.

新講

법회인유분에서는 법회가 열리는 집단에는 어떠한 사람들이 있고, 그리고 어떠한 방식으로 집단의 살림살이가 이루어지고 있는가를 잘 보여 주고 있다. 특히 이 집단은 붓다라고 하는 인물을 중심으로 일정한 규율 아래서 운영되고 있음을 나타내고 있다.

[해설]

"한때 부처님께서 사위국 기수급고독원에 계시사 대비구중 천이백 오십 인과 더불어 함께하셨다.

그때는 세존께서 공양하실 때라 큰 옷 입으시고 발우 가지시어사 위대성에 들어가시사 밥을 비시는데 그 성중에서 차례로 비시옵고 본 곳으로 돌아오시어 공양을 마치신 뒤 의발을 거두시고 발을 씻으신 다음 자리를 펴고 앉으셨다."

붓다와 1,250인의 보살승과 수행승으로 이루어진 집단(공동체, saṁgha)이 있으며, 이 집단 내에서 강력한 구심력을 갖는 붓다의 행동과 이에 따른 구성원들의 연기적[3] 행동을 보여 주고 있다.

즉 『금강경』은 어느 한 사람의 개인, 즉 붓다 혼자의 사건을 기록한 것이 아니라 집단 전체의 생활과 수행상태를 보여 주며, 그 중요성이 인간 사회에 어떻게 적용되어야 하는가를 기술하고 있다.

다시 말하면 『금강경』은 '공동체가 어떻게 해야만 올바른 삶을 살아갈 수 있는가'를 보여 주는 대중집단의 삶의 진화에 대한 경전이다. 그리고 이러한 삶이 지극히 평범함을 보이고 있다.

대중의 중심에 붓다가 있고 그 주위를 구성원들이 움직이면서 대중 전체를 안정적으로 이끌어간다. 그리고 걸식, 공양 등 모든 것이 지극히 규칙적이다. 제자들이 붓다와 가까이서 만나 직접적인 연기관계[4]를 규칙적으로 이루어가면서 대중 전체를 깨달음의 이완상태[5]

---

3 연기(緣起): (1) 인연생기(因緣生起: 인연해서 일어나다)의 뜻을 가진 연기에 포함된 내용을 보면, "이것이 있으면(없으면) 곧 저것이 있다(없다). 이것이 생기면(멸하면) 곧 저것이 생긴다(멸한다)"에서 연기의 기본은 인(因, 원인 제공자), 연기관계를 이어주는 연(緣), 원인에 대한 결과인 과(果)로 이루어진다. 연기에는 다음과 같은 기본 개념이 포함된다. ① '이것'과 '저것'의 복수(집합) 개념. ② 상대적 개념으로 양극단을 융합하는 중도(中道) 사상. ③ 인연에 의한 단순한 생기(生起)보다 적극적인 상호 의존적 관계성. ④ 무자성(無自性)에서 귀결되는 공(空) 사상. ⑤ 연속적 연기작용을 통해 자기 초월성(향상일로)을 지향함으로써 반야바라밀(지혜의 완성)의 달성. (2) 연기와 상호 관계성: ① 원인에서 결과(先因後果) 또는 결과에서 원인(先果後因)이 규명되는 시간적 함수관계를 가진다. ② 원인과 결과가 공존하는 집단에서는 시간에 무관한 관계성이 중시된다. 집단에서는 원인과 결과에 해당하는 작용과 반작용의 발생이 모든 구성원 사이에서 동시적으로 발생한다. 따라서 단순한 연에 의한 생기(生起)보다 상호관계 또는 상의적 관계라는 구성원 사이의 적극적인 관계성이 중시된다. ③ 연속적 수수과정에서는 이접적(離接的) 다자(多者)를 연접적(連接的) 일자(一者)로 변환함으로써 보편성과 평등성이 달성된다. 그러면 '연기를 보면 법을 보고, 법을 보면 연기를 본다'는 이완상태에 이른다. 이것이 「화엄경」에서 만유가 원융무애하다는 십현연기(十玄緣起)에 해당한다.(『華嚴의 思想』: 카마타 시게오·한형조 옮김, 고려원, 1991, 121쪽. 『천문학자와 붓다의 대화』: 이시우, 종이거울, 2004, 139쪽) (3) 속제연기와 진제연기: ① 세속적인 속제연기(俗諦緣起)에서는 12연기처럼 구체적인 연기의 과정이 중시된다. ② 진제연기(眞諦緣起)에서는 오랜 시간에 걸쳐 전체적으로 보면 궁극적으로는 생도 없고 소멸도 없다는 불생불멸의 궁극적인 진리에 연관된 상의적 관계가 다루어진다. 이 연기는 중중무진(重重無盡)한 관련성을 가지는 화엄종의 법계연기에 해당한다. (4) 사종법계: 우주의 만유는 평등하고 보편적인 진여라는 이성의 세계인 이법계(理法界), 차별적인 사물의 현상 세계인 사법계(事法界), 사물이 존재원리에 원융해 있으면서 개체의 존재가 자연의 보편적 원리를 따르는 이사무애법계(理事無礙法界), 사물들이 시공간적으로 서로가 상의적 관계를 통해 동등해지며 이완되는 사사무애법계(事事無礙法界) 등 화엄의 사법계(四法界)도 진제연기에 속한다. (5) 연기관계(상의적 수수관계)의 철학: ① 존재론적으로 보면 연기관계는 존재의 본질과 관계되는 것으로 존재의 근본 양식이다. ② 인식론적인 면에서 개체의 존재는 상호관계에서 이해되어지며 전체적(全一的) 사상을 가진다. ③ 윤리와 도덕의 측면에서는 상호 의존적 관계에서 무아(無我)를 추구함으로써 반야바라밀을 성취한다. (5) 연기설: ① 주관적 연기설에서는 고집멸도의 사성제(四聖諦)를 통한 개인의 해탈이 중시된다. ② 객관적 연기설에서는 집단 전체의 이완이 중시된다.

4 연기관계(緣起關係): 연기는 연이어서 결과를 일으킨다는 인연생기(因緣生起)의 뜻이며, 만유는 상호 연관된 연기로 얽혀 서로 주고받는 유기적인 관계.(참조 『별을 보면 법을 보고 법을 알면 별을 안다』: 이시우, 신구문화사, 2002, 202쪽)

5 이완상태(弛緩狀態): 집단 내에서 구성원들 사이의 연속적인 주고받음의 관계를 통해서 개체의 고유한 초기 특성이 완전히 사라지면서 집단 전체의 고유한 특성이 생기는 가장 안정된 상태이다. 여기서 집단의 특성이란 각 구성원들의 역할과 존재 가치가 동등해지고 평등해지며 그리고 특수성이 사라지면서 모든 것이 보편화된다.(참조 『별을 보면 법을 보고 법을 알면 별을 안다』: 이시우, 신구문화사, 2002, 55쪽·221쪽)

로 이끌어가고자 한다.

이와 같이 유기적인 연기관계를 통한 대중 전체의 깨달음이 곧 대승불교[6]의 길임을 처음부터 제시하고 있다. 즉 『금강경』의 근본 사상이 연기사상임을 암시하고 있다.

유일신을 가정하는 전변설(轉變說)이나 여러 요소가 쌓여서 존재가 구성된다는 적취설(積聚說)에 대응하는 연기설은 붓다 이전부터 전해 내려오는 것으로 『아함경』에서 잘 보여 준다.

어떤 비구가 부처님께 여쭈었다.

"세존이시여, 연기법이란 세존께서 만든 것입니까. 다른 사람 이 만든 것입니까?"

"연기법은 내가 만든 것이 아니요, 다른 사람이 만든 것도 아니다. 그러므로 그것은 여래가 세상에 나오거나 세상에 나오지 않거나 법계에 항상 머물러 있다. 저 여래는 이법을 스스로 깨닫고 바른 깨달음을 이룬 뒤 모든 중생을 위해 분별해 연설하고 이렇게 드러내 보이신다."[7]

이처럼 연기법은 세상이 생긴 이래 만유의 존재와 함께 있어 왔다. 그러므로 대중이 있다면 거기에는 반드시 상호 간에 연기작용이 있기 마련이다. 따라서 불법은 붓다 이전부터 존재해 왔다. 이런 불법을 최초로 세상에 펴서 알린 사람이 붓다이다. 그리고 불교의 이름으로 불법을 인간의 삶 속에 심어온 것은 붓다와 대중이 함께해 온 것이다. 그러므로 불교를 믿으려면 '붓다에게 돌아가라!'라는 말은 할 수 없다.[8] 붓다를 앞세우고 대중을 무시하는 것은 세존의 평등사상 자체를 무시하는 것으로 근본 불법이 아니다.

---

6 대승불교(大乘佛教): 자리(自利)보다 중생을 위해 이타행(利他行)을 실천하고, 그것에 의해 부처가 되는 것을 주장하는 불교의 종파.
7 『가려뽑은 아함경』: 선우도량, 대한불교 조계종 선우도량, 1992, 136쪽.
8 『불교철학입문』: 사이구사 미쯔요시, 윤종갑 옮김, 경서원, 2001, 92쪽

대중 집단의 이완상태란 집단을 구성하는 개체들 사이의 연속적인 주고받음의 과정을 통해 객체에 대한 주체의 분별적 표상이 사라지고(法空)[9] 또 이들을 사유하는 의식작용이 지극히 평범해지는 상태(入空)[10]에 이르게 된다. 그러면 최소작용의 원리[11]를 따라 최소 에너지 상태에 놓이면(열반 또는 열반적정-고요하고 편안한 상태), 주객이 분별되지 않고 융합되는(相卽相入)[12] 보편적 질서(法界)를 따르게 된다.

그래서 각 개체의 초기 특성[自性]이 완전히 상실되어 개체 간의 구별이 불가능해지면서 모두가 동등하고 평등해지며 그리고 특수성이 사라지면서 보편적으로 되는 안정된 상태에 놓이게 된다.

개체의 자성(自性)이 존재하지 않는 이런 이완상태에서는 대중 전체의 고유한 특성이 나타나고, 이것에 의해 개체의 특성이 규정된다. 그래서 이완상태에서는 어느 한 개체의 특성에 의해서 집단의 특성이 규정되지는 않는다. 만약 어떤 한 개체의 고유한 특성에 의해서 집단 전체의 특성이 규정된다면 이 집단은 이완되지 않은 불안정한 상태에 놓이게 된다. 이것이 연기관계 즉 상의적 수수관계의 특성이다.

연기관계는 나가르주나(龍樹)의 『중론(中論)』에서도 엿볼 수 있다. 그는 "연(緣)은 넷이네. 인(因), 소연(所緣)[13], 등무간연(等無間緣)[14] 그리고 증상연(增上緣)이네. 제5의 연은 없네"[15]라고 했다.

즉 주객(主客) 간의 상의적 수수과정에서 주체가 대상인 객체에

---

9 법공(法空): 대상을 실체시하고 그에 받아들여지는 것을 그만두는 것.
10 입공(入空): 인연생(因緣生)의 의의를 이해하고 모든 사상의 본성이 공임을 깨닫는 것.
11 최소작용의 원리: 가장 낮은 에너지 상태에 머물며, 가장 적은 에너지로 외부 반응에 대응하는 것.
12 상즉상입(相卽相入): 상의적 수수관계를 통해 서로 들어가 하나로 융합하는 것. 즉 하나가 전체이고 전체가 하나라는 화엄종의 연기사상.
13 소연(所緣): 인식의 대상.
14 등무간연(等無間緣): 연속하는 마음 중 뒤의 마음.
15 『중론(中論)』: 나가르주나(龍樹) 지음·박인성 옮김, 동민출판사, 2001, 6쪽.

영향을 미치는(작용) 관계[因緣]에서 대상에 미치는 작용이 소연(所緣)이고, 다시 주체가 이 대상으로부터 받는 반작용이 등무간연(等無間緣)이다. 이때 수수과정에서 생기는 부수적 작용들이 증상연(增上緣)[16]이다.

그리고 "어떤 것[甲]이 어떤 것[乙]에 의존해서 존재할 때 우선 어떤 것[甲]이 어떤 것[乙]과 같은 것이 아니네. 또 어떤 것[甲]이 어떤 것[乙]과 다른 것도 아니네. 단멸(斷滅)하는 것도 아니고 상주(常住)하는 것도 아니네"[17]라고 했다.

즉 개체 간에 상의적 관계가 있을 때 서로 주고받음에 의해 서로는 개별적인 것 같으면서도 완전히 별개로 존재하지 못한다. 따라서 상의적 수수관계에서는 개체가(개체의 특성이) 단멸하는 것도 아니고, 또 언제나 일정하게 고정된 자성으로 머무는 것도 아니다.

결국 만유 사이에 일어나는 연기관계는 중도(中道)[18]를 근본으로 하고 있음을 알 수 있다.

외부 대상과의 상의적 수수관계에서 일어나는 개체의 외형과 구성물질의 변화에서 연기를 볼 수 있다. 예를 들면 인간의 경우는 지수화풍[19]의 사대(四大)로 이루어진 몸[色]과 수상행식[20]의 마음[心]으로 구성된 오온(五蘊)은 각 요소들 사이에서 서로 연기작용을 일으킨다.

따라서 오온의 물(物)과 심(心)은 상호 교섭으로 고정된 자성이 존재하지 못하기 때문에 오온은 공(空)하다. 그래서 공이 곧 오온이며,

---

16 증상연(增上緣): 직접적인 인연, 소연, 등무간연 이외의 부수적인 것.(간접 원인).

17 『중론(中論)』: 나가르주나(龍樹) 지음 · 박인성 옮김, 동민출판사, 2001, 292쪽.

18 중도(中道): 두 개의 대립되는 것을 떠나 어느 하나에 치우치지 않는 것.

19 지수화풍(地水火風): 땅(굳은 것), 물(젖은 것), 불(따뜻한 것), 바람(움직이는 것).

20 수상행식(受想行識): 수(받아들이는 것), 상(모습을 취하는 것), 행(지어감-造作), 식(가려 앎-了別).

색과 공이 같다. 여기서 공은 단순한 공이 아니라 오온이 있다는 집착을 깨기 위해 말하는 것으로 오온의 실체가 본래 없다는 뜻이다.

이로부터 물질과 의식활동 영역의 상호 교섭으로 구성된 자기 존재는 공하며 이를 인아공(人我空)이라 한다. 그리고 물질세계와 의식활동은 서로 떠나 존재하지 않으므로 물질(대상)과 의식활동은 모두 공이라 하며, 이를 법아공(法我空)이라 한다.

연기는 원인에 의해서 일어나는 결과의 관계로 보기도 한다. 이 경우는 원인이 미친 후에 결과가 나오므로 연기는 시간의 함수관계이다. 이것은 일반적으로 두 개체 사이에서 일어나는 연기의 경우에 적용된다.

그러나 개체가 많은 집단의 경우에는 한 개체가 받는 작용의 원인은 여러 개체에 의해 동시적으로 일어나며 또 결과도 여러 개체에 동시적으로 작용한다. 뿐만 아니라 원인이 먼저고 결과가 나중이라는 선인후과(先因後果)만이 성립하지 않고, 또한 결과를 통해서 원인이 밝혀지는 선과후인(先果後因)도 나타난다. 그래서 집단 내에서의 연기관계는 원인과 결과가 중요한 것이 아니라 상호 의존적 관계가 연기의 주요 요인이 된다.

연기(緣起)는 무엇을 연하여 일어나므로 변화에 따른 자성(自性)의 상실 즉 무자성(無自性)을 일으키며, 이것은 다시 고정된 본체[本性]가 없다는 연기의 공성(空性)[21]을 보인다. 결국 연기는 무자성으로, 무자성은 공으로 귀결된다. 이런 과정을 거치면서 제법실상[22]은

21 공(空): 모든 사물은 인연에 의해 생기는 것으로 고정된 실체가 없는 것. 모든 것은 연기(緣起)하고 있는 것. 유(有)와 무(無)라는 두 가지 극단을 떠나 있는 것으로 중도(中道)에 해당한다. 공성(空性)은 공의 성질을 가진 것.

22 제법실상(諸法實相): 연기적 중도의 견지에서 본 사물의 진상(眞相). 만유의 진실의 본성. 만유의 상주불변(常住不變)의 이법(理法).

이완상태라는 열반[23]의 경지에 이르는 것이다.

불법에서는 흔히 자신의 고유한 정체성을 잃을 때 본래의 자성을 본다고 한다. 이때의 자성은 곧 상호관계에 의해 대중 전체가 이완되면서 나타나는 집단의 고유한 특성을 뜻한다. 이러한 집단의 특성은 육조 혜능 선사의 「단경」에서 "이름을 무엇이라고도 붙일 수 없는 것을 자성이라고 하느니라"[24]고 했듯이 구성원 개체에서 뚜렷한 자성으로 나타나는 것은 아니다.

그리고 혜능 선사는 집단을 이루는 대중[衆生]의 중요성을 "만약 중생을 알면 즉시 불성이다. 중생을 모르면 불(佛)은 못 만난다"[25]라고 강조하고 있다.

개인적 입장에서 자성을 본다는 것은 연기관계에서는 고정된 자성이 없기 때문에 변화해 가는 자신의 자성을 본다는 뜻이다. 즉 상호과정에서 일어나는 자성의 변천을 보고 또 변천과정을 관조하는 것이다. 이로부터 상호 의존적 연기법을 이해함으로써 올바른 여실지견[26]을 얻게 되는데 이것이 곧 견성(見性)[27]이다. 그래서 마음의 눈을 뜨면 자성을 보며 견성(見性)한다고 하는 것이다.[28]

화엄의 법계연기[29]에서 인과(因果)는 법계[30] 자체에서 일어난 인

23 열반(涅槃): ① 모든 번뇌를 끊어 미혹함이 소멸된 상태. 완전한 열반(무여열반). ② 일체의 희론과 일체의 분별을 떠나며 나아가 모든 대립을 초월하는 것. ③ 부서지는 것도 아니고 죽는 것도 아니며[不壞不死], 버림도 없고 얻음도 없고[無捨無得], 단멸도 아니고 항상도 아니고[非斷非常], 같은 것도 아니고 다른 것도 아닌 것[非一非異].(참조 『대승입능가경』: 김재근 역, 명문당, 1992, 263쪽)

24 『육조단경』: 광덕 역주, 불광출판부, 1994, 317쪽.

25 『육조단경』: 광덕 역주, 불광출판부, 1994, 14~15쪽.

26 여실지견(如實知見): 있는 그대로 실제와 이치에 맞게 보고 아는 것.

27 견성(見性): 본래 존재하는 자신의 본성을 보는 것. 참된 자기를 깨닫는 것.

28 『자기를 바로 봅시다』: 퇴옹 성철, 장경각, 2003, 312쪽.

29 법계연기: 우주 만물은 모두가 서로 연기되어 있어 하나가 전체[一卽一切]이고 전체가 하나[一切卽一]인 중중무진(重重無盡)한 관계. 여기서는 중생, 불, 번뇌, 보리, 생사, 열반 등의 대립이 모두 동등하다. 법계무진연기(法界無盡緣起), 일승연기(一乘緣起), 무진연기(無盡緣起)라고도 함.

(因)이 법계 자체인 과(果)를 이룬다고 한다. 그래서 만유는 서로 의존적으로 연유하는 중중무진한 관계를 이루는 무장무애(無障無礙)한 법계연기의 세계다.

따라서 집단연기에서는 인이 과를 일으키고, 과는 인을 일으키며 인과가 연속적으로 상호 작용하므로 인과 과의 분별은 의미가 없어진다. 인과를 이어주는 연(緣)이 인간의 경우는 육식(識)[31]이지만 별의 경우는 단순한 중력이나 전자기력에 의한 상의적 수수관계이다.

집단연기에서 인이 자성 없는 인이고 연이 자성 없는 연이므로 과 또한 자성 없는 과이다.[32] 따라서 집단에서는 연기라는 말보다 상호 의존적 관계성 즉 상의성(相依性)이라는 말이 더 적합하다.

[별의 세계]

별의 세계에도 사람의 집단에 해당되는 것이 있다. 별들이 많이 모인 성단이나 성단들이 많이 모인 은하 등이 바로 그 예다.(그림1) 실은 우주가 별의 작은 집단에서 점차 큰 집단으로 형성되는 여러 개의 계층적 구조로 이루어졌고, 각 집단 내에서는 법계연기 관계가 활동적으로 이루어지고 있다.

성단을 예로 들면 역학적으로 안정된 성단에서는 무거운 별들이 성단의 중심부 영역에 주로 머물면서 강한 구심력으로 성단 내 별들의 운동을 구속하면서 별들 간의 운동이 조화롭게 이루어지도록 한다.

---

30 법계(法界): 형체가 있는 것과 형체가 없는 것의 일체 사물과 이들의 성주괴공과 생주이멸을 관장하는 이법이 미치는 세계.

31 육식(識): 안식(眼識), 이식(耳識), 비식(鼻識), 설식(舌識), 신식(身識), 의식(意識).

32 『화엄종관행문』: 대한불교조계종 교육원 편, 조계종출판사, 2001. 226쪽.

그림1 산개 성단(위)과 구상 성단(하)

즉 각 별들은 가장 가까이하는 이웃 별들과 지나가다 만나면(조우하면) 서로 섭동[33]을 미쳐서 운동 방향과 속도가 바뀐다. 이것은 각 별이 가진 고유한 운동의 특성을 계속 유지하지 못하고 그 특성이 계속 변해 가는 것을 의미한다.

다시 말하면 조우, 섭동으로 초기의 고유한 자성을 유지할 수 없다는 것이다. 이것이 별의 세계에서 제행무상[34]이고 제법무아[35]다.

이와 같은 집단연기를 통한 역학적 변화의 과정을 거치면서 성단 내 각 별들의 에너지가 거의 비슷해지는 에너지 등분배가 일어나면서 안정된 이완상태에 이른다. 이 상태가 바로 불교에서 흔히 말하는 열반적정[36]의 경지와 같다. 별에서 보여 주는 이상과 같은 내용이 『금강경』에서 다루어지고 있음을 앞으로 계속 볼 수 있게 된다.

한편 별은 태어날 때 평생 동안 먹고 살 수 있는 양식을 가지고 나온다. 즉 별을 구성하는 물질이 곧 양식이다. 따라서 빈손으로 태어나는 인간과는 다르게 별은 처음부터 집착이라는 것이 없다.[37] 그래서 별은 아상, 인상, 중생상, 수자상 등 사상(四相)[38]을 가지고 있지 않다. 별은 경에서 설하고 있는 불법을 그대로 실천하는 법신[39]이다.

---

33 섭동(攝動): 주된 힘 이외의 적은 힘. 예를 들면 성단 내에서 한 별에 미치는 성단 전체의 힘은 주된 힘이고, 그 별이 이웃하는 별 주위를 지나면서 받는 힘(중력)은 적은 힘으로 섭동이라 한다.

34 제행무상(諸行無常): 모든 형성된 것은 무상(無常)하다.

35 제법무아(諸法無我): 모든 존재는 고정된 실체(實體)가 없다.

36 열반적정(涅槃寂靜): 모든 번뇌를 끊어 미혹함이 소멸된 고요한 상태.

37 『천문학자와 붓다의 대화』: 이시우, 종이거울, 2004, 59쪽·106쪽.

38 사상(四相): ① 아상(我相)-나에 대한 관념. 자아에 대한 지각. ② 인상(人相)-너와 나의 상대적 관념. 존재에 대한 지각. ③ 중생상(衆生相)-대중·사회·인류 등에 대한 관념. 생명에 대한 지각. ④ 수자상(壽者相)-수명·생명에 대한 관념. 영혼에 대한 지각.

39 법신(法身): 진실의 본체.

제2분 선현(善現)이 법을 청하다

漢譯 선현기청분(善現起請分)

時에 長老須菩提 在大衆中하시다가 卽從座起하사 偏袒右肩
시 장로수보리 재대중중 즉종좌기 편단우견

하시며 右膝着地하시고 合掌恭敬하사와 而白佛言하사대 稀
우슬착지 합장공경 이백불언 희

有世尊하 如來 善護念諸菩薩하시며 善付觸諸菩薩하시나니
유세존 여래 선호념제보살 선부촉제보살

世尊하 善男子善女人이 發阿耨多羅三藐三菩提心하니는 應
세존 선남자선여인 발아누다라삼먁삼보리심 응

云何住며 云何降伏基心하리잇고 佛言하사대 善哉善哉須菩提야
운하주 운하항복기심 불언 선재선재수보리

如汝所說하야 如來 善護念諸菩薩하며 善付囑諸菩薩하나니
여여소설 여래 선호념제보살 선부촉제보살

汝今諦廳하라 當爲汝說호리라 善男子善女人이 發阿耨多羅
여금제청 당위여설 선남자선여인 발아누다라

三藐三菩提心하나니 應如是住하며 如是降伏其心이니라
삼먁삼보리심 응여시주 여시항복기심

唯然世尊하 願樂欲聞하노이다.
유연세존 원요욕문

國譯 선현(善現)[1]이 법을 청하다

그때에 장로 수보리[2]가 대중 가운데 있더니 곧 자리에서 일어나 바른쪽 어깨에 옷을 벗어 메고 바른쪽 무릎을 땅에 꿇으며 합장하면서 부처님께 말씀드렸다.

"희유하오이다. 세존이시여, 여래께서는 모든 보살[3]들을 잘 호념(護念)[4]하시오며 모든 보살들에게 잘 부촉(付囑)[5]하시옵니다. 세존이시여, 선남자 선여인이 아누다라삼먁삼보리심[6]을 발하오니 마땅히 어떻게 머물며 어떻게 그 마음을 항복 받으오리까?"

부처님께서 말씀하셨다.

"옳다 옳다. 수보리야, 참으로 네 말과 같아서 여래는 모든 보살들을 잘 호념하였으며 모든 보살들에게 잘 부촉하느니라. 너 자세히 듣거라. 이제 마땅히 너를 위하여 설하리라. 선남자 선여인이 아누다라삼먁삼보리심을 발하였으며 마땅히 이와 같이 머물며 이와 같이 그 마음을 항복 받을 지니라."

"그리하오이다. 세존이시여, 바라옵건대 듣고자 하옵니다."

新講

선현기청분에서는 여러 사람들이 집단으로 모여서 깨달음을 얻을 수 있도록 해주신 은혜에 대해 매우 큰 기쁨으로 생각하며, 그리고 각자가 어떤 일을 해야 깨달음에 이를 수 있는가를 설명하고자 한다.

---

1 선현(善現): 수보리의 번역한 이름.

2 수보리(Subhūti): 부처님 10대 제자의 한 사람으로 공(空)의 이치에 가장 통달한 분.

3 보살(菩薩): 성불하기 위해 수행에 힘쓰는 이의 총칭. 위로 깨달음을 구하고 아래로 뭇 삶을 구제하는 이. 지각된 중생.

4 호념(護念): 생각을 보살핌.

5 부촉(付囑): 다른 이에게 부탁함. 법의 유통(流通)을 촉탁함.

6 아누다라삼먁삼보리심: 위없이 바른 평등과 바른 깨달음의 마음[無上正等覺心].(참조 『금강경오가해』 무비 역해, 불광출판부, 1993, 193쪽)

[해설]

"희유하오이다. 세존이시여, 여래께서는 모든 보살들을 잘 호념(護念)하시오며 모든 보살들에게 잘 부촉(付囑)하시옵니다(善護念諸菩薩, 善付囑諸菩薩)."

세존은 마음대로 보살들을 끌고 가는 것이 아니라 그의 강한 구속력으로 공동체를 보호하는 가운데 집단의 구성원인 보살들 개개인에게 임무를 맡겨 그들 스스로 조화로운 연기관계를 잘 이루어가도록 하면서 집단을 이끌어가도록 한다.

즉 여러 보살들의 생각을 잘 보살펴 준다[善護念]는 것은 보살들이 그들 사이의 연기관계가 잘 이루어지도록 보살피는 것이고, 이를 위해서는 세존에만 의존하지 않고 각 개인 스스로에게 연기의 책임을 지워[善咐囑] 그들 각자가 자주적으로 상호 연기관계를 잘 이끌어가도록 하고 있음을 강조한다.

구성원 각자의 존재 가치가 동등하게 민주적으로 인정되는 이러한 세존의 생각은 세존 당시나 지금이나 너무나도 드문 혁신적인 것이므로 '희유하오이다(세상에 드뭅니다)'라고 하는 것이다. 여기서 우리는 세존의 연기사상[7]이 대중의 집단인 공동체에서 나타나기 시작함을 엿볼 수 있다.

"선남자 선여인이 아누다라삼먁삼보리심[8]을 발하오니 마땅히 어떻게 머물며 어떻게 그 마음을 항복 받으오리까?"

7 연기사상(緣起思想): 연기는 연이어서 결과를 일으킨다는 인연생기(因緣生起)의 뜻이며, 만유는 상호 연관된 연기로 얽혀 서로 주고받는 유기적인 관계를 이루고 있다는 사상.(참조 『별을 보면 법을 보고 법을 알면 별을 안다』: 이시우, 신구문화사, 2002, 202쪽)

8 아누다라삼먁삼보리심: 위없이 바른 평등과 바른 깨달음의 마음[無上正等覺心].

위없이 바른 평등과 바른 깨달음의 마음(무상정등각심)을 이루려면 어떻게 해야 하는가를 묻는데, 이는 곧 연기법[9]을 알려면 어떻게 해야 하는가를 묻는 것과 같은 것이다.

그리고 평등은 하나 이상의 집단에서 정의된다. 따라서 "위없이 바른 평등과 바른 깨달음"의 뜻은 여럿이 모인 집단에서 평등심을 가질 수 있을 때 비로소 참된 깨달음이 이루어진다는 것이다. 이것은 곧 연기적인 공동체 형성을 강조하면서 대승을 암시한다.

그렇다면 적극적인 연기관계가 일어나지 않는 고립된 상태에서 수행하는 참선이나 명상으로는 올바른 깨달음에 이르기 어렵다는 것을 짐작할 수 있다.

"참으로 네 말과 같아서 여래는 모든 보살들을 잘 호념하였으며 모든 보살들에게 잘 부촉하느니라. 너 자세히 들거라. 이제 마땅히 너를 위하여 설하리라. 선남자 선여인이 아누다라삼먁삼보리심을 발하였으며 마땅히 이와 같이 머물며 이와 같이 그 마음을 항복 받을 지니라."

대중의 구성원들이 연기법을 알려면 마땅히 어떻게 생각하고 어떻게 마음 속에 새겨서 주고받음을 통해 올바른 깨달음의 상태에 이를 수 있는가를 묻고, 붓다는 이에 대해 대답하고자 한다. 즉 서로간에 구체적인 상호 의존적 관계가 실현되려고 한다. 이것은 어떻게 하면 연기법에 따라서 개인이나 대중의 무리가 올바른 살림살이를 할 수 있는가를 묻고 대답하는 것이다.

여기서 중요한 것은 비록 붓다는 이미 깨친 사람이지만 다른 대중들과 동등한 자격으로 집단을 형성하고 있다는 것이다. 즉 붓다가 특

---

9 연기법(緣起法): 만유는 연이어서 결과를 일으킨다는 인연생기(因緣生起)로 상호 연관된 유기적인 주고받음의 관계 법칙.

별한 인격체로 무지한 대중을 제도하는 것이 아니라 모두가 함께 깨달음을 달성하려고 하는 것이다. 그리고 구성원들은 애초부터 서로 동등한 인격체로서 높고 낮음이 없는 평등한 집단을 이루고 있다.

이러한 평등성은 "내가 본래 세운 서원이 일체 중생으로 하여금 나와 같이 평등하여 다름이 없게 하려 함이다(我本立誓願欲令一切衆如我等無異)"[10]라고 한 『법화경』에서도 엿볼 수 있다.

[별의 세계]

별의 세계에서는 무거운 별과 가벼운 별들이 수십 개 내지 수백만 개 모인 여러 종류의 성단이 있다.

예를 들어 수백만 개가 모인 구상성단(球狀星團)에서는 중심부에 모여 있는 무거운 별들이 성단 전체를 구속하는 강한 힘을 가지는 것으로 붓다에 해당하는 자격을 가지고 작은 별들을 잘 보살피는 선호념을 갖는다. 가벼운 별들은 보살이나 대중에 해당한다. 이들은 선부촉을 받아 각 개체들은 자유로운 독립된 개체로서 주어진 소임을 다하는 셈이다.[11]

성단 내의 별들을 질량에 따라 비록 편리상 가볍고 무거운 별들로 나누었을 뿐 이들의 존재에 어떠한 차별적인 구별이 있는 것이 아니라 모두가 동등한 자격으로 성단의 살림살이를 함께 이끌어간다는 것이다.

이와 같은 현상은 수천억 개의 별들로 이루어진 은하에서도 마찬가지로 나타난다. 즉 은하 중심에는 나이 많은 별들이 밀집해 있으

10 『法華三部經』: 小林一郎 지음 · 李法華 역, 영산법화사 출판부, 1990, 66쪽.
11 『천문학자와 붓다의 대화』: 이시우, 종이거울, 2004, 114쪽.

며 그리고 태양 질량의 수억 배 내지 수십억 배 되는 매우 무거운 블랙홀도 들어 있다. 은하 전체 질량의 대부분을 차지하는 이들 중심부의 천체들이 은하 외곽에 있는 별들에 강한 구속력을 미치면서 은하 전체를 역학적으로 안정한 상태로 유지해 간다.

특히 나선 팔을 가진 나선 은하에서는 많은 별이 모여 있는 중심부 영역이 은하 전체에 강한 구속력을 미치며 집단 전체를 보호한다.(그림2) 반면에 나선 팔에서는 새로운 별들이 태어나고 또 무거운 별들은 일찍 죽어 가는 생멸의 현상이 계속 일어난다. 그러면서 나선 은하는 활동적으로 살아가는 모습을 보이는 것이다. 결국 별의 집단에서도 자연적으로 생기는 선호념과 선부촉이 있고, 이에 따라 구성원들은 알맞은 연기관계를 이루어가며 지나고 있다.

그림2 나선은하

제3분 대승(大乘)의 바른 종지(宗旨)

漢譯 대승정종분(大乘正宗分)

佛이 告須菩提하사대 諸菩薩摩訶薩이 應如是降伏其心이니
불 고수보리 제보살마하살 응여시항복기심

所有一切衆生支類若卵生，若胎生，若濕生，若化生，若有色，
소유일체중생지류약난생， 약태생， 약습생， 약화생， 약유색，

若無色，若有想，若無想，若非有想，非無想을 我皆令入無餘涅
약무색， 약유상， 약무상， 약비유상， 비무상 아개영입무여열

槃하야 而滅度之호리니 如是滅度無量無數無邊衆生호대 實
반 이멸도지 여시멸도무량무수무변중생 실

無衆生得滅度者니 何以故오 須菩提야 若菩薩이 有我相人相
무중생득멸도자 하이고 수보리 약보살 유아상인상

衆生相壽者相하면 卽非菩薩이니라.
중생상수자상 즉비보살

國譯 대승(大乘)[1]의 바른 종지(宗旨)

부처님께서 수보리에게 이르셨다.

"모든 보살 마하살[2]은 응당 이와 같이 그 마음을 항복 받을 지니라.

---

1 대승(大乘): 자리(自利)보다 중생을 위해 이타행(利他行)을 실천하고, 그것에 의해 부처가 되는 것을 주장하는 불교의 종파.
2 마하살(mahāsattvhā): 보살의 별칭.

'있는 바 일체 중생 종류인 혹 알로 생기는 것, 혹 태로 생기는 것, 혹 습(濕)으로 생기는 것, 혹 화(化)하여 생기는 것, 혹 형상 있는 것, 혹 형상 없는 것, 혹 생각 있는 것, 혹 생각 없는 것, 혹 생각 있는 것도 아니요 없는 것도 아닌 것들[3]을 내가 다 하여금 무여열반(無餘涅槃)[4]에 넣어서 멸도(滅度)[5]하리라. 이와 같이 한량없고 셀 수 없고 가없는 중생을 멸도하나 실로는 멸도를 얻은 중생이 없다' 하라. 왜냐하면 만약 보살이 아상, 인상, 중생상, 수자상을 가지면 보살이 아니기 때문이다."

新講

대승정종분에서 큰 수레를 함께 타고 간다는 대승의 뜻은 뭇 생명들이 커다란 집단을 이루며 함께 살아가는 것을 말한다. 함께 살아가기에 서로 간에 주고받음의 유기적이고 역동적인 상의적 수수관계가 끊임없이 일어나면서 이를 통해 모두가 평등하고 보편적인 상태에 이르는 열반으로 이어갈 수 있게 된다.[6] 이때 모두가 함께 열반에 이르

---

3 생명체: 무생물의 구성 성분은 분자이고 이것의 기본은 원자이다. 원자는 주어진 온도에서 끊임없이 진동하며 움직인다. 외부에서 반응을 받으면 이것에 알맞게 반작용을 한다. 물체의 변화란 바로 이러한 작용에 대한 반작용의 표현이다.

우주 만유가 유전 변천함은 이러한 작용·반작용이 물체의 계면(界面)에서 끊임없이 일어나고 있기 때문이다. 이와 같은 상의적 수수관계가 곧 물체의 생명의 표현이며, 이로부터 우주의 만유는 유정(有情, 생명을 가지고 존재하는 것)이든 무정(無情, 생명이 없이 존재하는 것. 정신작용이 없는 것)이든 모두 생명을 가졌다고 보는 것이다.

돌이나 흙, 천체 등의 무기물은 무기적 생명체로서 어떠한 특수성도 없이 평균적인 보편성을 띤다. 한 곳에서 성장하는 식물은 다른 식물에게 고의적으로 피해를 주지 않는 민주적 특성과 무기물의 보편성을 띤다. 동물은 무기물의 보편성과 식물의 유기적 개체성 이외에 생존을 위한 단순한 지향을 초월하는 의지적 목적을 가진다. 한편 인간은 무기물의 보편성과 식물의 단순한 유기적 개체성, 동물의 단순한 목적의식 이외에 정신적 개념 확대와 창조적 기능을 소유한다.

결국 생명활동을 분자활동에 의한 연속적 변화의 현상으로 정의한다면, 우주 내 만유는 태생, 난생, 습생, 화생, 유형의 것, 무형의 것, 생각 없는 것, 생각 있는 것, 생각 있는 것도 아니요 없는 것 등 모두가 생명체를 지니고 있으면서 상의적 수수과정을 통해 연속적 변화를 이어간다고 볼 수 있다. 즉 우주 법계에서는 별을 포함한 우주 만유는 생의(生意)를 가진 중생으로서 조화로운 연기법에 따라 진화해 가는 것이 불법의 근본 사상이다.

(참조『별을 보면 법을 보고 법을 알면 별을 안다』: 이시우, 신구문화사, 2002, 91쪽·97쪽·187쪽)

4 무여열반(無餘涅槃): 번뇌와 고통도 없는 절대적 쾌락과 청정의 경계에 접어드는 것.

5 멸도(滅度): 열반. 깨달음. 사제(四諦 중의 멸제(滅諦)와 도제(道諦).

6『별을 보면 법을 보고 법을 알면 별을 안다』: 이시우, 신구문화사, 2002, 59쪽.

므로 누가 누구를 제도했다는 분별이란 있을 수 없다.

[해설]

"모든 보살 마하살은 응당 이와 같이 그 마음을 항복 받을 지니라."

여기서는 보살승의 삶을 보이고 있다. 즉 공동체 내의 모든 대중들은 안정된 이완상태에서 차별과 분별이 없는 평등성과 특별한 것으로 보지 않고 모두 그렇고 그렇다는 보편성을 구현하려는 삶(존재의 가치를 실현하려는 삶), 그리고 자연의 무위적인 이치를 잘 따르는 삶을 보살승의 삶으로 본다.

"보살도는 인간 생활의 근본이며 행복의 극치이니, 자기를 아주 버리고 오직 남을 위해서만 살아가는 것입니다"라고도 한다.[7] 그러나 상의적 수수관계에서는 행복이란 극단과 불행이란 극단이 따로 있는 것이 아니다. 행복과 불행이란 안정과 불안정의 차이일 뿐이며, 또 이들은 상호과정에서 자연적으로 일어나는 조화로운 관계의 결과이다.

살아 있는 한 주고받음이 있고, 주고받음이 있는 한 바다의 파도처럼 행과 불행이 일어나기 마련이다. 다만 행복이니 불행이니 하는 특별한 상에 집착하지 않는다면 삶의 과정에서 행복과 불행이 무슨 상관이 있겠는가? 전체를 보는 전일적(全一的) 연기사상에서는 궁극적으로 행복도 불행도 없이 모든 것이 여여(如如)[8]한 과정만 있을 뿐이다.

---

7 『자기를 바로 봅시다』: 퇴옹 성철, 장경각, 2003, 358쪽

8 여여(如如): 그렇고 그렇게 있는 것. 있는 그대로의 것. 진여(眞如)와 동일. 잃고 얻음도 없는 그렇고 그런 편안한 상태. 열반의 경지.

그리고 나를 버리고 오직 남만을 위하는 것도 일종의 집착이며 허구이다. 연기관계에서는 나를 버리면 상대적으로 남이 존재하지 않는다. 즉 연기관계가 성립하지 않는다. 실제 생활에서는 나와 너 모두가 동등한 자격으로 서로 의존해 있기 때문에 남을 위하는 것이 곧 자신을 위하는 것이고, 나를 위하는 것이 곧 남을 위하는 것이다.

따라서 '나를 아주 버린다'는 것은 결코 있을 수 없는 허구이다. 뿐만 아니라 나를 완전히 내버리면 나의 여실지견[9]이 없어지므로 남과의 상의적 연기법을 올바르게 수행할 수 없게 되어 대승불교에서 표방하는 자리이타(自利利他)를 원만하게 수행할 수 없게 된다.

"우리가 성불을 목표로 하고 사느니 만큼 부처님 말씀을 표준삼아서 그렇게 살아야 합니다"[10]라고 한다면 이 속에는 강한 사상(四相)의 집착이 들어가게 된다. 즉 성불을 목표로 함은 이미 '성불'이란 집착의 산냐[11]에 빠지게 되어 불법의 근본을 어기게 된다.

불법은 남들과 좋은 연기관계를 맺는 것을 근본으로 하는 것이지 결코 각 개인의 자기 중심적 성불이 목표가 아니다. 참다운 성불이란 집단을 이루는 대중 전체가 조화로운 상의적 관계를 맺으면서 연기법을 잘 따르는 것이다. 이 경우에 집단 내의 각 구성원은 자신이 성불의 경지에 이르는 것조차 알지 못하면서 오직 무위적으로 상의적 관계만을 잘 따라갈 뿐이다.

여기서 성불이란 어떤 것을 깨닫는 것이 아니라 오히려 그 깨달음이 공(空)한 것을 깨닫는 것이다.

---

9 여실지견(如實知見): 있는 그대로 실제와 이치에 맞게 보고 아는 것.

10 『자기를 바로 봅시다』: 퇴옹 성철, 장경각, 2003, 244쪽.

11 산냐(saṃjña): 정형화된 상(相, 想)으로서 대상을 받아들여 개념작용을 일으키고 이름을 붙이는 작용. 즉 개념화·이념화·이상화·관념화 등에 관련된 것이다.

또한 만약 인간은 본래 일체를 초월하여 일체를 구족한 존재이니 다시 초월할 것이 아무것도 없다고 한다면 이러한 견해도 만유 중에서 인간이 가장 우월하다는 사상(四相)에 대한 집착의 표현이다.

용수(나가르주나)는 "만약 세속에 의지하지 않는다면 승의(勝義)를 설하지 못하네. 승의를 얻지 못하니 열반을 증득하지 못하네"라고 했다.[12] 즉 승의[13]는 정체성이 사라진 이완계에서 얻어지는 것이다. 이런 상태는 바로 세속의 생활에서 직접 얻어지는 것이기에 세속을 의지하지 않고는 승의의 단계에 이르지 못한다. 왜냐하면 진리는 세속에 있기 때문이다.

인간은 세속에서 외부 대상과 항상 상의적 수수관계를 가지면서 연속적으로 초월하는 향상일로[14]로 나아가고 있다. 따라서 인간은 본래부터 모든 것이 완성된 존재가 아니라 삶의 과정을 통해서 보다 나은 상태로 계속 진화해 가는 존재이다. 그래서 제8식인 아뢰야식[15]의 무명(無明)까지 없어지는 무심과 무념[16]의 경지에 이르려고 하는 것이다.

세친은 『유식삼십송(唯識三十頌)』에서 "아뢰야식은 마치 폭류처럼 항상 흐르고 있다"고 했다.[17] 아뢰야식이 흐름에 해당한다면 공동체 내 구성원들이 서로 다른 아뢰야식을 가진다 하더라도 안정된 이완상태로 가면서 모든 구성원들의 아뢰야식은 일정한 하나의 흐름을 가질 것이다.

---

12 『중론(中論)』: 나가르주나(龍樹 지음 · 박인성 옮김, 동민출판사, 2001, 410쪽.

13 승의(勝義): 최상의 뜻. 제일의(第一義). 진제(眞諦). 최고의 진실.

14 향상일로(向上一路): 깨달음에 이르는 한줄기 길. 언어, 사려가 미치지 않는 최상의 경지. 부처님의 경지에 이르기 위해 수행에 전념하는 것.

15 아뢰야식(阿賴耶識): 감춰진 잠재의식(무의식). 가장 근본적 인식의 작용. 마음 속 깊은 곳에 있는 식.

16 무심(無心)과 무념(無念): 무심은 집착이 없는 마음이고, 무념은 집착하는 생각이 없는 마음이다.(참조 『별을 보면 법을 보고 법을 알면 별을 안다』: 이시우, 신구문화사, 2002, 237쪽)

17 『교사상과 서양철학』: 에드워드 콘즈 外 · 김종욱 편역, 민족사, 1994, 225쪽.

즉 여러 구성원 사이에서 일어나는 역동적인 상의적 수수관계를 통한 부단한 연기적 변화를 거치면서 공통된 아뢰야식이 형성될 것이다. 이것이 집단의 특성으로 나타난다. 이러한 집단적 아뢰야식은 칼 융의 집단 무의식[18]에 해당한다고 볼 수 있다.

인간 사회에서는 이런 집단적 공통 아뢰야식이 그 집단의 전통과 문화에 따라 달라진다. 그러나 사상(四相)이 없는 별의 세계에서 나타나는 아뢰야식은 오직 자연의 섭리를 무위적으로 따르는 한 가지뿐이다. 그 이유는 별들에는 인간과 같은 조작된 유위적 지혜가 없기 때문이다.

"'있는 바 일체 중생 종류인 혹 알로 생기는 것, 혹 태로 생기는 것, 혹 습(濕)으로 생기는 것, 혹 화(化)하여 생기는 것, 혹 형상 있는 것, 혹 형상 없는 것, 혹 생각 있는 것, 혹 생각 없는 것, 혹 생각 있는 것도 아니요 없는 것도 아닌 것들을 내가 다 하여금 무여열반(無餘涅槃)에 넣어서 멸도(滅度)하리라. 이와 같이 한량없고 셀 수 없고 가없는 중생을 멸도하나 실로는 멸도를 얻은 중생이 없다' 하라. 왜냐하면 만약 보살이 아상, 인상, 중생상, 수자상을 가지면 보살이 아니기 때문이다."

난생, 습생, 화생 등등 뭇 삶들이 안정된 평형상태인 이완상태에 이르게 되면 개체의 고유 특성이 완전히 사라지면서 개체 간의 차별과 분별이 없어진다. 그리고 각 개체는 자신의 정체성의 상실로 어떤 특정한 상태에 존재하는 것을 지각하거나 분별할 수 없다. 이것이 소위 완전한 열반 즉 무여열반[19]의 상태로서 어떠한 즐거움이나 슬픔,

---

18 집단 무의식: 계승된 보편적인 모든 범주의 집합적 의식.(참조 『융, 무의식 분석』: C.G. 융, 설영한 옮김, 도서출판 선영사, 2001, 196쪽.)

기쁨 등의 차별적 감각이 없어진다.

그리고 뭇 삶들을 이러한 열반에 들게 했더라도 이들이 무여열반에 들게 했다는 분별의식을 가질 수도 없다. 왜냐하면 이런 열반상태에 이르면 보살승이나 중생이나 모두 함께 이완상태에 들게 되므로 그런 상태에서는 누가 보살승이고 누가 중생이라는 구별이 없이 모두가 평등하기 때문이다. 이것은 곧 대중의 집단이 이완상태에 이르면 사상(四相)[20]을 여의게 되는 것으로 모두가 한 수레를 같이 타고 가는 대승이 지향하는 바른 길을 의미한다.

이러한 대승에서 보여 주는 집단의 상의성 즉 집단의 연기는 제법(만유)이 차별 없이 동등하다는 화엄종에서 말하는 법계연기[21]에 해당한다.

육조 혜능 선사는 상(相)의 중요성에 대해 다음과 같이 말했다. "대저 금강경이란 상(相) 없는 것으로 종(宗)을 삼고, 머무름이 없는 것으로써 체(體)를 삼으며, 묘유(妙有)로써 용(用)을 삼는다."[22] 여기서 체란 법(만유)의 바탕이며, 상은 법의 모습이고, 용은 법의 작용, 즉 연기작용이다.

사상을 없애려면 구성원들 사이에서 유기적이고 역동적인 상의적 수수관계 즉 조화로운 연기관계를 통해 머물지 않는 연속적인 변화가 일어나야 한다. 그래야만 어느 한쪽에 치우치지 않는 묘유(妙有)의 중도(中道)가 생기게 되고, 그리고 각자의 고유한 자성이 사라지면서 집단 전체가 안정된 이완상태에 놓이게 된다. 이런 점에서 개체

19 무여열반(無餘涅槃): 생사의 괴로움을 여읜 진여(眞如, 존재의 참된 모습). 완전한 열반.

20 사상(四相): 아상·인상·중생상·수자상.

21 법계연기(法界緣起): 우주 만물은 모두가 서로 연기되어 있어 하나가 전체[一卽一切]이고 전체가 하나[一切卽一]인 중중무진(重重無盡)한 관계. 여기서는 중생, 불, 번뇌, 보리, 생사, 열반 등의 대립이 없이 모두 동등하다. 법계무진연기(法界無盡緣起), 일승연기(一乘緣起), 무진연기(無盡緣起)라고도 함.

22 『금강경오가해』: 무비 역해, 불광출판부, 1993, 36쪽

가 고립된 경우는 사상을 없애기가 불가능하므로 공동체 내에서 일어나는 연기관계의 중요성을 『금강경』은 강조한다.

한편 만약 내가 뭇 삶을 열반에 들게 했다는 생각을 가지게 되면 그는 아상에 집착하게 되고, 이것은 그가 집단 내에서 이완되지 못했음을 의미한다. 그러면 그 대중의 집단은 불안정한 상태에 놓이게 된다. 그래서 모든 보살 마하살은 중생을 열반에 들게 했더라도 '중생을 열반에 들게 했다'는 생각을 하지 말고, 일체 중생을 공경하는 의미에서 "모든 보살 마하살은 응당 이와 같이 그 마음을 항복 받을지니라"고 했다.[23]

대승의 바른 뜻은 무착(아쌍가, Asaṅga)과 세친(바쑤반두, Vasū bandhu)[24]의 『능단금강반야바라밀다논송』에서도 엿볼 수 있다.

"(깨달음을 향한 임의) 마음 속에 나타난 (깨달음을 목표로 하는) 이타의 의도는 좋은 덕성으로 가득 차 있는데 (네 가지가 있다.) ① (깨달음을 향한 임은 모든 중생을 구제하려고 마음을 일으켰기 때문에) 원대합니다. ② (깨달음을 향한 임의 목표는 모든 존재를 완전한 열반에 들게 하는 것이므로) 최상입니다. ③ (그럼에도 불구하고 어떠한 중생도 실제로 존재하지 않으므로) 자유롭습니다. ④ (깨달음을 향한 임이 개체로 존재한다고 생각하면 깨달음을 향한 임이라고 할 수 없기 때문에) 허물이 없습니다. 그것이 최상의 삶의 길을 나타냅니다."[25]

여기서 모든 중생은 함께 깨달음이란 궁극적인 이완상태에 이르

---

23 『금강경오가해』: 무비 역해, 불광출판부, 1993, 128쪽.

24 무착(無着)과 세친(世親): 4·5세기경 인도의 학승들로 세친은 무착의 아우이며, 이들은 대승의 교리를 선양하고 많은 논소(論疏)를 지음.

25 『금강경 역주』: 전재성, 한국빠알리성전협회, 2003, 368쪽.

면 모두가 조화로운 상호관계에 얽혀 있지만 개체로는 동등한 자유인으로서 열반에 들게 된다.

육조 혜능 선사[26] 에 의하면 4승(乘) 중에서 소승(小乘)은 보고 듣고 마냥 외는 것[수동적], 중승(中乘)은 법을 깨달아 뜻을 이루는 것[理解], 대승(大乘)은 법에 의지하여 수행하는 것[修行]이며, 최상승(最上乘)은 만법을 통하여 이를 다 갖추어 모든 법상[27]을 여의어 하나도 얻을 것이 없는 것[通達]이다.

결국 대승의 수레를 타고 연기작용에 따라 행하며, 만법에 통달하고 이에 완전히 젖어들어 여여[28]해지는 것이 최상승으로서 곧 이완상태에 해당한다.[29]

[별의 세계]

별들의 세계에서는 별들 사이의 조우, 섭동으로 에너지 수수교환을 일으키면서 점차 무거운 별들은 운동 에너지를 잃어 중심부 쪽으로 몰려들고, 가벼운 별들은 큰 별들로부터 운동 에너지를 얻어 큰 속도로 운동하면서 주로 바깥쪽에 많이 분포하는 양상을 이루어 간다. 이것이 소위 역학적으로 안정된 이완상태에 이르는 과정이다. 이러한 과정에서는 집단 내 어느 별도 자신이 이완상태로 이행하고 있다는 사실을 느끼지 못한다. 왜냐하면 별들은 태어날 때부터 사상

26 『육조단경』: 광덕 역주, 불광출판부, 1994, 252쪽.
27 법상(法相): 만상이 가지는 본질적인 체상(體相). 여러 가지 법의 특질.
28 여여(如如): 그렇고 그렇게 있는 것. 있는 그대로의 것. 진여(眞如)와 동일. 잃고 얻음도 없는 그렇고 그런 편안한 상태. 열반의 경지.
29 혜초(慧超): "무엇이 부처입니까?"
법안(法眼): "네가 혜초니라."(『암록 상』: 장경각, 1999, 83쪽)

(四相)을 지니지 않기 때문이다.[30]

성단의 별들은 같은 수레를 타고 가는 대승에 해당한다. 그러므로 성단의 역학적 진화는 바로 대승불교의 불법과 깊은 관련이 있는 것을 쉽게 이해할 수 있다. 단지 큰 차이점은 별은 태어날 때 평생을 먹고살 수 있는 양식을 가지고 태어나지만 인간은 외부로부터 양식을 구해야만 한다. 그래서 인간에게는 항상 집착이 따라다닌다.

수천억 개의 별을 가진 은하에는 수많은 크고 작은 성단들이 들어 있다. 이들 성단들이 작은 수레라면 은하는 이 수레들을 모두 싣고 있는 거대한 수레에 해당한다.[그림3] 즉 대승의 대승인 셈이다. 수억 년에 한 바퀴씩 회전하는 은하의 수레에서는 별들의 탄생과 죽음이 끊임없이 일어나고 있지만 전체적으로는 큰 변화가 없어 보인다. 그래서 태어나지도 않고 소멸하지도 않는다는 불생불멸의 법계연기가 일어나고 있는 은하가 바로 법신[31]이며, 진여법계[32]이다.

수많은 사물과 현상들(사법계)은 서로 간에 상호 의존적 연기관계(사사무애법계)를 일으키면서 최소작용의 원리라는 자연의 이법의 세계(이법계)를 따라 생성과 소멸의 진화를 이어가고 있다(이사무애법계). 이처럼 우주는 사종법계(四種法界)라는 4중 구조로 이루어졌다.

이러한 우주에서 만유는 끊임없이 변화하면서 서로 주고받는 법계연기에 얽혀 우주의 섭리를 잘 따르고 있다. 그래서 인간을 비롯한 생명체라는 유정(有情)뿐만 아니라 생명이 없어 보이는 무정(無情)

---

30 『천문학자와 붓다의 대화』: 이시우, 종이거울, 2004, 106쪽.
31 법신(法身): 진실의 본체.
32 진여법계(眞如法界): 우주 내 상주 불변하는 본체의 진리.

그림3 은하

이라는 바위나 허공, 하늘의 별들도 항상 무진설법(無盡說法)을 하고 있으며 이를 무정설법(無情說法)[33]이라 한다.

사상을 가지지 않는 별의 무진설법은 그대로가 하늘에서 펼쳐지는 불법이며, 이것이 우주 법계를 이끌어간다. 그런데도 요즘에는 땅에서만 불법을 찾으려는 사람들이 많다.

지상의 생명체는 태양으로부터 적당한 거리에 떨어져 태양 빛을 받으면서 수십억 년 동안 양육되어 왔다.[그림4] 이 과정에서 인간이란 종이 생긴 것이다. 우주에서 적당한 조건이 주어졌기 때문에 지상에 인간이 나타날 수 있었다는 것이 인간원리이다.

그렇다면 지구를 벗어난 다른 행성이나 또는 우리 태양계를 벗어난 외계에도 우리와 같은 지적 생명체가 얼마든지 존재할 수 있다는 것은 보편성의 원리에 비추어 가능한 것이다.

1960년대부터 외계 지적 생명체 탐사가 이루어지고 있다. 특히 미국의 국립항공우주국(NASA)의 지원으로 많은 연구가 되기도 했다. 지금은 호주에 있는 직경 64m의 파크스 전파망원경[그림5]을 이용한 국제 민간단체에서 불사조 계획이란 이름으로 외계 지적 생명체 탐사가 계속되고 있다.

만약 외계에 지적 생명체가 존재한다는 사실이 알려진다면 인간원리보다 더 광범위한 개념인 문명체 원리가 성립할 것이다. 여기서 문명체(文明體)란 우리 인간처럼 문학, 예술, 과학, 기술, 정보 등에 관한 여러 사고와 행위를 할 수 있는 지적 생명체를 뜻한다. 천억 개의 별들로 이루어진 우리 은하계에는 약 100억 개의 문명체를 지닌 행성들이 존재할 것으로 본다.

33 무정설법(無情說法): 생명이 없는 것들이 보여 주는 자연의 이법의 표현. 생명이 없는 것이 수행자에게 설법하는 존재.

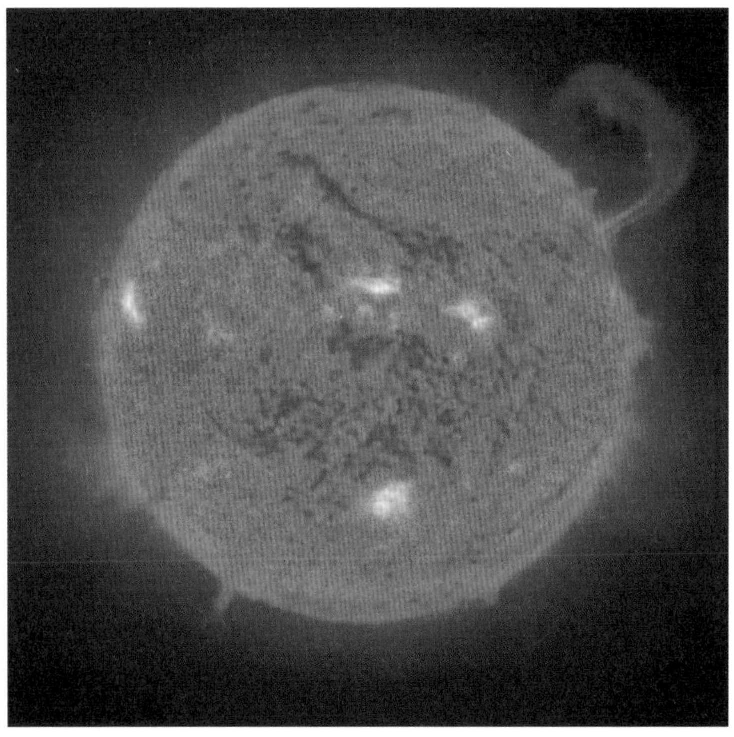

그림4 태양

그림5 파크스 전파망원경

그렇다면 불법의 근본을 다루는 『금강경』은 지상의 인간에만 국한되지 않고 우주로 확장되어 우주 내 모든 문명체와 그들을 존재토록 하는 만유를 위한 경임을 이제는 깊이 깨달아야 할 것이다.

제4분 묘행(妙行)은 머묾이 없음

漢譯 묘행무주분(妙行無住分)

復次須菩提야 菩薩이 於法에 應無所住하야 行於布施니 所謂
부차수보리 보살 어법 응무소주 행어보시 소위

不住色布施며 不住聲香味觸法布施니라 須菩提야 菩薩이 應
부주색보시 부주성향미촉법보시 수보리 보살 응

如是布施하야 不住於相이니 何以故오 若菩薩이 不住相布施하면
여시보시 부주어상 하이고 약보살 부주상보시

其福德을 不可思量이니라 須菩提야 於意云何오 東方虛
기복덕 불가사량 수보리 어의운하 동방허

空을 可思量不아 不也니이다 世尊하 須菩提야 南西北方四維
공 가사량부 불야 세존 수보리 남서북방사유

上下虛空을 可思量不아 不也니이다 世尊하 須菩提야 菩薩의
상하허공 가사량부 불야 세존 수보리 보살

無住相布施하난 福德도 亦復如是하야 不可思量이니라 須菩提야
무주상보시 복덕 역부여시 불가사량 수보리

菩薩은 但應如所敎住니라.
보살 단응여소교주

國譯 묘행(妙行)은 머묾이 없음

"그리고 또 수보리야, 보살은 마땅히 법에 머문 바 없이 보시(布施)[1]를

행할지니, 이른바 형상에 머물지 않는 보시며 성(聲)·향(香)·미(味)·촉(觸)·법(法)에 머물지 않는 보시어야 하느니라.

수보리야, 보살은 응당 이와 같이 보시하여 상(相)에 머물지 않느니라. 어찌한 까닭이냐? 만약 보살이 상에 머물지 않고 보시하면 그 복덕[2]을 가히 생각으로 헤아릴 수 없느니라.

수보리야, 어떻게 생각하느냐, 동쪽 허공을 가히 생각으로 헤아릴 수 있겠느냐?"

"못하겠습니다, 세존이시여."

"수보리야, 남서북방과 사유(四維)[3]와 상하 허공을 가히 생각으로 헤아릴 수 있느냐?"

"못하겠습니다, 세존이시여."

"수보리야, 보살의 상(相)에 머무름이 없는 보시의 복덕도 또한 다시 이와 같아야 생각으로 헤아릴 수 없느니라. 수보리야, 보살은 다못 마땅히 가르친 바와 같이 머물지니라."

新講

대승의 수행에서 보시가 육바라밀[4] 중에서 으뜸인 까닭은 개체 간의 주고받는 연기관계가 가장 중요하기 때문이다. 보시[5]에는 재물보시[財施], 고통이나 두려움을 없애는 무외보시[無畏施], 지식이나 지혜의 가르침에 대한 법보시[法施]가 있다. 여기서 무외보시는 지계(持戒)와 인욕(忍辱)이며 법보시는 정진(精進), 선정(禪定)[6], 지혜(智慧)이다. 그리고 이런 보시행

1 보시(布施): 주는 것. 은혜를 베풂.
2 복덕(福德): 공덕. 모든 선행 및 선행에 의해 얻는 복리(福利).
3 사유(四維): 네 모퉁이(간艮·동북, 손巽·동남, 건乾·서북, 곤坤·남).
4 육바라밀(六波羅蜜): 보살이 열반에 이르기 위해 실천해야 할 여섯 가지 덕목. 보시(布施), 지계(持戒), 인욕(忍辱), 정진(精進), 선정(禪定), 지혜(智慧).
5 보시: ① 법보시(法布施)–정신적인 지식 전수나 지혜의 계발[內布施]. ② 재물보시(財物布施)–외형적인 물질적 보시[外布施]. ③ 무외보시(無畏布施)–고통이나 어려움으로부터 구해 내는 것.

은 자기가 한 행위에 대해 어떠한 대가도 기대하는 집착을 버리는 것으로서, 보시에는 '놓는다' 또는 '사상(四相)을 버린다'의 뜻이 들어 있다.

[해설]

"보살은 마땅히 법에 머문 바 없이 보시(布施)를 행할지니, 이른바 형상에 머물지 않는 보시이며, 성(聲)·향(香)·미(味)·촉(觸)·법(法)에 머물지 않는 보시어야 하느니라."

보시 행위가 주관적 대상을 떠나 어떤 대가의 기대에서 이루어지지 않도록 하라는 것이다. 그렇다면 이러한 보시를 하려면 어떠한 상태에서 해야 할까?

만물은 서로 주고받는 연기관계에 있다. 그래서 어느 누가 어떤 특정한 개체에 주고 또 받는 관계만이 존재하는 것이 아니라 각 개체는 집단 내 모든 다른 개체와 직접적 또는 간접적으로 주고받는 보시 행위가 이루어지게 된다. 이것이 소위 '묘행(妙行)'이다. 실은 보시라는 특별한 행위를 지칭할 필요도 없다. 그 이유는 모든 개체들 간에 일어나는 주고받음이 사상(四相)을 여읜 일종의 보시 행위이므로 보시가 꼭 '주는 것'만이 아니라 줄 때는 그에 상응하는 받음이 어떤 형태이든 내포되기 때문이다. 이러한 보시의 묘행은 머무름 없이 계속 되어야 한다. 이것은 집단의 이완[7]을 위한 필수 조건이다.

---

6 선정(禪定): 진정한 이치를 사유하고, 생각을 고요히 하여 산란치 않게 하는 것. 성품을 보며[禪] 안으로 어지럽지 않은 것[定].(참조 『별을 보면 법을 보고 법을 알면 별을 안다』: 이시우, 신구문화사, 2002, 258쪽)

7 이완(弛緩): 집단 내에서 구성원들 사이의 연속적인 주고받음의 관계를 통해서 개체의 고유한 초기 특성이 완전히 사라지면서 안정된 상태에 이르는 것.

예를 들어 한 개체가 다른 개체에게 보시를 하는 것은 이완과정에서 필연적으로 일어나는 것으로서 그 개체가 보시를 통해 이완상태로 나아가는 과정을 무위적으로 밟아 가고 있다는 뜻이다.

소위 '놓는다' '버린다'는 것은 사상[8]이라는 집착을 버리는 것으로 보시는 바로 사상을 버리는 한 과정이며 이를 통해 이완상태 즉 열반으로 이어지게 된다.[9]

보시라는 묘행은 인간 사회나 자연계에서 생멸을 거듭하는 과정에서 주객에 따른 능소심[10]에 관계없이 일어나는 연속적인 것으로 궁극에는 이완상태란 열반에 이르게 된다.

일상 생활에서 주고받는 상의적 관계는 인간과 인간 사이만이 아니라 인간과 자연 사이에서도 끊임없이 일어나고 있다.

예를 들어 우리가 숨을 쉬거나 양식을 얻는 것도 자연과의 상호관계에서 이루어지는 것이다. 세상에 있는 모든 존재는 다른 대상과 끊임없이 상의적 수수관계를 이어가면서 점차 가장 안정된 방향으로 진화해 간다.

이것이 소위 가장 낮은 에너지 상태에 해당하는 이완상태로서 마치 해삼처럼 푹 퍼지는 상태에 해당한다. 여기서 '푹 퍼진다'는 것은 가장 낮은 에너지 상태 즉 가장 안정된 상태에 이르는 것이다. 그래야만 고정된 자성이 없는 무자성(無自性)인 공(空)에 이르게 된다.

흔히 '귀한 자식일수록 매를 가해야 한다'고 한다. 이것은 부당한 짓을 했을 때는 가차없이 매를 가함으로써 해삼처럼 푹 퍼지게 하여 이완상태에 들도록 하여 나쁜 버릇(자성)을 없애기 위한 방법이다.

---

8 사상(四相): 아상·인상·중생상·수자상.
9 『금강경오가해』: 무비 역해, 불광출판부, 1993, 144쪽.
10 능소심(能所心): 분별심.

"보살은 응당 이와 같이 보시하여 상(相)에 머물지 않느니라. 어찌한 까닭이냐? 만약 보살이 상에 머물지 않고 보시하면 그 복덕을 가히 생각으로 헤아릴 수 없느니라."

복덕은 크기를 헤아리기 쉽지 않을 정도로 많은데 보시에서는 복덕을 말할 수 없다. 왜냐하면 보시 자체가 주고받음의 보편적 행위이고 이것이 삶 즉 생존의 본질을 규정하는 것인데 여기에 무슨 특별한 복이니 덕이니 하고 규정(특별한 행위로)하는 것은 올바르지 못하다. 아무리 작고 하찮아 보이는 미물이라도 주고받는 보시를 한다.

우리 몸 속에 음식물을 소화시키는 수많은 박테리아가 없다면 음식물은 소화되지 않고 그대로 밖으로 나온다. 그리므로 박테리아 없이는 아무리 많이 먹어도 우리는 영양분을 공급받지 못해 생명을 유지할 수 없게 된다. 따라서 인간으로 인하여 박테리아가 살고, 박테리아로 인하여 인간이 사는 상의적 수수관계를 유지해야만 한다. 이런 방식으로 모든 것이 상호 의존적 연기관계를 가지므로 구태여 복덕이란 말 자체가 필요치 않다.

중국 양 나라의 무제(武帝)가 달마 대사[11]에게 절을 많이 짓고 스님들에게 많이 공양을 올린 것은 큰 복덕이 되느냐고 물었을 때 달마 대사는 "무(無, 아니요)"라고 하면서 복덕이 안 된다고 했다. 그러나 실제는 양 무제가 절을 많이 지어 스님들과 대중들에게 끼친 바는 매우 크며 어쩌면 달마 대사보다 더 큰 일을 실질적으로 했다고 볼 수도 있다.

여기서 양 무제가 절을 많이 지은 것은 특별한 복덕이 아니라 단

---

11 달마(達磨, Dharma): 중국 남북조시대의 인도인 선승(禪僧)으로 중국 선종(禪宗)의 시조.

지 주고받음의 한 과정, 즉 절을 짓게 됨으로써 스님들은 불법을 펼 수 있는 기회를 얻게 되고 양 무제는 만족스러운 마음의 평온을 얻게 되었다면 이것이 주고받음의 결과이다.

만약 달마 대사가 "아니요"라고 하지 않고, "많은 불사와 공양이 큰 복덕이라기보다는 주고받음의 자연스러운 한 과정일 뿐입니다"라고 했으면 더 옳았을 것이다.

또는 달마 대사가 보기에 양 무제는 복덕에 대한 상을 가졌기 때문에 '아니요'라고 했다면, 양 무제가 상을 가졌다고 생각하는 데서 달마 대사도 상을 가지는 격이 되므로 이 또한 옳지 않다.

일반적으로 공덕이란 말을 쓸 때는 그 속에 말하는 사람[話者]의 아상[12]이 들어 있게 마련이다. 그런 점에서 보시에는 공덕이니 복덕이니 하는 말을 쓰는 것은 올바르지 못하다.

"보살은 다못 마땅히 가르친 바와 같이 머물지니라(菩薩 但應如所敎住)**."**

보살은 마땅히 상에 집착하지 않고 연기법에 따라서 계속 보시를 행해야 함을 강조한다. 이는 곧 차별 없는 조화로운 상의적 수수관계의 중요성을 의미한다.

다른 사람과의 수수관계가 원활하게 이루어지지 않거나 홀로 고립되어 있는 경우에도 보살의 도리를 못하지만, 더 나아가 특별한 상에 집착하면 능소심을 벗어난 보시를 할 수 없게 되어 집단 내에서의 원활한 수수관계를 어렵게 한다.

12 아상(我相): 나에 대한 관념.

상의적 연기관계의 이치는 지혜로 이루어지고, 연기관계의 실천은 자비로 이루어진다. 공동체에서 자비로운 보시가 많을수록 상호관계는 더욱 조화로워지고, 이에 따라 지혜가 늘어나며, 지혜가 늘어날수록 자비행은 더욱 좋아진다. 이처럼 지혜와 자비 사이에는 연기관계가 일어나는 한 서로가 서로를 돕고 이끈다.

결국 자비가 있기 때문에 연(緣)이 따르고, 큰 지혜가 있기 때문에 묘한 작용인 보시가 생긴다. 그래서 연(관계)의 따름은 자비가 있기 때문이고, 이 연에 의한 보시는 지혜가 있기 때문이다.

[별의 세계]

별의 세계에서는 별들이 서로 간에 조우, 섭동을 통해서 에너지를 주고받으면서 지내기 때문에 다른 별에게 어떤 것을 준다든지 또는 받는다든지 하는 특별한 보시 행위가 없이 항상 어떤 별에게나 무위적으로 묘행의 보시를 하고 있다.

만약 어떤 별이 가까이 이웃하는 별에게만 공덕을 바라는 보시를 한다면 성단 내에는 국부적으로 불안정이 조성될 것이다. 그래서 지역마다 특별히 보시하는 작은 집단들이 끼리끼리 생길 것이고, 이들은 성단 전체의 원만한 진화를 방해하여 무위적인 자연스러운 진화가 이루어지지 못하게 된다. 그러면 성단은 역학적으로 계속 불안정하게 된다.

공덕을 바라는 유별난 보시 행위가 인간 사회에서 일어나는 경우를 볼 수 있다. 자신에게 국한된 어떠한 기복을 바라고 보시하는 행위는 자기만의 만족에 국한된 것이다. 이는 자기가 속한 집단 내 다른 사람들의 자연스러운 주고받음의 보시와는 차별적인 것이며, 유위적인 이런 보시 행위 자체가 자신의 아상을 높여 오히려 공동체 전체의 깨달음에 이르는 길을 방해할 수도 있다.

이를테면 특정 집단에서 회원들끼리 똘똘 뭉쳐 그 안에서만 열심히 돕고 봉사하고 헌신해 봤자 집단의 아상에 빠져 보시의 묘행은 결코 기대할 수 없다는 것이다. 도리어 집단의 진화는커녕 퇴행을 가져올 뿐이다. 별들의 세계에서는 집단 내의 인위적인 보시 행위가 결코 일어나지 않는다.

제5분 바른 도리를 실답게 봄

漢譯 여리실견분(如理實見分)

須菩提야 於意云何오 可以身相으로 見如來不아 不也니이다
수보리 어의운하 가이신상 견여래부 불야

世尊하 不可以身相으로 得見如來니 何以故오 如來所說身相은
세존 불가이신상 득견여래 하이고 여래소설신상

卽非身相이니이다 佛이 告須菩提하사대 凡所有相이 皆是
즉비신상 불 고수보리 범소유상 개시

虛妄이니 若見諸相非相하면 卽見如來니라.
허망 약견제상비상 즉견여래

國譯 바른 도리를 실답게 봄

"수보리야, 어떻게 생각하느냐? 너는 몸 모양으로써 여래를 볼 수 있겠느냐?"

"못 보겠습니다. 세존이시여, 몸 모양으로써 여래를 볼 수 없습니다. 왜냐하오면 여래께서 말씀하신 바 몸 모양은 곧 몸 모양이 아니옵니다."

부처님께서 수보리에게 이르셨다.

"무릇 있는 바 상(相)은 다 이것이 허망하니 만약 모든 상이 상 아님을 보면 곧 여래를 보리라."

新講

여리실견분에서는 어떠한 대상의 특징에 집착하지 말고, 있는 그대로 봄으로써 깨달음에 이르도록 하게 한다. 유위적인 특징이란 것은 외적이든 내적이든 항상 고정된 것이 아니며, 또한 그 대상의 본질을 대표할 수도 없는 것으로 시간이 지나면서 변하기 마련이다. 참된 깨달음은 한때의 어떠한 특징적인 것에 치우치지 않고 언제나 진화과정에서 전체를 종합적으로 생각하는 전일적 사고[1]에 의해 이루어져야 한다는 걸 보이고 있다.

[해설]

"무릇 있는 바 상(相)은 다 이것이 허망하니(凡所有相 皆是虛妄)"

여기서 상(相)이란 여래의 외형적인 특징으로 32상을 말한다. 특징이란 분별적 과정에서 가려낸 보편성이 아닌 특별한 것을 의미한다.

일반적으로 유형은 형상을 가지지만 이것은 끊임없는 변화를 거치면서 유형의 질서가 점차 변형되고 사라지면서 무형으로 바뀐다. 이것이 곧 생(生)은 반드시 멸(滅)한다는 자연의 이치이다. 왜냐하면 유형은 생을 통해서 변해 가는 불안정한 계(系)이므로 이것은 점차적으로 안정된 계로 바뀌어 가는 진화를 거쳐 형체가 없는 무형으로 사라지게 된다. 그러므로 어떤 한순간이나 공간에서 지각되는 상에 집착한다는 것은 마치 활동사진의 한 장면에만 집착하는 것과 다를 바 없다.

1 전일적 사고(全一的 思考): 부분적인 것들을 분석 종합하여 이들 전체의 유기적이고 체계적인 관계를 조망하고 관조하는 사고.

이처럼 어떤 시공간에서 나타나는 이러한 특수한 한 장면이나 몇 가지 신체적 특징은 인생 전체를 대변할 수는 없다. 이것은 전체적인 변화의 연기과정 중에서 나타나는 어떤 시기의 오직 한 부분이며, 이것은 마치 어린아이 때의 모습이 어른이 되면서 사라지는 것과 같은 것이다. 그러므로 한때의 특징적인 상에 집착한다는 것은 전체를 놓쳐버릴 수 있는 허망한 짓이다.

'특징을 갖춘 것에는 허망함이 있고[무릇 있는 바 상은 다 이것이 허망하니(凡所有相 皆是虛妄)]'라는 것은 다른 개체와 분별적·차별적인 고유한 정체성을 지녔다는 것으로 그 개체가 속한 무리에서 이완되지 못한 불안정한 상태에 있음을 뜻한다. '허망함'이란 그런 특징적인 것이 언젠가는 없어지거나 또는 특징적으로 지각하는 관찰자의 별난 집착이 부질없다는 뜻이다.

그러므로 특징이라 부르는 것 또는 지각되는 것이 실은 특수한 것이 아니라 다른 개체들과 비추어 볼 때 지극히 평범한 성질이라는 것이다.

예를 들어 A라는 개체는 a라는 특징을, B라는 개체는 b라는 특징을 가졌을 때 우리는 두 개체가 똑같은 것이 아니라고 느낄 뿐이지 A와 B를 집단 내에서 아주 특별난 존재로 보지는 않는다.

'비상(非相)'이란 만유는 상호관계에 놓여 있으므로 항상 변화하며 새로운 상태로 초월해 간다는 걸 뜻한다. 따라서 어떤 것도 고정된 상이란 있을 수 없으므로 '비상(非相, 상이 아님)'이라고 말한 것이다. 결국 비상을 알게 되면 연기법인 여래를 보게 된다. 즉 깨닫게 된다.

집단의 각 구성원은 외형상 각기 다른 모습이나 성품을 지녔지만 집단 전체로 보면 존재 가능한 특징들이나 성품들이 모여 있는 것에 불과하며, 이들 모두는 유형의 물체나 인간들이 지닐 수 있는 보편적 현상일 뿐이다. 서양인은 서양인대로 동양인은 동양인대로 각기 다른 외형적 특징과 성품의 보편성을 지닌다.

그러므로 같은 집단 내에서 모든 구성원이 이완될 경우 그 집단은 전체로써 고유한 특징(일종의 고유한 문화)을 지니는 것이지 구성원 각자가 서로 다른 고유 특성을 지니는 것은 아니다.

붓다의 외형에 32상이 있다 하더라도 이것은 인간이란 종(種)에서 나타날 수 있는 형태적 특징의 가능성을 상징적으로 나타낼 뿐이지 붓다가 인간 이상의 어떤 신비한 초월적 존재를 암시하는 것은 아닐 수도 있다.

따라서 우리가 어떠한 개체나 사물을 대할 때 그로부터 지각되는 것에서 특수성을 찾아 그에 집착하기보다는 모든 것은 지극히 보편적이라는 시각으로 인식하고 대처해야 한다. 그래야만 모든 구성원이 이완되는 열반의 상태로 나아갈 수 있다.

이런 점에서 '특징이 없는 특징'이라는 것은 개체의 특수성이 부정될 때 집단의 새로운 안정된 특징이 생겨날 수 있다는 것이다. 여기서 앞의 특징은 대상의 외형적(또는 내면적) 특징이고, 뒤의 특징은 집단 전체가 이완된 상태에서 나타나는 특징을 뜻한다.

예를 들어 붓다는 다른 사람에 비해 외형적으로 다른 32상의 특징을 가지고 있었지만 이에 관계없이 평상심[2]과 무심, 무념[3]의 이완된 상태에 늘 머물러 있었다. 그래서 외형적 특징이 있었다 하더라도

---

2 평상심(平常心): 조작이 없고 취하고 버림이 없고 범부와 성인이 없고 단멸과 상주(常主)가 없는 마음. 어느 한쪽으로 치우치지 않고 서로 대립되는 양변을 여읜 중도(中道)의 마음. 제약되지 않은 보편적 질서와 조화를 따르는 무위의 마음.

3 무심(無心)과 무념(無念): 무심은 집착이 없는 마음이고, 무념은 집착하는 생각이 없는 마음이다.(참조 『별을 보면 법을 보고 법을 알면 별을 안다』: 이시우, 신구문화사, 2002, 237쪽)

붓다는 이러한 특징과는 무관하게 공동체 내에서 다른 구성원들과 함께 열반상태의 특징을 가지고 있었다는 것이다.

'얼굴은 예쁜데 성질이 고약하다'면 그 사람은 '특징이 있는 특징'을 가지는 셈이다. 그래서 우리는 얼굴값을 한다고 말한다. 이러한 사람도 여러 사람과 어울리며 공동체 내에서 지내다 보면 언젠가는 고약한 성질이 점차 없어지게 마련이다. 그럴 때 그는 '특징이 없는 특징'을 가질 수 있는 것이다. 여기서 앞의 특징은 개체로서 예쁜 모습이고, 뒤의 특징은 이완된 상태의 특징이다.

"만약 모든 상이 상 아님을 보면 곧 여래를 보리라(若見諸相非相 卽見如來)**."**

만유는 연기관계에 놓여 있으므로 항상 변화하며 새로운 상태로 초월해 간다. 따라서 어떤 것도 고정된 상이란 있을 수 없으므로 '비상(非相, 상 아님)'이라고 말한 것이다. 결국 비상을 알게 되면 연기법인 여래를 보게 된다. 즉 깨닫게 된다. 그러므로 '약견제상비상 즉견여래'는 비상을 앎으로써 연기법을 올바르게 본다는 뜻이다.[4]

일반적으로 고유한 정체성(특성)을 가진 여러 개체들을 모아서 공동체를 형성하면, 구성원 각자의 고유한 자성(특성) 때문에 그 집단은 전체적으로 혼란스러운 불안정 상태에 놓이게 된다. 그러나 구성원들 사이에 일어나는 끊임없는 조우, 섭동[5]을 통해 서로 주고받음

4 양 무제(梁武帝): "무엇이 가장 성스럽고 으뜸가는 진리입니까?"
달마(達磨): "텅 비어서 성스럽다고 할 것도 없습니다."
(『벽암록 상』: 장경각, 1999, 30쪽)

5 섭동(攝動): 주된 힘 이외의 적은 힘. 예를 들면 성단 내에서 한 별에 미치는 성단 전체의 힘은 주된 힘이고, 그 별이 이웃하는 별 주위를 지나면서 받는 힘(중력)은 적은 힘으로 섭동이라 한다.

의 상호 의존적 관계가 끊임없이 일어나면서 각자의 고유한 초기 정체성이라는 날카로운 모서리가 점차 사라지면서 집단 전체는 고유한 특성을 가지는 안정된 이완상태에 이르게 된다. 이러한 집착이 없는 여여한 이완상태에 이르는 것이 곧 '여래를 본다'는 것이다.

불교의 근본 사상은 만유에 대한 연기사상이다. 상호관계에서는 만유가 동등하고 평등하며 보편적이다. 그래서 만물은 부처로서 좋은 상호관계를 이어가려는 본성을 지니고 있다. 그리고 항상 상호 작용을 통해 새로운 안정된 상태로 초월해 가려는 것이 우주 만유의 성질이며 불법의 근본이다.

따라서 '중생이 본래 부처다'라고 하는 것은 상의적 수수과정을 거치면서 상에 대한 집착을 여읠 때 중생(만유)이 부처와 같은 경지로 나아간다는 뜻이지, 원래부터 부처로 태어나는 것은 아니다. 즉 '우주 만유가 부처다' 할 때 부처의 특성은 적극적인 상호관계에서 나타나는 것이지 어떤 한순간의 정적인 고립된 상태에서는 부처의 본래 모습(특성)을 찾을 수 없다.

[별의 세계]

별의 세계에서 별의 특징이란 그 별이 태어날 때 가지는 질량에 따라 다르며 또 진화상태에 따라 달라진다.

예를 들어 무거운 별일수록 태어날 때 청색을 강하게 띠며, 가벼운 별일수록 붉은색을 강하게 띤다. 그리고 모든 별들은 나이가 많

6 『천문학자와 붓다의 대화』: 이시우, 종이거울, 2004, 70쪽.

아질수록 점차 노란색에서 붉은색으로 변해 간다.[6] 이러한 물리적 특성이 성단의 역학적 진화에는 특별한 특징으로 기여하지 못한다. 그래서 한 성단에 들어 있는 별들 사이에는 질량에 따른 차이 이외는 역학적 진화에 미치는 별다른 특징이 없다. 단지 별들이 역학적으로 불안정한 상태에서 안정된 상태로 진화해 가는 모습만이 특징적인 변화일 뿐이다. 이처럼 별들의 생성, 소멸 및 운행에서 연기법의 체(體)와 용(用)을 볼 수 있다.[7]

한편 은하의 경우 형태에 따라 둥글게 보이는 타원 은하, 긴 나선

그림6 은하의 분류

7 원오 극근: "사계절이 운행하는 속에서 본체를 볼 수 있고, 만물이 생장하는 곳에서 오묘한 용[妙用]을 볼 수 있다."(『벽암록 중』: 장경각, 1999, 131쪽)

팔을 가진 나선 은하, 일정한 모양이 없는 불규칙 은하 등이 있다.[그림6] 이런 형태적 특징은 거대한 원시 성운에서 은하가 태어날 때 형성되기도 하고 또 은하들 간의 충돌에 의해 초기의 형태가 바뀌기도 한다.

예를 들어 나선 팔을 가진 나선 은하가 다른 은하와 충돌할 때 나선 팔이 깨어져 흩어지면서 타원 은하가 될 수도 있다. 이처럼 우주에서는 천체들이 여러 형태적 특징을 가지지만 인간과 달리 천체들은 이런 형태적 차이에 어떠한 집착도 가지지 않는다.

인간 세계에서는 개체적인 특징으로 아상과 법상을 삼고 또 이에 따른 허망한 집착심을 가지고 한쪽으로 치우치는 그러한 양태가 나타난다. 하지만 별들의 세계에서는 이러한 현상이 전연 일어나지 않는다.

별들은 '특징이 없는 특징'을 보는 것이 아니라 애초부터 특징이란 것을 모르고 살아간다. 인간이 애초부터 특별해 보이는 것도 실제는 특별한 것이 아니라 평범한 것 중의 하나로 생각한다면 특징이란 것 자체를 생각하지 않게 되어 어떠한 집착도 가지지 않게 된다.

제6분 바른 믿음은 희유하다

漢譯 정신희유분(正信希有分)

須菩提 白佛言하사대 世尊하 頗有衆生이 得聞如是言說章句
수보리 백불언 세존 파유중생 득문여시언설장구

하사옵고 生實信不잇가 佛이 告須菩提하사대 莫作是說하라
생실신부 불 고수보리 막작시설

如來滅後 後五百歲에 有持戒修福者 於此章句에 能生信心하야
여래멸후 후오백세 유지계수복자 어차장구 능생신심

以此爲實하리니 當知是人은 不於一佛二佛三四五佛에 而種
이차위실 당지시인 불어일불이불삼사오불 이종

善根이라 已於無量千萬佛所에 種諸善根하야 聞是章句하고
선근 이어무량천만불소 종제선근 문시장구

乃至一念生淨信者니라 須菩提야 如來 悉知悉見하나니 是
내지일념생정신자 수보리 여래 실지실견 시

諸衆生이 得如是無量福德이니라 何以故오 是諸衆生이 無復
제중생 득여시무량복덕 하이고 시제중생 무부

我相人相衆生相壽者相하며 無法相하며 亦無非法相이니 何
아상인상중생상수자상 무법상 역무비법상 하

以故오 是諸衆生이 若心取相하면 卽爲着我人衆生壽者니 若
이고 시제중생 약심취상 즉위착아인중생수자 약

取法相이라도 卽着我人衆生壽者며 何以故오 若取非法相이라도
취법상 즉착아인중생수자 하이고 약취비법상

卽着我人衆生壽者니라 是故로 不應取法이며 不應取非法이니
즉착아인중생수자 시고 불응취법 불응취비법

以是義故로 如來 常說호대 汝等比丘 知我說法을 如筏
이시의고 여래 상설 여등비구 지아설법 여벌

喩者라하노니 法尚應捨어든 何况非法이야따녀.
유자 법상응사 하황비법

國譯 바른 믿음은 희유하다

수보리가 부처님께 말씀드렸다.

"세존이시여, 어떤 중생이 이와 같이 말씀의 글귀를 보고 자못 실다운 믿음을 낼 자가 있사오리까?"

부처님께서 수보리에게 이르셨다.

"그런 말을 하지 말지니라. 여래가 멸도에 든 뒤 후오백세에 이르러 계를 가지고 복을 닦는 자가 있어서 능히 이 글귀에 신심을 내며 이로써 실다움을 삼으리. 마땅히 알라. 이 사람은 일불(一佛)이니 이불이니 삼사오불에게 선근(善根)[1]을 심었을 뿐만 아니라, 이미 한량없는 천만불에게 모든 선근을 심었으므로 이 글귀를 듣고 일념으로 조촐한 믿음을 낼지니라.

수보리야, 여래는 이 모든 중생들이 이와 같이 한량없는 복덕을 얻는 것을 다 알며 다 보느니라. 어찌한 까닭이냐? 이 모든 중생은 아상[2]도 없으며 인상, 중생상, 수자상도 없으며 법상도 없으며 또한 법 아닌 상도 없기 때문이니라. 어찌한 까닭인가 하면 이 모든 중생들이 만약 마음에 상을 취하면 곧 아상과 인상과 중생상과 수자상에 집착함이 되며, 만

1 선근(善根): 좋은 과보를 받을 좋은 인(因)이란 뜻.
2 아상(我相): 나에 대한 관념, 자아에 대한 지각.
인상(人相): 너와 나의 상대 관념.
중생상(衆生相): 대중·사회·인류 등에 대한 관념.
수자상(壽者相): 수명·생명에 대한 관념.

약 법상을 취하더라도 곧 아상과 인상, 중생상, 수자상에 착함이 되느니라. 어찌한 까닭이냐? 만약 법 아닌 상을 취하더라도 이는 곧 아상과 인상, 중생상, 수자상에 착함이 되느니라.
이런 까닭으로 마땅히 법을 취하지 말아야 하며 마땅히 법 아님도 취하지 말아야 하느니라. 이러한 뜻인 고로 여래는 항상 말하되 '너희들 비구는, 나의 설법을 뗏목으로 비유한 바와 같다고 아는 자는 법도 오히려 마땅히 버려야 하거늘 어찌 하물며 법 아님이랴' 하느니라."

新講

정신희유분은 집단의 진화상태는 안정에서 불안정, 그리고 불안정에서 다시 안정으로 순환하는 과정을 거치면서 진행하는 것을 보이고 있다. 그리고 이 과정에서 어떠한 한 방법에 집착하는 것은 전체의 진화를 방해할 수 있다는 것을 강조한다. 즉 진화과정에서 사상(四相)에 따른 집착을 버리고 무위적 행을 통해서만 이완의 세계인 깨달음의 세계에 이를 수 있다는 것이다. 또한 이러한 과정에서는 하나의 수단 방법으로 어떤 목적을 달성한 후에는 더 이상 그러한 방법에 대한 집착을 버리고 새로운 방법을 따라야 한다고 강조한다.
즉 수수관계는 항상 변화하며 변천하므로 어떠한 특별한 하나의 수수과정에만 집착하지 말고 다양한 수수관계를 자연스럽게 수용, 적응할 수 있어야만 무위적인 이완상태(깨달음)에 이를 수 있다는 것이다.

[해설]

"세존이시여, 어떤 중생이 이와 같이 말씀의 글귀를 보고 자못 실다운 믿음을 낼 자가 있사오리까?"

붓다가 돌아가신 후 500년간은 정법시대로 가르침[敎], 수행, 깨달음[證]의 셋이 존재했던 시기, 다음 500년간은 정법(正法)에 유사한 상법(像法)[3]이 행해져 가르침과 수행은 있으나 깨달음이 없는 시기, 그 후는 말법(末法) 시대로 가르침은 있으나 수행도 깨달음도 없으며, 그리고 법멸(法滅)[4] 시대에는 가르침, 수행, 깨달음 모두가 소멸해 버린다. 그러나 이때에도 지각(상)을 일으키는 어떤 뭇 삶이 있다는 것이다.

이는 곧 붓다의 사후 사회가 혼란하여 연기법이 잘 이루어지지 않는 시기가 올 때 경을 통해 경의 사구게[5]를 잘 이해하여 신심이 두텁고 연기법을 잘 닦은 자가 나와서 대중들에게 연기법을 잘 가르쳐서 행하도록 한다는 것이다.

이와 같이 한 집단의 이완계가 비평형으로 깨어져 어느 기간 동안 불안정한 시기를 지나면 다시 안정된 이완의 시기로 되돌아오는 것이 자연의 이치이다. 왜냐하면 불안정 상태는 안정한 상태에 비해 그 기간이 항상 매우 짧기 때문이다.

"여래가 멸도에 든 뒤 후오백세에 이르러 계를 가지고 복을 닦는 자가 있어서 능히 이 글귀에 신심을 내며 이로써 실다움을 삼으리."

여래가 멸도한 뒤 덕성을 갖추고 계행을 갖춘 깨달은 자가 있을 것이라고 한다. 여기서 계행, 덕성, 지혜는 계(戒)·정(定)·혜(慧)의 삼학(三學)[6]을 뜻한다. 계는 정언(正言, 올바른 언어)·정행(正行, 올바른 행

---

3 상법시대(像法時代): 붓다가 세상을 떠난 후 불상과 불경이 등장하나 깨달음이 결여된 시대.
4 법멸(法滅): 가르침(敎), 수행(行), 깨달음(證)이 모두 소멸해 버리는 것.
5 사구게(四句偈): 중요한 내용이 담긴 글귀.
6 삼학(三學): 계(戒-행동을 삼가하기 위한 계율), 정(定-진정한 이치를 사유하고 생각을 고요히 하여 산란치 않게 하는 것), 혜(慧-사물의 도리를 선별하며 인식·추리·판단하는 마음작용).

위)·정명(正命, 올바른 생활)을, 정은 정정진(正精進, 올바른 정진)·정정(正定, 올바른 집중)·정념(正念, 올바른 마음 새김)을, 혜는 정견(正見, 올바른 견해)·정사유(正思惟, 올바른 사유)로서 이들은 고집멸도(苦集滅道)의 사성제(四聖諦)를 달성하는 팔정도(八正道)[7]를 나타낸다.

여기서 정(定, 禪定)[8]은 가장 낮은 에너지 상태로서 기저상태(基底狀態)에 해당한다. 즉 흥분되어 불안한 상태를 나타내는 들뜬 상태가 아닌 가장 안정된 바닥상태를 나타낸다. 그리고 혜와 계는 외부의 반응에 대해서 가장 적은 에너지로 대응(반응)하는 정신적·육체적 행위를 나타낸다.

결국 계·정·혜는 공동체 내에서 개체가 가장 낮은 에너지 상태에 머물면서, 외부 반응에 대해 가장 적은 에너지로 대응하는 최소작용의 원리[9]에 해당한다.

깨달음이란 나에 대한 집착[我執]과 사물이나 현상 또는 법칙에 대한 집착[法執]을 떠나서 바로 이러한 최소작용의 원리를 따르는 안정된 이완상태에 이르는 것이다. 이것이 곧 지혜의 완성이라는 반야바라밀에 이르는 것이며, 육바라밀[10]을 통해 자비행이 이루어지는 것이다.

따라서 반야바라밀에 이르는 올바른 깨달음에서는 정[禪定]과 혜 및 계가 모두 함께 원융해서 나타나야만 한다. 만약 이들 중 어느 하나라도 빠진다면 진정한 깨달음에 이르지 못한다. 즉 선정 없이 혜와

7 팔정도(八正道): 정언(正言, 올바른 언어), 정행(正行, 올바른 행위), 정명(正命, 올바른 생활), 정정진(正精進, 올바른 정진), 정정(正定, 올바른 집중), 정념(正念, 올바른 마음 새김), 정견(正見, 올바른 견해), 정사유(正思惟, 올바른 사유).

8 정(定, 禪定): 진정한 이치를 사유하고 생각을 고요히 하여 산란치 않게 하는 것. 성품을 보며[禪] 안으로 어지럽지 않은 것[定]. (참조 『별을 보면 법을 보고 법을 알면 별을 안다』: 이시우, 신구문화사, 2002, 258쪽)

9 최소작용의 원리: 가장 낮은 에너지 상태에 머물며, 가장 적은 에너지로 외부 반응에 대응하는 것.

10 육바라밀(六波羅蜜): 보살이 열반에 이르기 위해 실천해야 할 6가지 덕목-보시(布施)·지계(持戒)·인욕(忍辱)·정진(精進)·선정(禪定)·지혜(智慧).

계만 있는 깨달음이 있을 수 없고, 또한 선정만으로 깨달음에 이를 수도 없다는 것이다. 여기서 계는 집단(공동체)의 존재를 전제로 한다.

실천적인 측면에서 계·정·혜의 삼학 중에서 가장 중요한 것은 정으로 집단 내에서의 선수행이다. 왜냐하면 올바른 선정에는 반드시 계와 혜가 따르기 때문이다.

이런 조용한 선정의 의미를 의상 대사의 법성게 중에서 볼 수 있다. 즉 '모든 인식현상은 움직임이 없어 본래 고요하다.'

만유는 상의적 수수관계 때문에 끊임없이 움직이며 변해 가지만 긴 시간에 걸쳐 전체적으로 보면 평균적으로는 움직임이 없고 변화도 없어 보인다. 그래서 동(動) 중에 정(靜)이 있고 정 중에 동이 있다고 하며, 그리고 우리가 보고 의식하는 현상계는 움직임이 없이 한결같이 조용해 보인다고 하는 것이다.

불교에서 교외별전(教外別傳)[11]을 선(禪)으로 보고, 이것을 부처님의 마음을 전하는 것으로 본다[12]는 견해도 있다. 그런데 연기관계에서 부처님 말씀[教]이 따로 있고 부처님 마음[禪]이 따로 있는 것일까?

상호 의존적인 연기관계에서는 교와 선을 함께 해야만 삼학을 올바르게 이룰 수 있다. 부처님 말씀 속에 마음이 들어 있고 마음 속에 말씀이 들어 있기 때문에 교와 선의 분리는 효율적인 연기관계의 수행을 어렵게 만든다. 이런 점에서 교외별전을 선으로 본다면 이는 불법을 속제(俗諦)[13]에서 이해시키는 한 방편에 지나지 않으므로 선이 교보다 우선한다는 편견을 가져서는 안 될 것이다.

---

11 교외별전(教外別傳): 말이나 문자에 의한 교설 이외에 별도로 마음에서 마음으로 전해지는 것. 선종에서 법은 마음으로 마음에 전하는 것이므로 따로 언어·문자를 세워 말하지 않는 데 참 뜻이 있다고 하는 불립문자(不立文字)와 같은 뜻.

12 『자기를 바로 봅시다』: 퇴옹 성철, 장경각, 2003, 190쪽.

13 속제(俗諦): 세간에 따라 가설(假說)한 여러 가지 가르침. 낮은 진리. 세제(世諦)라고도 함.

또한 강원에서는 경(經)을 부지런히 익히고 선방에서는 화두를 부지런히 잡아 어떻게든 자기가 하는 공부를 하루 빨리 성취해야 한다는 견해를 가지는 경우도 있다.

만약 경과 화두선(話頭禪)을 별개로 공부하면 올바른 연기관계를 익히지 못하게 된다. 왜냐하면 불법의 근본인 연기법은 경에서 얻어지는 계(戒)와 혜(慧), 그리고 화두선에서 얻어지는 정(定, 禪定) 등의 삼학에 의거하기 때문이다.

따라서 계와 혜 없이 정이 존재할 수 없고, 또 정 없이 계와 혜가 따로 있을 수 없다. 이들 세 가지가 모두 함께 성취될 때 비로소 연기의 불법을 올바르게 익히게 되는 것이다.

오늘날 한국 불교의 근본적인 문제는 승(僧)과 대중이 조화로운 연기관계를 구체적으로 이루지 못하는 것이다. 원인은 바로 경과 화두선을 따로 익히기 때문인 듯하다.

화두선이 상의적 수수관계에서 구체적인 행으로 나타날 때 비로소 이타적(利他的)인 연기관계가 달성될 수 있다. 그렇지 않고 화두선이 자신의 마음 속에만 국한된다면 이것은 연기관계를 벗어난 외도의 길로서 달을 가리키는 손가락이 될 뿐이다.

일체유심조(一切唯心造)란 일체 생각을 마음으로 조작한다는 뜻이다. 즉 악한 일이나 선한 일 등은 스스로 자기 마음으로 짓는 유의적(有意的) 결과이다. 그런데 여기서 마음은 정신과 물질의 양변이 융합된 중도적인 마음이다.[14] 왜냐하면 사대(지수화풍)로 이루어진 몸(색)과 마음을 나타내는 수상행식 등의 오온은 서로 연기하면서 변

14 『영원한 자유』: 퇴옹 성철, 장경각, 2002, 66쪽.

화하는 무자성의 공이기 때문이다.

정신은 마음의 작용이고, 정신의 작용이 의식이다. 그리고 마음은 물질이 없이는 존재할 수 없다. 따라서 모든 현상에 대해 물과 심의 상호 작용으로 일어나는 '일체유심조'는 단순히 마음으로만 짓는 것이 아닐 뿐만 아니라 유심조 자체도 공(空)이다.

정신(마음)이란 몸을 구성하고 있는 물질의 조직과 상호 작용에 연관된 정보의 개념이다. 이것은 DNA라는 핵산에 내재해 있고, 이것이 물질적으로 전달된다. 핵산은 물질이다. 이 속에 생명활동의 정보가 들어 있는 것이다. 그러므로 물질과 마음(정신)은 분리된 둘이 아니라 서로 융합된(유기적으로 결합된) 하나인 셈이다.

이것이 소위 물심불이(物心不二: 유심과 유물을 부정하면서 동시에 유심과 유물이 상통하는 것)의 세계이다. 일체유심은 바로 이러한 물심불이를 뜻한다.[15]

한편 올바른 무위적 마음을 일으키려면 올바른 여실지견이 필수적이다. 만약 여실지견이 올바르지 못하면 유위적으로 조작된 일체유심이 그릇되기 때문에 "내 마음이 바로 부처다(卽心是佛)"라는 말을 할 수 없게 된다.

"마땅히 알라. 이 사람은 일불(一佛)이니 이불이니 삼사오불에게 선근(善根)을 심었을 뿐만 아니라, 이미 한량없는 천만불에게 모든 선근을 심었으므로 이 글귀를 듣고 일념으로 조촐한 믿음을 낼지니라."

---

15 현대 정신의학은 소량의 약물을 투여하거나 뇌의 특정 부위를 전기 자극하는 것으로 우울증, 희열, 분노 등의 다양한 감정을 만들어 낸다.

깨달음이 이루어지는 이완상태는 개체적인 고립계보다 여럿이 모인 집단의 경우가 훨씬 효과적이다. 왜냐하면 수수(授受)의 연기관계가 원활하고 역동적이기 때문에 쉽게 이완상태에 이를 수 있다. 이런 효과는 집단이 클수록 빠르게 나타난다. 그래서 한두 분의 깨달은 임을 통해 깨치기보다는 '한량없는 천만 깨달은 임께 예배드리고, 이미 한량없는 천만불에게 모든 선근을 심었으므로'라고 하는 것이다.

결국 여기서는 개체 중심이 아니라 많은 구성원들을 가진 집단, 즉 공동체 전체의 이완(깨달음)을 강조한다. 이것은 대승불교가 지향하는 길을 보여 주고 있다.

"이 모든 중생은 아상도 없으며 인상, 중생상, 수자상도 없으며 법상도 없으며 또한 법 아닌 상도 없기 때문이니라."

집단 전체의 이완을 이끌어가는 데는 구성원 각자가 아상, 인상, 중생상, 수자상 등의 사상(四相)에 대한 집착이 없어야 한다. 그래야만 무위적인 수수관계가 일어나 쉽게 집단 전체가 안정된 평형상태 즉 깨달음을 이루어갈 수 있다.

이완된 계에서는 개체적인 자성의 상실, 개체 간의 무위적인 수수관계 때문에 계 전체의 특징만이 존재할 뿐이지, 개체가 인식할 수 있는 어떤 것에 대한 특별한 법이란 있을 수 없다. 그래서 여기서는 법무아[16]로서 법상[17]이나 취법상[18] 등과 같은 분별적인 법에 대한 집착(法執)의 산냐도 있을 수 없는 무분별지[19]에 이른다.

16 법무아(法無我): 모든 것은 연기에 의해 일어나는 것으로 실체가 없다는 것.(무자성과 같음)
17 법상(法相): 만상이 가지는 본질적인 체상(體相). 여러 가지 법의 특질.
18 취법상(取法相): 대상에 집착하는 것.
19 무분별지(無分別智): 허망한 잡염상이나 비실제적인 사유작용을 끊어버리는 지혜.

결국 이완상태(깨달은 상태)에서는 모든 것이 여여하므로 법이나 법 아닌 것에 대한 어떤 집착도 없게 된다.[20] 그리고 이완상태에서는 무분별지를 바탕으로 한 무분별후득지[21]로 사물이나 현상의 진실을 분별한다.

모든 것이 어떤 인위적 조작을 따르는 유위적 행이 아니라 공동체 전체의 특성에 따른 무위적 행만이 일어나는 경우가 곧 이완의 세계, 열반의 세계다. 이완이 일어나는 연기법계에서는 상의적 수수과정을 통해서 개체의 정체성이 상실되는 공[22]의 상태가 일어난다. 이러한 상태에서는 각 개체가 어떠한 법(질서)을 따르고 있는지도 모르면서 집단 전체의 특성에 해당하는 법(법계연기)을 따라 발전적인 초월적 삶을 살아가고 있다.

이것은 마치 지구가 운동하고 있다는 사실을 느끼지 못하면서 우리가 지상에서 자연과의 상의적 관계에서 환경에 잘 적응해 가면서 살아가고 있는 것과 같은 이치이다.[23] 우리가 지구의 운동을 의식적으로 느끼게 된다면 이미 지구는 불안정한 운동을 하고 있다는 뜻이 된다.

"이런 까닭으로 마땅히 법을 취하지 말아야 하며 마땅히 법 아님도 취하지 말아야 하느니라."

---

20 운문(雲門): "약과 병이 서로 딱딱 맞으니, 온 대지가 약이다. 어느 것이 자기이겠느냐?"(『벽암록 하』: 장경각, 1999, 128쪽)

21 무분별후득지(無分別後得智): 안정된 이완상태(깨침 후에 일어나는 집착 없는 분별의 지혜.)

22 공(空): 모든 사물은 인연에 의해 생기는 것으로 고정된 실체가 없다는 것. 모든 것은 연기(緣起)하고 있다는 것. 유(有)와 무(無)라는 두 가지 극단을 떠나 있는 것으로 중도(中道)에 해당한다.

23 『천문학자와 붓다의 대화』: 이시우, 종이거울, 2004, 196쪽.

깨친 자라면 법의 상을 갖지 않고, 법 아닌 상도 갖지 않는다는 것으로 『능가경』에서 말하는 "분별을 일으키지 않으면 이것이 곧 (부처님을) 봄이다(不起分別, 是卽能見)"[24]로 일체의 상을 떠나면 일체의 법에 이른다(離一切相, 卽一切相)에 해당한다.

즉 연기관계에서 일체의 상을 떠나는 것은 개체의 상을 여의는 것이고, 일체의 법(만유)에 이른다는 것은 이완된 공동체 전체의 고유한 특성(질서)을 따른다는 뜻이다.

"'너희들 비구는, 나의 설법을 뗏목으로 비유한 바와 같다고 아는 자는 법도 오히려 마땅히 버려야 하거늘 어찌 하물며 법 아님이랴' 하느니라."

'법(현상, 대상)마저 버려야 하거늘'은 연기관계에서 일어나는 어떠한 현상이나 대상 또는 관계에 특별히 집착하지 말고 흘러가는 물처럼 놓아버리라는 것이다. 그래야 사상(四相)을 여의고 새로운 연기관계에 젖어들 수 있는 것이다. 그렇지 못하면 조화로운 상의적 관계를 이어갈 수 없게 된다.

'하물며 법 아닌 것임에랴?'는 상호관계에서 특별해 보이지 않는 현상이나 대상 또는 관계를 뜻한다. 특별한 것에도 집착을 버리는데 그렇지 못한 하찮은 것에 대해서는 더욱 집착할 필요가 없다는 것이다.

흔히 속제(俗諦)[25]에서는 불법의 이해를 돕기 위해 뗏목과 같은 방편을 들어 설한다. 그러나 진제(眞諦)[26]에서는 이런 방편을 쓰지 않는다.

'나의 설법을 뗏목으로 비유한 바와 같다고 아는 자는 법도 오히

---

24 『대승입능가경』: 김재근, 명문당, 1992, 44쪽.

25 속제(俗諦): 세간에 따라 가설(假說)한 여러 가지 가르침. 낮은 진리. 세제(世諦)라고도 함.

26 진제(眞諦): 궁극의 진리. 깨달음에 관한 진리. 공(空)의 진실. 승의제(勝義諦), 제일의제(第一義諦)라고도 함.

려 마땅히 버려야 하거늘 어찌 하물며 법 아님이랴'는 것은 세속의 방편적인 속제를 버리고 『금강경』에서 보여 주는 궁극의 진리 즉 진제의 참 뜻을 따라 수행하라는 것이다. 이 진리는 다이아몬드(금강석) 처럼 단단하여 절대로 깨어지지 않기에 이를 설한 경을 『금강경』이라 하는 것이다.

뗏목을 타고 강을 건너온 후에는 뗏목을 버리고 가는 것처럼, 수수과정으로 이완상태에 이른 후는 이런 과정에 따른 주고받음의 방편법(뗏목)에 대한 집착심을 버려야 한다. 그리고 모든 개체와 더불어 무위적 수수과정 속으로 들어가야 한다는 것을 의미한다.

즉 연기법[27]처럼 어떠한 질서를 가진 법이나 질서가 없어 보이는 어떠한 것[非法]에도 집착을 버리고 여여하게 연기작용에 순응, 적응하며 지나는 깨달음의 상태에 들 것을 강조한다.[28]

우리는 뗏목을 타고 어디를 가든 지구라는 운동체를 벗어날 수 없고, 또한 이런 운동을 우리는 인식하지 못하고 지낸다. 이처럼 어떠한 수단이나 방법을 써서 어떠한 단계에 이르면 더 이상 그것에 대한 집착을 버리고 집단 전체의 특성(상의적 질서)에 따라서 진화해 가는 것이 가장 자연스러운 이완상태에 이르는 길이다.

속제(세속제)는 세속의 현실에서 공(空)은 없다는 망집을 깬다. 그리고 이원론적 개념(영혼과 육체, 관념과 사물, 정신과 물질, 생성과 소멸, 苦와 樂, 喜와 悲, 사랑과 증오 등등)이나 세속적 개념(윤회, 탐진치, 극락 등등)을 다룬다. 그래서 온갖 법을 세우게 된다.

---

27 연기법(緣起法): 만유는 연이어서 결과를 일으킨다는 인연생기(因緣生起)로 상호 연관된 유기적인 주고받음의 관계 법칙.

28 『별을 보면 법을 보고 법을 알면 별을 안다』: 이시우, 신구문화사, 2002, 288쪽.

한편 진제는 속제의 인연으로 일어나는 모습에 대한 집착을 깬다. 그리고 이원론적 개념이 없이 오직 궁극적인 진리만 다루기 때문에 온갖 법을 없앤다.

진리는 현실태 속에 있다. 그러므로 진제를 알려면 속제를 떠나지 말아야 한다. 따라서 『금강경』에서는 진제를 설하나 실제의 속제를 버리지 않으며, 진제와 속제를 두루 융합하여 중도를 따른다. 그렇지만 이 경에서는 속제에서 잘 쓰이는 고와 번뇌, 영혼, 육체, 희비애락, 윤회, 탐진치, 극락 등등이 전연 언급되지 않는다.

[별의 세계]

별의 세계에서는 별들이 성단이나 은하 같은 집단을 이루고 있으며 각 집단은 대체로 안정된 이완상태를 이루고 있다. 따라서 집단 내의 별들은 자신이 어떠한 질서와 법을 따르고 있는지도 모르면서 집단 중심 주위로 계속 회전하고 있다.

이들을 집단 중심 주위로 회전토록 하는 것이 바로 집단 전체의 질서에 해당하는 것으로 이것은 성단이나 은하의 총 구속 에너지(총 포텐샬 에너지라 부름)의 절대치가 총 운동 에너지의 두 배 되는 일정한 관계를 따른다.[29]

밤하늘에 보이는 별들은 모두가 각각 흩어져 홀로 있는 것처럼 보이지만 실제는 커다란 집단(국부 항성계라 부름)을 이루며 운동하고 있다.[그림7] 태양도 이 집단 속에 속해 있으면서 초속 20㎞의 속도로 움

29 『우주의 신비』: 이시우, 신구문화사, 2002, 70쪽.

직이고 있다. 물론 지구를 비롯한 모든 행성과 위성들도 태양과 함께 움직이고 있다.[30]

지상의 우리는 지구가 이처럼 빠른 운동을 하고 있다는 것조차 느끼지 못하며 살아간다. 사실 느낄 필요도 없다. 왜냐하면 이러한 운동은 이미 약 46억 년 전부터 시작되었고, 지금으로부터 약 300만 년 전에 지상에 등장한 인간은 당연히 이러한 운동에 적응하면서 진화해 왔기 때문이다.

그래서 태양 중심 주위로 도는 모든 행성들은 역학적으로 안정한 상태에 있고 우리도 지구라는 안정된 천체에서 살아가고 있는 것이다. 이처럼 안정된 이완계[31]에서는 각 구성원이 이완계를 이끌어가는 구체적인 법(상의적 질서)을 느끼지 못한다. 이런 상태가 바로 깨달음도 공임을 깨닫는 상태이다.

---

30 『천문학자와 붓다의 대화』: 이시우, 종이거울, 2004, 196쪽.

31 이완계(弛緩系): 집단 내에서 구성원들 사이의 연속적인 주고받음의 관계를 통해서 개체의 고유한 초기 특성이 완전히 사라지면서 집단 전체의 고유한 특성이 생기는 가장 안정된 상태로 진행해가는 체계. 여기서 집단의 특성이란 각 구성원들의 역할과 존재 가치가 동등해지고 평등해지며 그리고 특수성이 사라지면서 모든 것이 보편화되는 것이다.

그림7 낱별

제7분 얻을 것도 없고 설할 것도 없음

漢譯 무득무설분(無得無說分)

須菩提야 於意云何오 如來 得阿耨多羅三藐三菩提耶아 如來
수보리 어의운하 여래 득아누다라삼먁삼보리야 여래

有所說法耶아 須菩提言하사대 如我解佛所說義컨댄 無有定
유소설법야 수보리언 여아해불소설의 무유정

法名阿耨多羅三藐三菩提며 亦無有定法如來可說이니 何以故오
법명아누다라삼먁삼보리 역무유정법여래가설 하이고

如來所說法은 皆不可取며 不可說이며 非法이며 非非法이니
여래소설법 개불가취 불가설 비법 비비법

所以者何오 一切賢聖이 皆以無爲法으로 而有差別이니이다.
소이자하 일체현성 개이무위법 이유차별

國譯 얻을 것도 없고 설할 것도 없음

"수보리야 어떻게 생각하느냐? 여래가 아누다라삼먁삼보리[1]를 얻었느냐? 여래가 설한 바 법이 있느냐?"

수보리가 말씀드렸다.

"제가 부처님이 말씀하신 바 뜻을 이해하옵건대는 아누다라삼먁삼

1 아누다라삼먁삼보리: 위없이 바른 평등과 바른 깨달음[無上正等覺].

보리라 할 정한 바 법이 없사오며 또한 여래께서 가히 설하신 정한 법도 없사옵니다. 무슨 까닭인가 하오면 여래가 설하신 바 법은 다 취할 수 없사오며 말할 수도 없사오며 법도 아니오며 법 아님도 아니기 때문입니다. 이유를 말씀드리면 일체 성현(聖賢)이 다 무위법[2]을 쓰시어 차별이 있기 때문입니다."

新講

무득무설분에서는 깨달음이란 이완상태[3]에 이르는 데는 얻는 것도 잃는 것도 없고, 또한 법도 법 아닌 것도 없는 무위적 과정을 거쳐 이루어진다는 것을 설하고 있다. 이러한 무위적 과정은 집단에서 필연적으로 일어나는 자연스러운 상호 작용에 기인한다.

초기 경전에서 무위는 탐진치[4]가 소멸하는 것으로 보고 있지만, 올바른 무위는 탐진치가 없는 진제의 상호과정을 근본으로 하고 있다.

탐욕이 소멸하고, 성냄이 소멸하고, 어리석음이 소멸한다고 할 때, 이것은 연기작용에 의해 안정된 평형상태로 나아가고 있다는 것을 의미한다. 이 과정에서는 어느 특정한 개체의 유위적 행이라는 고유한 자성의 탓이 아니라 집단 전체의 조화로운 이완에 따른 결과로서 무위적 과정을 거치는 결과이다. 그러므로 무위란 '조건지어지지 않는 것'이 아니라 조화로운 조건, 즉 조화로운 상호관계에 의해 달성되는 것이다.

---

2 무위법(無爲法): 함이 없는 것. 조건지어지지 않는 것.

3 이완상태(弛緩狀態): 집단 내에서 구성원들 사이의 연속적인 주고받음의 관계를 통해서 개체의 고유한 초기 특성이 완전히 사라지면서 집단 전체의 고유한 특성이 생기는 가장 안정된 상태로 진행해 가는 체계. 여기서 집단의 특성이란 각 구성원들의 역할과 존재 가치가 동등해지고 평등해지며 그리고 특수성이 사라지면서 모든 것이 보편화되는 것이다.

4 탐진치(貪瞋痴): 욕심·성냄·어리석음으로 무명(無明)의 삼독(三毒)이라 함.(참조 『별을 보면 법을 보고 법을 알면 별을 안다』: 이시우, 신구문화사, 2002, 197쪽)

[해설]

"수보리야 어떻게 생각하느냐? 여래가 아누다라삼먁삼보리를 얻었느냐? 여래가 설한 바 법이 있느냐?……제가 부처님이 말씀하신 바 뜻을 이해하옵 같아서는 아누다라삼먁삼보리라 할 정한 바 법이 없사오며 또한 여래께서 가히 설하신 정한 법도 없사옵니다."

여래는 무상정등각을 이루고도 "여래가 아누다라삼먁삼보리를 얻었느냐? 여래가 설한 바 법이 있느냐?"고 물으시며 법에 대한 집착을 버릴 것을 말씀하신다. 수보리는 "아누다라삼먁삼보리라 할 정한 바 법이 없사오며 또한 여래께서 가히 설하신 정한 법도 없사옵니다"라고 답한다.

그러나 『열반경』에서 "무상정각을 이루면 부처님 성품을 볼 수 있고, 부처님 성품을 보면 무상정등각을 이룬다(成無上正覺 得見佛性 得見佛性成無上正覺)"[5]고 한 것처럼 위없는 바른 깨달음[성불]이 바로 부처님의 성품임을 알 수 있다.

공동체 내에서 여래는 대중과 함께 있으며 모두가 함께 깨달음에 이르기 때문에 여래가 곧 대중이고 대중이 곧 여래이다. 그러므로 여래의 깨달음이 곧 대중의 깨달음에 해당한다. 그런데 깨달은 법이 있다고 하면 이 법에 집착하는 것이고, 없다고 하면 깨닫지 못한 것이 된다.

어떤 집단 내에서 이완상태라는 깨침의 상태에서는 특별히 얻은 것도 없고 또 특별히 잃은 것도 없게 된다. 왜냐하면 모든 구성원 사

5 『원효의 대승기신론 소·별기』: 은정희 역주, 일지사, 2002, 63쪽.

이에서 일어나는 무위적인 주고받음의 관계를 통해서 자연스럽게 반응에 대해 순응, 적응하며 또 상대방에게 반작용을 하게 된다.

그리고 여래가 설했다는 것은 모두가 연기관계로서 주고받음의 행으로 나타났기 때문에 이완상태에서는 '여래께서 설하신 어떠한 특별한 다른 법도 없다'고 할 수 있는 것이다.

이와 같은 이완과정에서는 얻거나 잃는다는 것은 아무런 의미가 없고, 오직 상호 수수관계만 있을 뿐이다. 즉 지극히 자연스럽고 조화로운 상의적 관계가 이루어지면서 개체의 자성이 상실되고, 이에 따라 새로운 초월상태 즉 향상일로(向上一路)[6]로 나아가기 때문에 어떤 것에 대한 고정된 집착이란 있을 수 없다.[7]

중국의 남회근 국사(國師)는 '아누다라삼먁삼보리라 할 정한 바 법이 없사오며 또한 여래께서 가히 설하신 정한 법도 없사옵니다(無有定法 如來可說)'에 대해서 다음과 같이 말한다.[8]

"염불을 불법이라 생각한다면 틀린 생각입니다. 참선을 불법이라 생각해도 틀립니다.……수보리가 말합니다. 제가 생각하기로는 개오(開惡)[9]나 대철대오(大徹大惡)[10], 어떤 정해진 법도 아누다라삼먁삼보리라 부를 만한 것이 없습니다.……세간법은 모두 불법입니다.……그러므로 여러분은 불법을 배우는 정신과 현실적 생활이나 인생을 분리시켜서는 안 됩니다. ……부처는 성불하고 오도(惡道)[11]했다고

6 향상일로(向上一路): 깨달음에 이르는 한줄기 길. 언어, 사려가 미치지 않는 최상의 경지. 부처님의 경지에 이르기 위해 수행에 전념하는 것.

7 운문(雲門): "사람마다 모두가 광명을 가지고 있다. 이를 보려고 하면 보이지 않고 어두컴컴하다. 어떤 것이 여러분의 광명이겠느냐?"
운문: "부엌의 삼문(三門)이다."
운문 스님이 또 말하였다. "좋은 일도 없는 것만 못하다."
(『벽암록 하』: 장경각, 1999, 122쪽)

8 『금강경 강의』: 남회근(南懷瑾)·신원봉 옮김, 문예출판사, 1999, 171~175쪽.

9 개오(開惡): 깨닫게 함. 경험적 사실을 추론에 의해 이해하는 것.

10 대철대오(大徹大惡): 크게 깨닫는 것.

11 오도(惡道): 도(道)를 깨닫는 것.

해도 소위 깨달음[惡]이라 말한 것은 없다고 말합니다."

'해탈이다' '대자유다' 하는 것을 무심·심청정(心淸靜)·무애(無礙)의 경지에 이른 것으로 지극히 주관적 입장에서 논하거나, 또는 깨침은 자기 거울의 깨끗한 상태를 뜻한다고 보고 이것을 무심이나 해탈로 보기도 한다.

그러나 연기법계에서는 항상 타자와의 상의적 관계에서 살아가므로 주관적인 것이 아니라 상대적이고 연접적(連接的)인 연기관계를 이어간다. 따라서 깨침이란 조화로운 연기법의 이해와 이에 따른 자리이타행(自利利他行)을 뜻하는 것이지 결코 자신만의 도도한 무심의 고립된 경지를 의미하지 않는다. 이런 점에서 번뇌로부터 벗어나는 대자유나 무한의 자유세계란 존재하지 않는다.

모든 것이 상의적 관계에 구속되어 있기 때문에 자유는 구속을 내포하고, 구속은 자유를 내포하므로 자유는 상호관계에서 허용되는 일종의 절제된 개체의 독립성을 나타낼 뿐이다. 따라서 중요한 것은 자유나 구속이 아니라 조화로운 상의적 관계를 지속하면서 이들 양극단을 서로 상통하여 융합함으로써 중도의 불법을 얻는 것이다.

한편 깨침은 자기 거울의 깨끗한 상태에 해당된다고 하는데 과연 우리는 완전히 깨끗한 자기 거울을 볼 수 있고 또 가질 수 있을까? 복잡한 역동적인 연기관계가 일어나고 있는 삶의 과정에서 한 점의 티끌도 묻지 않는 자기 거울을 찾을 수 있을까?

이러한 희망은 이론적으로는 가능할지 모르나 실제 경우에는 전연 불가능하다. 단지 자기 거울에 티끌이 적게 묻도록 노력하는 것은 가능하다. 이것은 인간이 상의적 관계에서 살아가는 한 맑은 거울 같은 완전한 깨침은 불가능하지만 연기법의 올바른 이해를 통해서 가능한 참된 깨침에는 이를 수 있다는 것이다.

실은 완전한 절대적 깨침을 갈구하는 자체가 집착이요 망상이다. 깨침에 이르되 깨침인 줄 모르는 상태가 진정으로 깨침의 경지일 것이다.

『기신론(起信論)』의 인연분(因緣分)에서 "모든 괴로움을 버리고 구경의 즐거움을 얻는다(離一切苦 得究竟樂)"[12]고 했다.

즉 해탈은 일체의 고통을 떠난다는 데서 얻어진다고 하는데 연기관계 속에서는 완전한 고통의 해방이란 있을 수 없다. 바다에서는 언제나 파도가 일듯이 다양한 관계 속에서는 불안정한 고(苦)가 생겼다 없어졌다 끊임없이 반복된다. 이것이 곧 삶의 본질이며 근본적 현상이다. 이런 경우에 일체개고(一切皆苦)에서 고통이란 고(苦)는 상의적 과정에서 발생하는 평범한 불안정한 사건(event)에 해당한다.

상의적 관계에서는 불안정한 사건, 안정한 사건 등등, 과정 중에 일어나는 여러 사건의 현상을 살필 뿐이지 절대적인 정지된 상태에서 어떠한 현상을 논할 수는 없다. 그러므로 올바른 해탈이란 완전한 고통으로부터의 해방이나 자유라는 한 극단에 치우칠 것이 아니라 다양한 사건들이 일으키는 중도(中道)의 연기법을 올바르게 이해하는 것이다.

흔히 인간의 본래의 진면목을 깨끗한 거울로 비유한다. 그런데 실제 삶의 과정에서는 항상 먼지가 묻어 때를 이루므로 언제나 열심히 때를 닦아 내야 한다. 때가 묻는다는 것은 복잡한 상의적 관계 때문이요, 이것은 먹고 살아가기 위한 과정에서 필연적으로 나타나는 것

12 『원효의 대승기신론 소·별기』: 은정희 역주, 일지사, 2002, 63쪽.

으로 삶의 본질적 현상이다. 그래서 마음의 거울을 닦는 과정이란 초월적 향상일로로 나아가려는 마음가짐 즉 수행의 과정이 필요한 것이다. 이러한 과정으로 나아가는 본보기가 되는 기준이 바로 불법이다.

인간의 마음이 본래부터 완전히 깨끗한 거울 같은 마음을 가지고 태어나기 때문에 인간은 본래 부처라고 부르기도 한다. 그러나 실제로 인간이 부처라 함은 삶의 과정을 거치면서 무심, 무념의 경지 그리고 보편성과 평등성의 길을 찾아가면서 부처의 경지에 가까이 다가간다는 뜻이다.

인간은 태어날 때 먹이를 찾는 무서운 본능인 무의식적 집착심을 가지고 나온다. 이런 집착심이 성장하면서 단순한 먹이만이 아니라 다양한 소유의 범주로 확장되는 사상(四相)의 산냐로 확대되는데 이를 없애려는 것이 곧 수행이요, 부처의 길이다. 이런 관점에서 불법은 상의적 수수과정의 철학[13]이지 어느 한때의 한 상태를 규정짓는 협소한 절대적인 법이나 절대자에 대한 신앙의 대상이 아니다.

"여래가 설하신 바 법은 다 취할 수 없사오며 말할 수도 없사오며 법도 아니오며 법 아님도 아니기 때문입니다. 이유를 말씀드리오면 일체 성현(聖賢)이 다 무위법을 쓰시어 차별이 있기 때문입니다."

집단 내에서 개체들 사이에 일어나는 복잡한 주고받음의 상의적 관계에 의해 이루어지는 안정된 이완상태의 질서는 간단히 말할 수도 없고 또 쉽게 파악할 수 있는 것도 아니다. 왜냐하면 다양하게 일어나는 복잡한 연기작용에서는 각 개체가 어떤 질서[法]를 따르고

---

13 『과정과 실재』: 화이트헤드, 오영환 옮김, 민음사, 1999.
『화이트헤드의 유기체 철학과 불교』: 고목스님, 시간과 공간사, 1999.

있는지를 구체적으로 알지는 못하지만(법도 아니고) 개체들 사이에 조화로운 주고받음이 일어나고 있다는 것은 알 수 있다.(법 아닌 것도 아니다) 그래서 '이 법은 파악할 수 없고 말할 수 없으며, 법도 아니고 법 아닌 것도 아니다'라고 하는 것이다.

여기서 '법도 아닌 것도 아닌 법(非非法)'[14]이란 것은 바로 안정된 이완상태에 이른 집단의 고유한 특성(상의적 질서)이다. 이러한 특성은 개체들 사이의 상호 작용에서 생기는 것이다. 그러므로 '법도 아니고 법 아닌 것도 아닌'이란 것은 바로 연기법의 특징을 뜻한다.

진제(眞諦)에서 설해지는 무위법도 대상에 따라 다양하게 설해진다. 즉 속제(俗諦)에서는 대중의 이해를 돕기 위해 여러 종류의 방편을 쓰기 때문에 법인 것도 있지만 법이 법 아닌 것처럼 보일 때도 있다.

뿐만 아니라 이완(깨침)의 과정에서는 분별하고 차별하더라도 상을 심지 않기에 무분별지를 얻지만, 이완상태에 이른 후에는 진제에 따라 분별하는 무분별후득지를 얻는다. 그래서 깨침을 이룬 일체 성현(聖賢)이 모두 무위법을 쓰더라도 집착이 없는 차별이 있다는 것이다.

한편 이러한 연기법에 따라 일어나는 집단의 이완은 개체들 사이의 상호 작용이 조건지어지지 않은 무위적 과정으로 이루어질 때 가장 조화롭게 달성된다.[15]

인간 역사에서 '태평성대(太平聖代)'란 바로 '법도 아니고 법 아닌 것도 아닌 법'이 있는 경우에 기대할 수 있다. 이럴 때는 유위적인 것보다 '조건지어지지 않은' 무위적 통치가 지배적인 경우로서 어느 한 사람(임금)의 독재적 통치보다는 모든 대중의 원활한 주고받음의 상

14 혜능 대사: "입으로만 외우고 마음으로 행하지 않으면 곧 비법(非法)이요, 입으로 외우고 마음으로 행하여 마침내 얻을 바가 없음[無所得]을 요달하면 곧 비비법(非非法)이니라."(『금강경오가해』: 무비 역해, 불광출판부, 1993, 193쪽)

15 조주(趙州, 778~897): "지극한 도는 어렵지 않고, 오직 간택을 하지 않으면 될 뿐이다."(『벽암록 상』: 장경각, 1999, 39쪽)

의적 과정을 통해 나라의 살림이 잘 꾸려질 때 가능하다.

만유의 이치는 곧 우주의 섭리이며, 이것은 우주 만물이 끊임없이 경험하는 상의적 수수과정을 통해 이루어진 것이다. 이런 질서 속에 들어 있는 각자는 질서를 따르면서도 이 질서를 구체적으로 설명할 수도 없고 또 느끼지도 못한 채 그냥 무위적으로 따라갈 뿐이다.

언제나 안정된 상태로 유지되면서 남에게 최소로 영향을 미치며 서로 의존적으로 지내는데 무엇을 얻고 또 무엇을 준다고 분명히 분별할 수 있겠는가? 어제가 오늘 같고 내일이 오늘 같을 진대 주고받음이 있을지라도 그것을 느끼지 못하면서 지내는 것이 진여세계에서 해탈하는 길이다.

우리는 일상 생활에서 항상 남과 주고받으며 살아간다. 이런 과정에서 순간순간 특정한 사건들이 기억에 남고, 이런 기억들로부터 희비애락(喜悲哀樂)을 느끼기도 한다. 이것은 일종의 기억의 노예[16]라는 굴레에서 생기는 것이다. 그러나 긴 인생의 여정을 지나고 보면 기억의 횡포도 잠시뿐 궁극엔 특별히 얻은 것도 또 특별히 잃은 것도 없다는 것을 알게 된다.

이런 생각은 우리가 비록 유위적으로 살아왔다 하더라도 긴 시간을 지나고 보면 삶의 무리 속에서 전체의 질서에 따라 흘러온 것을 느낄 수 있다. 즉 무위적인 삶이 생의 전체를 이루어가고 있음을 알 수 있다. 소위 떠밀려 흘러가는 것이 인생이며, 자연의 만물도 이처럼 주어진 환경에 잘 순응하고 적응하면서 존속해 가는 것이다.

---

16 『별을 보면 법을 보고 법을 알면 별을 안다』: 이시우, 신구문화사, 2002, 170쪽.

혹자는 위와 같은 무상(無相), 무자성을 근본으로 하는 무위적 삶은 현실을 부정하는 것으로 보고, 이것을 회의주의적 또는 허무주의적인 삶이라고 말할지도 모른다. 그러나 실제로 이러한 삶은 주어진 어떠한 환경에도 순응하고 적응하면서 최소의 에너지로 살아가야 하므로 엄청난 인내와 끊임없는 노력이 요구된다. 왜냐하면 인간의 내면에 들어 있는 원초적 욕망과 탐욕을 모두 씻어 버려야 하기 때문이다.

따라서 무위적 삶은 에는 듯한 북풍의 눈보라를 참고 이겨 내며 자라는 소나무처럼 강인한 상의적 수수관계에 순응, 적응하지 않으면 얻을 수 없는 적극적이며 초월적인 최선의 삶의 자세가 요구된다.

이런 점에서 진정한 무위적 삶은 회의적이거나 허무주의적인 것이 아니라 오히려 평상심에서 향상일로를 향한 구체적이며 철저한 삶이다. 그리고 이런 삶은 우주 만유와 더불어 살아가려는 자연 친화적이고 범생태적인 것이다. 한편 실천적인 면에서는 계·정·혜 삼학의 꾸준한 수행과 적극적인 상의적 관계에서 무자성을 이루지 않고는 결코 무위적 삶을 이루어갈 수 없다.

[별의 세계]

별의 세계에서는 별들 간의 에너지 수수교환으로 모두가 초기의 고유한 자성을 잃으면서 안정된 이완상태에 놓이게 된다. 따라서 자신이 어디서 와서 어디로 가는지에 대해 분명한 과거의 역사도 모른 채 성단 전체의 무위적 질서에 따라 계속 진화해 갈 뿐이다.

그래서 이처럼 이완되어 무위적으로 진화하는 별들의 세계에서는 별들이 어떻게 이완되고(무엇을 깨닫고) 또 앞으로 이들이 어떻게 될 것인가를 구체적으로 말할 수 없다(무엇을 설할 수 없다). 모든 것이 성단 전체를 구속하는 무위적 상의성을 따라 진화해 갈 뿐이다.[17]

별들의 무위적 삶은 별들이 태어날 때의 초기 물질인 원시 성운에서부터 시작된다. 원시 가스성운에서 밀도가 높은 곳에서 성운의 중력 수축으로 별이 탄생된다.[그림8] 이런 과정으로 수많은 별들이 집단으로 태어난다. 이 중에는 질량이 큰 별과 질량이 작은 별 등 여러 종류의 별들이 생긴다.

이 별들 사이에 서로 미치는 중력작용으로 별들의 역학적 운동이 무위적으로 일어나면서 안정을 찾아간다. 즉 별들이 가까이 접근하는 조우가 일어나면 서로 큰 인력을 미쳐서 운동의 속도와 진로가 바뀌는 섭동이 일어난다. 이런 조우와 섭동과정을 거치면서 별들이 가지는 에너지가 거의 같아지는 에너지 등분배가 일어나면서 역학적으로 안정된 평형을 찾아간다.

이런 현상은 인간 사회의 평등하고 안정된 삶에 비유된다. 단지 인간에게는 탐진치가 있기 때문에 유위적 행동이 따르는데 비해 별의 경우는 탐진치가 없는 무위적 행이 일어나기 때문에 안정성이 쉽게 달성될 수 있다는 것이 큰 차이점이다.

17 『천문학자와 붓다의 대화』: 이시우, 종이거울, 2004, 110쪽.

그림8 오리온 대성운

제8분 법에 의하여 출생함

漢譯 의법출생분(依法出生分)

須菩提야 於意云何오 若人이 滿三千大千世界七寶로 以用布施하면
수보리 어의운하 약인 만삼천대천세계칠보 이용보시

是人의 所得福德이 寧爲多不아 須菩提 言하사대 甚多니이다
시인 소득복덕 영위다부 수보리 언 심다

世尊하 何以故오 是福德이 卽非福德性일새 是故로 如來
세존 하이고 시복덕 즉비복덕성 시고 여래

說福德多니이다 若復有人이 於此經中에 受持乃至四句偈等하야
설복덕다 약부유인 어차경중 수지내지사구게등

爲他人說하면 其福이 勝彼하리니 何以故오 須菩提야
위타인설 기복 승피 하이고 수보리

一切諸佛과 及諸佛阿耨多羅三藐三菩提法이 皆從此經出이니라
일체제불 급제불아누다라삼먁삼보리법 개종차경출

須菩提야 所謂佛法者는 卽非佛法이니라.
수보리 소위불법자 즉비불법

國譯 법에 의하여 출생함

"수보리야 어떻게 생각하느냐? 만약 어떤 사람이 삼천대천세계[1]에 가득 찬 칠보를 가지고 보시에 쓴다면 이 사람이 얻을 바 복덕이 얼마나 많겠느냐?"

수보리가 말씀드렸다.

"심히 많사옵니다. 세존이시여, 왜냐하오면 이 복덕이 곧 복덕성이 아니오니 이 까닭에 여래께서 복덕이 많다 말씀하셨습니다."

"만약 다시 사람이 있어 이 경 가운데서 사구게[2]만이라도 받아 지니고 다른 사람을 위해 말해 주면 그 복이 저보다 나으리라. 수보리야, 왜냐하면 일체 모든 부처님과 모든 부처님의 아누다라삼먁삼보리법이 다 이 경으로 좇아 나오는 까닭이니라. 수보리야, 이른바 불법[3]이라 하는 것도 곧 불법이 아니니라."

新講

의법출생분은 재물보시보다 법보시의 중요성을 보이고, 또 모든 불법은 불법이면서 불법이 아닌 것으로 불법이라는 집착에 빠지는 것도 잘못된 것임을 보인다. 사상(四相)에서 벗어나 법도 모른 채 그냥 법 속에 녹아드는 것이 참된 깨달음이다.

법도 때로는 법이 아닌 것처럼 보이는 경우를 경험하면서 지내는 것이 자연의 이치를 참되게 깨닫는 것이다.

'언제나 깨어 있는 마음상태'를 지니는 것은 깨달음의 상태라고 하지만, 때론 깨어 있지 못한 마음상태를 지니는 것처럼 보일 때도 있어야 한다. 이것은 본인을 위해서가 아니라 남을 위해서 취하는 행위이다. 만약 '나는 언제나 깨어 있는 마음'을 지닌다고 자랑한다면, 그는 거짓말을 하는 '깨어 있는 마음'이란 집착에 빠져 있는 우매한 사람일 뿐이다.

---

1 삼천대천세계: 수미산을 중심으로 한 수미세계 1,000개의 집단을 소천세계, 1,000개의 소천세계의 집단을 중천세계, 1,000개의 중천세계의 집단을 대천세계라 하고, 소천세계와 중천세계 그리고 대천세계를 합한 전체를 삼천대천세계(三千大千世界)라 한다. 수미세계는 은하, 소천세계는 은하단, 중천세계는 초은하단, 대천세계는 초초은하단에 해당한다.(참조 『천문학자와 붓다의 대화』: 이시우, 종이거울, 2004, 222쪽)

2 사구게(四句偈): 중요한 내용이 담긴 글귀.

3 불법(佛法): 부처님이 깨달은 진리. 불교의 기초가 되는 근본.

[해설]

"수보리야 어떻게 생각하느냐? 만약 어떤 사람이 삼천대천세계에 가득 찬 칠보를 가지고 보시에 쓴다면 이 사람이 얻을 바 복덕이 얼마나 많겠느냐?"……"심히 많사옵니다. 세존이시여, 왜냐하오면 이 복덕이 곧 복덕성이 아니오니 이 까닭에 여래께서 복덕이 많다 말씀하셨습니다."

물질적 보시도 중요하지만 깨달음에 이르는 이완의 세계에 대한 법을 지닌 사구게를 가르쳐 주는 것이 더 많은 복덕을 이룬다는 것이다.

그런데 오늘날 우리 사회는 자본주의가 만들어 낸 물질만능시대에서 모든 것을 물질적으로 해결하려 하는데, 이는 큰 집착심을 야기시키는 중요한 요인이 되고 있다.

따라서 물질보다는 자연의 연기적 이치를 가르쳐서 올바른 수수과정을 통해 깨달음에 이르는 연기법에 관한 한 게송만이라도 가르쳐 준다면 삶의 가치와 존재의 가치를 찾는 첩경이 될 것이다. 결국 복덕은 상의적 수수관계의 이해와 실천에 있는 것이다.

한편 육조 혜능 선사는 복덕에 대해 다음과 같이 정의했다.[4]

"마음에 능소(能所)[5]가 있으면 곧 복덕성이 아니요 능소심이 끊어져야 복덕성이라 한다. 마음에 부처님의 가르침을 의지하고 행이 부처님의 행과 같으면 이를 복덕성이라 한다."

여기서 부처님의 가르침이란 곧 아집과 법집을 여의고 연기법을 잘 따르는 불법을 뜻한다.

---

4 『금강경오가해』: 무비 역해, 불광출판부, 1993, 204쪽.

5 능소(能所): 분별, 차별.

"만약 다시 사람이 있어 이 경 가운데서 사구게만이라도 받아 지니고 다른 사람을 위해 말해 주면 그 복이 저보다 나으리라. 수보리야, 왜냐하면 일체 모든 부처님과 모든 부처님의 아누다라삼먁삼보리법이 다 이 경으로 좇아 나오는 까닭이니라. 수보리야, 이른바 불법이라 하는 것도 곧 불법이 아니니라."

자연의 이치를 나타내는 사구게를 얻어듣고 이를 통해 깨달음을 얻는다. 그런데 이러한 깨달음에 이르는 법이란 것이 특별히 있는 것이 아니며 또한 이것이 고유한 존재로 영속하는 것도 아니다. 그러므로 깨달음에 이르는 모든 불법은 자연 그 자체에 녹아서 자연을 이끌어가기 때문에 어느 한순간에 '이것이 깨달음의 법이다'라고 말할 수는 없는 것이다. 그래서 '불법이라 하는 것도 곧 불법이 아니니라'고 말하는 것이다.

깨달음의 법은 연기법으로 복잡하고 다양한 수수관계에서 일어나기 때문에 어느 한 경우를 특별히 말할 수는 없다. 그리고 '깨달음의 법을 안다'는 것은 곧 '불법을 안다'는 것인데 이것 역시 그릇된 집착의 소산이다.

이 세상에 불법이 아닌 것이 없으며 또 불법인 것도 없다. 왜냐하면 불법이라고 하는 안정된 이완의 세계만이 항상 존재하는 것만이 아니며, 또한 안정적인 법에 어긋나는 비평형과 불안정도 법계연기에서는 평형이나 안정과 함께 동등한 것으로 불법에 포함되기 때문이다.

자연에서는 불안정과 비평형이 시시각각 발생하고 또 소멸하면서 점차 다시 안정과 평형으로 이어간다. 이런 과정을 통해 불법의 세계가 펼쳐지는 것이다.[6]

6 설두 중현(雪竇重顯, 980~1052): "하나지만 많은 종류가 있고 둘이지만 서로 모순되지 않는다."(『벽암록 상』: 장경각, 1999, 42쪽)

만유 사이에 일어나는 유기적인 연기관계는 끊임없이 변화해 간다. 이에 따라 한 상태의 불법의 세계는 시간이 지나면서 새로운 상태의 불법의 세계로 나아간다. 그러기에 우리는 어떠한 특정한 불법의 세계에 집착하여 안주하고, 이를 바탕으로 세상을 보려는 좁은 안목을 벗어나야 한다.

만유 사이에서는 주고받음이 언제나 끊임없이 역동적으로 일어나지만 모든 것이 궁극엔 생(生)도 없고 멸(滅)도 없으므로 불생불멸(不生不滅)의 연기법계는 역동적이면서 공적(空寂)[7]하다. 이러한 연기관계는 항상 자연의 만유를 안정된 상태로 이끌어간다.

불법에 따르면 '착한 것', '마음을 비우는 것'이라고 하지만 삶의 과정에서는 어쩔 수 없이 이를 어기지 않을 수 없는 경우도 생긴다. 소위 최소작용의 원리가 언제나 계속 만족될 수는 없다는 것이다. 그 까닭은 복잡하고 다양한 상의적 관계 때문이다.

따라서 경우에 따라 착하지 않을 수도 있고, 마음을 비우지 못할 수도 있다. 그러나 이것도 잠시뿐이고 결국에는 착해지고 또 마음을 비우게 된다. 그래서 긴 시간에 걸쳐서 보면 최소작용의 원리[8]가 이루어지고 있는 것이다.

만약 '언제나 착하고, 언제나 마음이 비어 있다'고 한다면 이것은 타자(他者, 인간 또는 자연의 대상)와의 상호관계가 완전히 얼음처럼 동결되어 있는 '죽은 상호관계'이다. '살아 있는 상호관계'는 고무줄을 서로 당기면서 줄이 늘어났다 줄어들었다 하는 것처럼 융통성이 있는 역동적이고 유기적인 상호 의존적 관계다.

『화엄경』에서 "일체 만법이 나지도 않고 일체 만법이 없어지지도

7 공적(空寂): 일체의 사물은 실체성이 없고 공무(空無)한 것.
8 최소작용의 원리: 가장 낮은 에너지 상태에 머물며, 가장 적은 에너지로 외부 반응에 대응하는 것.

않아서 만약 이렇게 알 것 같으면 모든 부처님이 항상 나타난다(一切法不生 一切法不滅 若能如是解 諸佛常現前)"고 했다. 이것은 불생불멸(不生不滅)의 뜻을 알면 곧 부처를 보게 된다는 뜻이다.

불생불멸은 우주의 모습이며, 곧 연기법이 상주(常住)한다는 걸 나타낸다. 그래서 연기법계를 우주의 섭리가 항상 존재하는(즉 부처님이 항상 계시는) 상주법계(常住法界)[9]라고 한다. 여기서 불생불멸이란 생(生)하면 멸(滅)하고 또 멸하면 다시 새롭게 생하므로 연속적인 연기 과정으로 보면 생과 멸은 근본적으로 같은 것이다. 즉 생에는 멸이 내포되고 멸에는 생이 내포된다는 것이다

우주에서 만물은 새로 생기는 것과 멸해 없어지는 현상이 계속 일어나면서 순간순간 그 모습이 변해 간다. 그러나 긴 시간에 걸쳐 전체적으로 보면 우주에서 생과 멸은 연속적으로 일어나기 때문에 특별히 생하는 경우만 있거나 또는 특별히 멸하는 경우만 있는 극단이 없이 생과 멸이 비슷하게 일어나고 있다. 그래서 생도 없고 멸도 없다는 불생불멸의 뜻은 생도 있고 멸도 있다는 생멸의 조건을 근본으로 한다. 그러므로 불생불멸의 근본 뜻은 연속적인 생멸이 일어나는 상의적 연기법계가 우주에 상존한다는 뜻이다.

끊임없이 연기가 일어나는(無盡緣起)[10] 연기법계를 상주법계라 하며, 여기서는 서로 대립되는 모든 것이 동등해지는 법계연기가 이루어진다. 이러한 연기가 이루어지는 우주 내 만유의 존재가 바로 제법실상(諸法實相)[11]이다.

우주에서 연기법계는 걸림이 없는 참된 법계이므로 무애법계(無礙

9 상주법계(常住法界): 우주의 섭리가 항상 존재하는 법계.
10 무진연기(無盡緣起): 한없이 연기하는 것.
11 제법실상(諸法實相): 만유의 진실의 본성, 만유의 상주불변(常住不變)의 이법(理法), 연기적 중도의 견지에서 본 사물의 진상(眞相).

d法界)[12] 무장애법계(無障碍法界)[13], 일진법계(一眞法界)[14] 또는 일승법계(一乘法界)[15]라고도 부른다.

화엄의 일승연기(一乘緣起)에서는 모든 연기가 법계 자체인 인(因)이고, 법계 자체인 연(緣)이며, 법계 자체인 과(果)이므로 인과연기(因果緣起)가 곧 현실법계이다. 따라서 집단에서는 인과의 순서 없이 모두가 동시적으로 작용한다.

[별의 세계]

이완된 별들의 세계에서 일어나는 모든 현상은 끊임없는 역동적인 에너지 수수관계에서 최소작용의 원리를 따르면서 성단 전체의 무위적 질서를 이어가는 데서 생기는 것이다. 여기서 각 별은 자신이 질서를 잘 따르는지 혹은 무질서로 이어지는지를 전연 모르고 오직 전체적인 질서에 녹아들어 무위적 행위만 할 뿐이다. 그러면서 별로서의 한 세상을 조용히 살아간다. 이것이 인간의 경우에 경의 사구게에 따라 살아가는 도리에 해당한다.

자연에서 쓰여진 경은 바로 우주의 섭리라는 이법으로 우주 법계를 이루고 있다. 따라서 우리 은하에서 별들이 생겨 살아가는 방법이나 230만 광년 떨어진 안드로메다 은하[그림9]에서 별들이 탄생하여 살아가는 방법이 똑같다. 나아가 우주 어디서나 별의 생주이멸은 다 같은 우주의 경 즉 우주의 이법을 따르고 있다. 그런데 이 경의 내용이 바로 『금강경』의 근본에 해당한다는 것은 매우 놀라운 사실이다.

---

12 무애법계(無礙法界): 양변이 서로 거리낌없이 상통하는 법계.
13 무장애법계(無障碍法界): 인식하는 데 있어 장애가 없는 법계.
14 일진법계(一眞法界): 유일 절대의 궁극의 진리.
15 일승법계(一乘法界): 유일하고 궁극적인 진리의 법계.

그림9 안드로메다 은하

인간들도 별처럼 거대한 집단에서 무위적인 전체적 질서가 생기고, 이런 안정된 질서 속에 인간의 정신이 녹아들어 무위적 행위가 일어난다면 불법까지도 까맣게 잊게 되어 평안한 삶을 영위할 수 있을 것이다. 이것이 경에서 설하고 있는 진정한 삶이다.

그런데 인간의 지혜 속에는 탐진치라는 삼독(三毒)이 언제나 도사리고 있기 때문에 이기적인 틈만 생기면 이 삼독이 불쑥 튀어나와 조화로운 연기관계를 흐트러트리곤 한다. 그래서 '깨달음'이란 말이 생긴 것이다. 그런데 이 '깨달음'이란 말 자체에 또 집착하고 싶은 삼독이 생기니 인간은 영원히 별과 같을 수는 없을 것이다. 그렇지만 경에서 설하는 근본 섭리를 따르려는 노력을 한다면 인간도 별과 유사한 무위적 삶을 살아갈 수 있을 것이다. 여기서 무위적 삶이란 궁극적인 진리를 찾아가는 삶을 뜻한다.

제9분 하나의 상(相)은 상이 없음

漢譯 일상무상분(一相無相分)

須菩提야 於意云何오 須陀洹이 能作是念호대 我得須陀洹果不아
수보리 어의운하 수다원 능작시념 아득수다원과부

須菩提 言하사대 不也니이다 世尊하 何以故오 須陀洹은
수보리 언 불야 세존 하이고 수다원

名爲入流로대 而無所入이니 不入色聲香味觸法일새 是名
명위입류 이무소입 불입색성향미촉법 시명

須陀洹이니이다 須菩提야 於意云何오 斯陀含이 能作是念호대
수다원 수보리 어의운하 사다함 능작시념

我得斯陀含果不아 須菩提 言하사대 不也이니다 世尊하
아득사다함과부 수보리 언 불야 세존

何以故오 斯陀含은 名一往來로대 而實無往來일새 是名斯陀
하이고 사다함 명일왕래 이실무왕래 시명사다

含이니이다 須菩提야 於意云何오 阿那含이 能作是念호대 我
함 수보리 어의운하 아나함 능작시념 아

得阿那含果不아 須菩提 言하사대 不也이니다 世尊하 何以故오
득아나함과부 수보리 언 불야 세존 하이고

阿那含은 名爲不來로대 而實無不來일새 是故로 名阿那含
아나함 명위불래 이실무불래 시고 명아나함

이니이다 須菩提야 於意云何오 阿羅漢이 能作是念호대 我得
수보리 어의운하 아라한 능작시념 아득

阿羅漢道不아 須菩提 言하사대 不也이니다 世尊하 何以故오
아라한도부 수보리 언 불야 세존 하이고

實無有法名阿羅漢이니 世尊하 若阿羅漢이 作是念호대 我得
실무유법명아라한 세존 약아라한 작시념 아득

阿羅漢道라하면 卽爲着我人衆生壽者니이다 世尊하 佛說我
아라한도 즉위착아인중생수자 세존 불설아

得無諍三昧人中에 最爲第一이라 是第一離欲阿羅漢이라하시나
득무쟁삼매인중 최위제일 시제일이욕아라한

我不作是念호대 我是離欲阿羅漢이라하노이다 世尊하 我
아부작시념 아시이욕아라한 세존 아

若作是念호대 我得阿羅漢道라하면 世尊이 卽不說須菩提
약작시념 아득아라한도 세존 즉불설수보리

是樂阿蘭那行者라하시련만 以須菩提 實無所行일새니 而名須菩提
시요아란나행자 이수보리 실무소행 이명수보리

是樂阿蘭那行이라 하시나이다.
시요아란나행

國譯 하나의 상(相)은 상이 없음

"수보리야 어떻게 생각하느냐? 수다원(須陀洹)이 능히 '내가 수다원과를 얻었다' 하는 생각을 가지겠느냐?"

수보리가 말씀드렸다.

"아니옵니다. 세존이시여, 왜냐하오면 수다원은 이름을 성류(聖流)에 든다 하오나 실로는 들어간 바 없사와 형상이나 성·향·미·촉·법에 들어가지 아니하오니 이를 수다원이라 이름하옵니다."

"수보리야, 어떻게 생각하느냐? 사다함(斯陀含)이 능히 '내가 사다함과를 얻었다' 하는 생각을 가지겠느냐?"

수보리가 말씀드렸다.

"아니옵니다. 세존이시여, 왜냐하오면 사다함은 이름이 일왕래이오나 실로는 오고 가는 바가 없사오니 이를 사다함이라 이름하옵니다."

"수보리야, 어떻게 생각하느냐? 아나함(阿那含)이 능히 생각하기를 '내가 아나함과를 얻었다' 하겠느냐?"

수보리가 말씀드렸다.

"아니옵니다. 세존이시여, 왜냐하오면 아나함은 이름을 오지 않는다 하오나 실은 오지 아니함이 없사오니 이 까닭에 아나함이라 이름하옵니다."

"수보리야, 어떻게 생각하느냐? 아라한(阿羅漢)이 능히 생각하기를 '내가 아라한도를 얻었다' 하겠느냐?"

수보리가 말씀드렸다.

"아니옵니다. 세존이시여, 왜냐하오면 실로 법이 없음이 이름이 아라한이옵니다. 세존이시여, 만약 아라한이 생각하기를 '내가 아라한도를 얻었다' 하오면 곧 아상과 인상과 중생상과 수자상에 착함이 되옵니다. 세존이시여, 부처님께서 저를 무쟁삼매[1]를 얻은 사람 가운데에서 가장 으뜸이라 말씀하셨으니 이는 욕심을 여읜 제일의 아라한이라 하심이옵니다. 그러하오나 저는 욕심을 여읜 아라한이라는 생각을 하지 않사옵니다. 세존이시여, 제가 만약 '내가 아라한도를 얻었다'고 생각한다면 세존께서는 곧 수보리에게 아란나행(阿蘭那行)[2]을 즐기는 자라고 말씀하시지 아니하시련만 수보리가 실로 행하는 바가 없으므로 수보리는 아란나행을 즐기는 자라고 이름하셨습니다."

新講

일상무상분에서는 상(相)이란 어떤 것이든 아주 특별한 상(相)으로 존재하지 않고 지극히 평범하다는 보편성을 보인다. 그러므로 만약

1 무쟁삼매(無諍三昧): 생각 생각이 항상 정직하여 한 생각도 삿된 마음이 없는 것.

2 아란나행(阿蘭那行): 수행자가 언제나 삼림(아란야)에 살면서 행하는 수행. 아란야행(阿蘭若行)이라고도 함.

어떤 상에 집착한다면 이미 보편성을 떠나 유일성을 주장하는 것으로 사상(四相)에 얽매이게 된다.

[해설]

"…… 수다원은 이름을 성류(聖流)에 든다 하오나 실로는 들어간 바 없사와…… 이를 수다원이라 이름하옵니다.…… 사다함은 이름이 일왕래이오나 실로는 오고 가는 바가 없사오니 이를 사다함이라 이름하옵니다.…… 아나함은 이름을 오지 않는다 하오나 실은 오지 아니함이 없사오니 이 까닭에 아나함이라 이름하옵니다.…… 아라한이 능히 생각하기를 '내가 아라한도를 얻었다' 하겠느냐?…… 아니옵니다. 실로 법이 없음이 이름이 아라한이옵니다.…… 만약 아라한이 생각하기를 '내가 아라한도를 얻었다' 하오면 곧 아상과 인상과 중생상과 수자상에 착함이 되옵니다.

…… 부처님께서 저를 무쟁삼매를 얻은 사람 가운데에서 가장 으뜸이라 말씀하셨으니 이는 욕심을 여읜 제일의 아라한이라 하심이옵니다.…… 제가 만약 '내가 아라한도를 얻었다'고 생각한다면 세존께서는 곧 수보리에게 아란나행(阿蘭那行)을 즐기는 자라고 말씀하시지 아니하시련만 수보리가 실로 행하는 바가 없으므로 수보리는 아란나행을 즐기는 자라고 이름하셨습니다."

깨달음에 이르는 단계는 네 가지로 나눈다.

①수다원: 예류(五流) 또는 입류(入流)라 하는데, '미혹을 끊고 성자의 부류에 든 사람'이다.

②사다함: 일래자(一來者)라고 함. 천상이나 인간 세계를 한 번 왕

래하는 사람. 앞생각이 망(妄)을 일으키면 뒷생각이 곧 그치고, 앞생각에 집착이 있으면 뒷생각이 곧 그 집착을 떠나서 실로 왕래가 없는 것.(육조 혜능)

③아나함: 불환(不還) 또는 불래(不來)라 함. 감각적인 쾌락의 세계[욕계]의 번뇌를 모두 끊어 버린 성자. 사후에는 미세한 물질의 세계[색계]나 비물실적인 세계[무색계]인 천상에 태어나 거기서 열빈에 들므로 다시 이 세상에 태어나는 일이 없으므로 돌아오지 않는 임이다.

④아라한: 세상의 존경과 공양을 받을 만한 가치가 있는 사람. 영원히 번뇌가 없고, 마(魔)의 장애가 없이 영원히 청정한 사람.

이상의 깨달음의 각 단계에 들어가도 그런 상태에 있다는 집착을 가지면 사상(四相)을 보이게 되므로, 어느 깨침의 단계에 있다는 생각을 하지 않을 때 올바른 경지에 이른다. 경에서 이르기를 '실로 법이 없음이 이름이 아라한이옵니다'라고 했다. 이것이 각묵 스님의 『금강경 역해』에서는 "아라한 됨을 증득했다는 그 어떠한 법도 없기 때문입니다"로 표현되었다. 결국 아라한의 경지에 이르러도 이런 경지에 이르렀다는 집착이 없으므로 '수보리는 아란나행을 즐기는 자'라고 말한 것이다.

위와 같은 깨침의 분류도 개인적인 것으로 실은 깨침이란 집착을 심어 주는 요인이 될 수 있다. 깨침은 공동체 내에서 연속적인 수행의 과정에서 점진적으로 이루어지기 때문에 깨침의 과정에는 단절된 분류의 구별이 반드시 필요한 것은 아니다. 이런 점에서 위의 분류는 조화로운 연기관계로 나아가는 과정을 나타내는 단계일 뿐이다.

한 집단 내에서 서로 간에 일어나는 수수의 연기과정에서 어느 누구는 어떠한 깨침의 단계에 있는가를 분별하는 것은 불필요하며,

오히려 이런 차별적 분류는 집단 전체의 원만한 이완이란 깨침의 상태로 진행해 가는 데 장애요인만 될 뿐이다.

불법에서는 우리가 인식하는 대상도 고정된 자성이 없기 때문에 그것에 집착하지 못하게 하면서, 어찌 보이지도 않는 깨침이란 것을 등급으로 나누어 분류할 수 있겠는가? 비록 붓다시대에는 이러한 개별적 분류가 필요했을지 모르나 오늘날 더욱 복잡해진 연기관계를 지닌 공동체의 사회에서는 이러한 깨침의 분류는 상대적 분별심과 집착심만 심어 주어 불법의 본질에 어긋난다고 볼 수 있다.

사람이 어떤 상태에 이르렀을 때 육식(六識)[3]에 집착하거나 특정한 사고의 틀에 묶여 있거나 또는 어느 법에 대한 깨달음만을 주장한다면 그는 자연의 이치에 순응하지 못해서 주고받음이 원만하게 이루어질 수 없게 된다. 나 자신까지도 잊는 자연스러운 능동적 순응이 이루어질 때 참사람으로 자연의 진실한 한 구성원으로 존재할 수 있게 된다. 모든 생명체는 다함께 존재의 가치를 지니며, 또 평등성을 가지므로 나만이 특별하다는 상(相)을 지녀서는 안 된다.

대자연에서는 어느 것도 자신이 대자연을 대표한다는 것을 보이지 않고 모두가 동등한 자격으로 대자연을 이루고 있을 뿐이다. 그리고 모두가 그렇고 그렇다는 보편성을 보인다. 우주라는 대자연에는 수명이 인간의 수십 배 내지 수억 배나 되는 생명체가 무수히 많은데 어찌 단명(短命)한 인간만이 가장 잘났다고 하거나 또 못났다고 분별하며 부질없는 번뇌를 가질 수가 있겠는가.

만유가 진화 과정에서 특정한 진화 단계에 이를 때마다 특별한 상

3 육식(六識): 안식(眼識)·이식(耳識)·비식(鼻識)·설식(舌識)·신식(身識)·의식(意識).

(相)을 보이기는 하나 이것은 단지 진화해 가는 과정에서 나타나는 삶의 한 과정일 뿐이지 이것이 삶 전체를 절대적으로 대표할 수는 없다.

장미나무가 아름다운 장미꽃을 피운다고 해서 그 장미꽃이 만물의 유일한 상(相)으로 남을 수 있겠는가? 다른 식물들도 모두 색다른 꽃을 피운다. 그러므로 장미꽃은 단지 장미꽃일 뿐이지 그 이상 또는 그 이하의 의미를 가지지 않는다. 단지 수많은 꽃 중의 하나일 뿐이다.

비슷한 예로 '깨쳤다'는 사람은 과연 인간이란 종(種) 중에서 아주 특별한 사람인가? 누구나 노력하고 수행하면 그러한 깨침의 단계에 이를 수 있고, 또 그 단계가 경우에 따라 다시 미혹한 단계로 바뀔 수도 있으므로 '깨침'이란 삶의 과정 중에서 나타나는 지극히 평범한 한 상태에 지나지 않는다고 볼 수 있다.

한 학급의 학생들을 키 순서로 세우면 가장 키가 큰 학생에서 가장 키가 작은 학생에 이르기까지 다양하게 분포한다. 여기서 중간 키에 해당하는 학생이 가장 많고, 키가 아주 작거나 키가 아주 큰 학생의 수는 매우 적게 나타난다. 이때 제일 키가 작은 학생과 제일 키가 큰 학생은 전체 학생들 중에서 아주 특별해 보일 것이다. 그러나 실제는 전체 학생들의 키의 분포 중에서 반드시 나타나는 지극히 평범한 경우일 뿐이다.

이처럼 인간 세계나 생명체의 세계 또는 무생물의 세계에서도 여러 가지 다양성이 나타나지만 그 속에 어떠한 특징적인 상(相)을 지닌 유별나게 특별한 것이란 결코 존재하지 않는다. 비록 겉보기에 특별해 보인다 하더라도 이것은 여러 가지 분포 또는 여러 가지 단계들 중에서 나타나는 하나의 보편적인 표본일 뿐이다.

이러한 양상에 비추어 보면 깨달음이란 것도 깨닫지 못한 것에 대해서 차별적으로 보일 뿐, 삶의 전체 과정에서 보면 아주 유별난 것이 아니라 존재 가능한 한 예에 불과하다. 결국 깨달음이란 연속적인 연기과정에서 당연히 나타날 수 있는 단계이며, 이것이 소위 공동체인 집단 전체에서 나타나는 이완상태에 이름을 뜻한다.

인간은 스스로를 영원한 생명과 무한한 능력을 가진 절대적 존재로 보기도 한다.[4] 그러나 인간은 우주 내 다른 만유와 더불어 서로 주고받는 연기관계를 이어가는 존재이다. 따라서 인간도 다른 개체와 함께 지극히 평범한 보편적 존재이지 어느 것보다 더 우위라는 절대적 위치에 있는 특별한 존재가 아니다.

상의적 관계에서는 모두가 상대적 의미를 지닌 존재이다. 따라서 인간은 결코 영원한 생명과 무한한 능력을 가진 특별한 존재가 아니라 다양한 여러 종(種)처럼 유형의 한 상태로 나타나서 존재하다가 무형으로 사라져 가는 평범한 종일 뿐이다. 오히려 '영원한 생명과 무한한 능력'이란 우월성은 보편성과 평등성을 근본으로 하는 불법에 어긋나는 편견이다.

오늘날 '영원한 생명과 무한한 능력'으로 치장한 절대적 존재라는 인간의 치졸한 아상과 아만이 상호 의존적 관계를 깨트리면서 자연을 망치고, 나아가 인간 스스로를 망치는 도구가 되고 있지 않는지 깊이 생각해 보아야 할 것이다.

4 『자기를 바로 봅시다』: 퇴옹 성철, 장경각, 2003, 276쪽.

별의 세계에서는 처음 불안정한 별들의 집단에서 별들 사이에 일어나는 에너지 수수관계인 연속적 상호 작용에 의해 점차 안정된 이완상태로 발전해 간다. 그래서 인간 세상에서처럼 수다원, 수다함, 아나힘, 아라한과 같은 깨침의 불연속직인 구별, 즉 불연속적인 안정으로의 이행이란 존재하지 않는다. 구태여 이런 현상을 찾아본다면 성단의 중앙부에서 볼 수 있다.

즉 성단의 중앙부에는 별들이 밀집해 있기 때문에 수축과 팽창 그리고 평형이라는 과정이 반복해서 일어나면서 약간의 불안정한 상태를 이룬다.[5] 그러나 긴 시간에 걸쳐 보면 중앙부도 대체로 역학적으로 안정성을 유지하고 있다. 이런 현상은 인간 사회에서도 나타난다. 즉 권력 중심부에 있는 집단은 성단의 중앙부처럼 항상 비교적 불안정한 상태에 놓이기 마련이다.

실은 인간의 공동체에서도 국부적으로 깨침이 일찍 일어나기 시작하는 집단이 있을 수 있다. 그러나 공동체 전체로 보면 이런 국부적 현상은 전체를 대표할 수 없는 제한적인 것으로 이 집단은 계속 불안정한 상태에 머물게 된다. 소위 몇몇의 깨친 자가 있다고 해서 그 사회 전체가 깨친 상태에 있다는 것은 아니다.

사회 전체가 안정 상태에 놓이려면 구성원 모두가 깨침의 상태에 있어야 한다. 여기서 깨침은 어떤 신비적 체험을 통한 특이한 정신적 상태에 이르렀다는 것을 뜻하는 것이 아니라, 구성원 전체가 사회의 올바른 질서를 이루며 이를 잘 따르는 지혜와 구체적인 자비행을 의미한다.

---

5 『별과 인간의 일생』: 이시우, 신구문화사, 1999, 159쪽.

제10분 정토(淨土)를 장엄함

漢譯 장엄정토분(莊嚴淨土分)

佛이 告須菩提하사대 於意云何오 如來 昔在然燈佛所하야 於
불 고수보리 어의운하 여래 석재연등불소 어

法에 有所得不아 不也니이다 世尊하 如來 在然燈佛所하사
법 유소득부 불야 세존 여래 재연등불소

於法에 實無所得이니이다 須菩提야 於意云何오 菩薩이 莊嚴
어법 실무소득 수보리 어의운하 보살 장엄

佛土不아 不也니이다 世尊하 何以故오 莊嚴佛土者는 卽非莊
불토부 불야 세존 하이고 장엄불토자 즉비장

嚴일새 是名莊嚴이니이다 是故로 須菩提야 諸菩薩摩訶薩이
엄 시명장엄 시고 수보리 제보살마하살

應如是生淸淨心이니 不應住色生心하며 不應住聲香味觸法生
응여시생청정심 불응주색생심 불응주성향미촉법생

心이요 應無所住하야 而生其心이니라 須菩提야 譬如有人이
심 응무소주 이생기심 수보리 비여유인

身如須彌山王하면 於意云何오 是身이 爲大不아 須菩提 言하사대
신여수미산왕 어의운하 시신 위대부 수보리 언

甚大이니이다 世尊하 何以故오 佛說非身이 是名大身이니이다.
심대 세존 하이고 불설비신 시명대신

國譯 정토(淨土)[1]를 장엄함

부처님께서 수보리에게 이르셨다.

"수보리야, 어떻게 생각하느냐? 여래가 옛적에 연등불[2] 회상에 있을 때 법에 얻은 바가 있었겠느냐?"

"아니옵니다. 세존이시여, 여래께서 연등불 회상에 계실 때 법에 있어 실로 얻은 바가 없사옵니다."

"수보리야, 어떻게 생각하느냐? 보살이 불국토[3]를 장엄한다고 하겠느냐?"

"아니옵니다. 세존이시여, 왜냐하오면 보살이 불국토를 장엄함은 곧 장엄이 아니옵고 그 이름이 장엄이옵니다."

"이 까닭에 수보리야, 모든 보살 마하살은 마땅히 이와 같이 청정한 마음을 낼지니 마땅히 형상에 머물러서 마음을 내지 말며, 마땅히 성·향·미·촉·법에 머물러서 마음을 내지 아니하고, 응당 머문 바 없이 그 마음을 낼지니라.

수보리야, 비유컨대 만일 어떤 사람이 있어 몸이 수미산왕만하다면 네 생각에 어떠하냐? 그 몸을 크다고 하겠느냐?"

수보리가 말씀드렸다.

"심히 크옵니다. 세존이시여, 왜냐하오면 부처님께서는 몸이 아님을 말씀하시어 큰 몸이라 이름하셨습니다."

新講

장엄정토분은 불국토를 장엄할 정도의 깨달음에 이르는 길은 끊임없

---

1 정토(淨土): 번뇌를 여의고 깨달음의 경지에 든 부처님이나 보살이 사는 청정한 국토. 번뇌의 더러움을 여읜 깨끗한 세계.

2 연등불(燃燈佛): 정광여래(錠光如來)라고도 하는데 석가모니 부처님 이전에 출현한 24명의 부처님 가운데 첫번째 부처님. 과거세에 출현하여 석존에게 미래에 성불할 것이라고 예언한 부처님.

3 불국토(佛國土): 부처님의 나라.

이 새롭게 마음을 내면서 연기관계[4]를 잘 이끌어가야 함을 보여 준다. 이런 역동적인 상호 작용에서 이루어지는 깨달음은 '깨달음'이란 집착도 버린 채 인연 따라 흘러가야 한다. 그렇지 않고 큰 몸을 지닌 위대한 인격체인 체 한다면 그는 곧 사상(四相)이란 집착에 빠져서 깨달음은 사라지며 다시 무명[5]을 낳게 된다.

[해설]

"수보리야, 어떻게 생각하느냐? 보살이 불국토를 장엄한다고 하겠느냐? 아니옵니다. 세존이시여, 왜냐하오면 보살이 불국토를 장엄함은 곧 장엄이 아니옵고 그 이름이 장엄이옵니다."

불국토의 장엄이란 청정한 마음으로 행하는 깨달음의 경지를 뜻한다. 만약 불국토를 이룩한다고 하면 이미 장엄이란 집착에 빠진다. 따라서 깨달음이란 불국토의 장엄을 위해 매진할지라도 이것에 대한 집착을 버리고 무위의 마음으로 불국토를 이룩해야 한다.

사실 우리가 살아가는 시방세계가 바로 불국토이고, 정토(淨土)[6]이다. 단지 깨친 마음으로 보면 연기관계에 있는 모든 존재[諸法]가 부처이고, 연기관계가 일어나는 모든 처소가 정토다.

우주 법계에서는 깨달음이란 사건의 일종에 해당한다. 즉 연속적

---

4 연기관계(緣起關係): 연기는 연이어서 결과를 일으킨다는 인연생기(因緣生起)의 뜻이며, 만유는 상호 연관된 연기로 얽혀 서로 주고받는 유기적인 관계.

5 『별을 보면 법을 보고 법을 알면 별을 안다』: 이시우, 신구문화사, 2002, 197쪽.

6 정토(淨土): 번뇌를 여의고 깨달음의 경지에 든 부처님이나 보살이 사는 청정한 국토. 번뇌의 더러움을 여읜 깨끗한 세계.

변화과정 중에서 나타나는 '한 사건'일 뿐이다. 그런데 이런 사건이 영속하지 못하고 상의적 관계 때문에 안정된 깨달음의 상태가 언젠가는 불안정한 상태로 변해 가게 된다. 따라서 깨달음이라는 '사건'에는 불안정의 씨앗이 내포되어 있는 셈이다. 이러한 관점에서 본다면 인간 세계에서 언급되는 '깨달음'도 일종의 불안정한 상태를 내포한다고 볼 수 있다.

특히 깨달음이란 것이 깨달음이란 큰 몸[名聲]을 지니고 있는 한 반드시 그 깨달음은 집착이 만들어 내는 불안정의 씨앗이 될 뿐이다. 그래서 깨달아도 깨달음을 의식하지 못하고 평상심(平常心)[7]으로 물 흐르듯 흘러가는 무위의 상호관계가 진정한(안정된) 깨달음이라고 볼 수 있다.

실은 이러한 깨달음은 특별하거나 유별난 것이 아니라 자연의 만물이 그러하듯이 주어진 인연의 변화에 따라 순응, 적응하면서 최소작용의 원리를 무위적으로 잘 따르는 지극히 평범한 삶에 불과할 뿐이다. 만약 깨달음을 대단한 것으로 치켜세우며 높이 쳐다본다면, 이는 수미산의 몸을 보는 것처럼 집착의 망상에 걸려 있는 것에 해당한다.

우리는 자신의 키가 커가는 것을 느끼지 못한다. 하지만 키는 자라고 몸은 무거워지듯이 진정한 깨달음은 이와 같아야 한다. 매우 평범한 상의적 과정에서 참된 지혜를 얻고 올바른 행을 하면서 남을 이익되게 한다면 그 이상 무슨 특별한 깨달음이 필요하고, 요란한 오도송[8]을 토해 낼 필요는 없다. 사상(四相)을 버리라는 경의 뜻을 따르면 모두가 부질없는 집착일 뿐이다.

7 평상심(平常心): 조작이 없고 취하고 버림이 없고 범부와 성인이 없고 단멸과 상주(常主)가 없는 마음. 어느 한쪽으로 치우치지 않고 서로 대립되는 양변을 여윈 중도(中道)의 마음. 제약되지 않은 보편적 질서와 조화를 따르는 무위의 마음.

8 오도송(悪道頌): 도(道)를 깨닫고 이를 찬양하는 글.

"마땅히 형상에 머물러서 마음을 내지 말며, 마땅히 성·향·미·촉·법에 머물러서 마음을 내지 아니하고, 응당 머문 바 없이 그 마음을 낼지니라(應無所住 而生起心)."

불국토의 장엄을 위한 깨달음의 길은 어디에도 의존하지 않고, 머무름 없이 그 마음이 일어나야 한다. 머무름 없이 연속적으로 물 흐르듯이 마음이 최소작용의 원리를 따라야 한다. 즉 언제나 가장 낮은 에너지 상태(定, 禪定)에 머물러야 하고 또 외부 반응에 대한 연기관계에서도 최소 에너지로 반응(戒, 慧)해야 한다. 이것이 '마음을 비운 상태'에 해당한다. 이런 최소작용의 원리[9]를 따르는 것이 곧 연기법계에서 열반에 이르는 길이다.

특히 '머무름이 없다'는 것은 연속적인 상호관계를 뜻하며, 이러한 관계에서 무위적인(최소작용의 원리를 따르는) 마음을 내는 것이 곧 깨달음에 이르는 것이다. 만약 그렇지 않고 어느 한 깨달음의 상태에 머물러 있다면, 그는 그만 깨달음이란 집착에 빠질 뿐만 아니라 그 깨달음이 만들어 내는 고정된 탈을 쓰고 아집과 법집이란 산나를 드러내면서 곧 무명에 빠지게 된다. 그러므로 깨달음은 다시 연속적 연기관계를 통해서 새로운 깨달음으로 머물지 않고 계속 발전적인 초월적 단계, 즉 향상일로(向上一路)로 이어지게 되는 것이다.[10]

"만일 어떤 사람이 있어 몸이 수미산왕만하다면 네 생각에 어떠하냐? 그 몸을 크다고 하겠느냐?…… 심히 크옵니다. 세존이시여, 왜냐하오면 부처님께서는 몸이 아님을 말씀하시어 큰 몸이라 이름하셨

---

9 최소작용의 원리: 가장 낮은 에너지 상태에 머물며, 가장 적은 에너지로 외부 반응에 대응하는 것.
10 반산(盤山): "향상일로는 일 천 성인도 하지 못하는데, 배우는 이들이 고생 고생하는 것이 마치 물에 어린 달을 잡으려는 원숭이와도 같다."(『벽암록 상』: 장경각, 1999, 50쪽)

습니다."

머무름 없는 마음이 일어나면서 깨달음에 이르렀을 때 자신이 수미산처럼 큰 몸을 가진 존재로 생각된다면 그는 집착(큰 몸, 즉 큰 인격체라는 망상)에 휘말리게 된다. 소위 고정된 자성을 가진 자아를 내보이게 되는 것은 깨침의 길이 아니다.

'자아는 존재하지만 존재하지 않는다'고 하는데, 이것은 항상 새로운 초월상태의 향상일로로 나아가기 때문이다. 그러므로 비록 깨침에 이르러 큰 인격체(몸)라 하더라도 그는 이를 느끼지 못하는 무심, 무념[11]의 경지에 이르러야만 비로소 깨달음의 불국토를 장엄할 수 있다.

끊임없이 생멸을 이어가며 변천하는 대자연은 과거도 그러했고 미래도 그러할 것이다. 이러한 자연에서 일어나는 연기법은 때에 따라 국부적인 불안정(생성은 불안정의 씨앗이다)을 가장 효율적으로 서서히 안정상태로 이어가도록 하는 자연의 섭리이다. 이것이 불법의 근본이므로 어느 하나에 큰 애착을 가지고 구태여 집착할 이유가 없다.

머물지 않고 끊임없이 흘러가는 자연의 변화에 마음을 맡기는 것이 에너지를 최소로 소모하는 현명한 지혜이다(應無所住 而生起心). 매듭이 많을수록 흐르는 물은 매듭에 걸려 자연스럽게 흐르지 못하고 고이거나 방울방울 떨어지는 법이다. 마음에 매듭이 많으면 허망한 상들이 많이 모여 흐르는 마음을 멈추게 할 뿐이다. 그러면 올바른 지혜에서 나오는 생각이 소멸되면서 대자연의 불구자로 일생을 마치게 될 것이다.

---

11 무심(無心)과 무념(無念): 무심은 집착이 없는 마음이고, 무념은 집착하는 생각이 없는 마음이다.(참조 『별을 보면 법을 보고 법을 알면 별을 안다』: 이시우, 신구문화사, 2002, 237쪽)

인간은 색·성·향·미·촉·법에 얽매여 청정한 마음을 내지 못하는 경우가 있지만 사상(四相)이 없는 별의 세계에서는 태어나고, 살고, 죽는 과정 그 자체가 장엄한 불국토다.

그러나 태어날 때 주어진 초기 질량에 따라, 일정한 삶의 과정그림10

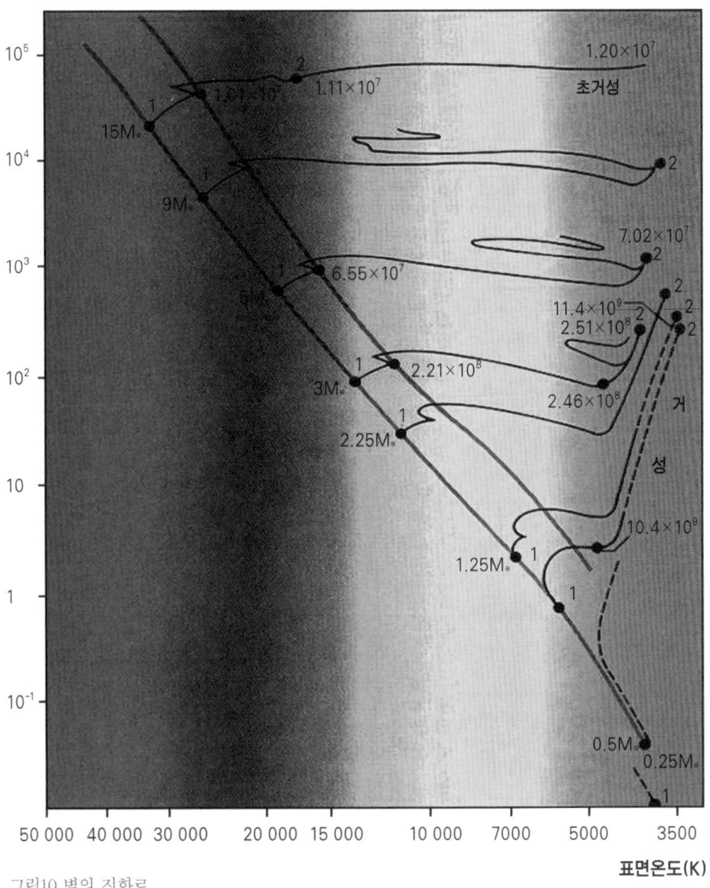

그림10 별의 진화로

에 따라 살아가는 별들은 자신들이 이러한 불국토에 있다는 것 자체도 의식하지 않고, 오직 자연의 섭리에 따라 생성 소멸의 과정을 따라갈 뿐이다.

별들은 홀로 있거나 여럿이 모여 집단을 이루거나 항상 언제나 최소작용의 원리를 만족하면서 머무름 없는 연속적인 상호관계에 따라 상의적 수수과정을 거치며 진화하고 있다.

별들은 태어날 때부터 여러 별들이 모인 무리로 태어나서 조화로운 주고받는 연기과정을 거치며 깨달음이란 안정된 이완상태로 이어오기 때문에 유위적[12]인 사상(四相)의 씨앗을 품고 있는 인간과 달리 항상 무위적 과정의 진화를 근본으로 하고 있다.

이런 별의 세계를 지배하는 우주 법계는 연등불 그 이전의 뭇 부처님이 계시던 먼 과거세로 올라가 세상이 처음 시작할 때부터 생긴 것이다. 지금으로부터 약 46억 년 전 지구가 생기고, 약 36억 년 전 최초로 지상에 생명의 씨앗인 무핵 세포가 나타나고, 이것이 진화하여 약 300만 년 전에 인류의 조상이 처음 나타나 오늘의 지상 세계를 지배하고 있다.

인간이 지상에 출현하면서부터 지혜와 함께 사상(四相)이 생겨나 만유 간의 상의적 관계를 어지럽혀 오고 있다. 붓다 시절에는 인간과 인간 사이의 연기관계가 중시되었는데 오늘날은 물질문명의 발달로 인간과 자연 사이의 관계가 더욱 깊어지고 있다. 그런데도 인간의 탐욕으로 인간과 자연 사이의 조화로운 관계마저 깨어지면서 인간 자신의 생존조차 위협받고 있는 실정이다. 자연이 훼손되면 장엄한 불국토는 더 이상 지상에 존재할 수 없게 된다.

---

12 유위(有爲): 함이 있음. 인연에 따라 조건지어지는 것.

이제부터라도 자연의 훼손과 오염을 멈추기 위해서는 우주의 탄생과 함께 있어 온 불법을 열심히 익혀야 한다. 이를 위해서 우리는 별의 세계에 쓰여 있는 우주 법계의 불법을 찾아 아집과 법집의 사상에 대한 집착을 없애 버리도록 해야 할 것이다.

제11분 무위복(無爲福)이 수승함

漢譯 무위복승분(無爲福勝分)

須菩提야 如恒河中所有沙數하야 如是沙等恒河 於意云何오
수보리 여항하중소유사수 여시사등항하 어의운하

是諸恒河沙 寧爲多不아 須菩提 言하사대 甚多니이다 世尊하
시제항하사 영위다부 수보리 언 심다 세존

但諸恒河도 尙多無數온 何況其沙리잇가 須菩提야 我今實言으로
단제항하 상다무수 하황기사 수보리 아금실언

告汝호리니 若有善男子善女人이 以七寶로 滿爾所恒河
고여 약유선남자선여인 이칠보 만이소항하

沙數三千大千世界하야 以用布施하면 得福이 多不아 須菩提
사수삼천대천세계 이용보시 득복 다부 수보리

言하사대 甚多니이다 世尊하 佛이 告須菩提하사대 若善男子
언 심다 세존 불 고수보리 약선남자

善女人이 於此經中에 乃至受持四句偈等하야 爲他人說하면
선여인 어차경중 내지수지사구게등 위타인설

而此福德이 勝前福德하리라.
이차복덕 승전복덕

國譯 무위복(無爲福)이 수승함

"수보리야, 항하[1] 가운데에 있는 바 모래 수와 같은 항하가 또 있다면

어떻게 생각하느냐, 저 여러 항하에 있는 모래를 얼마나 많다 하겠느냐?"

수보리가 말씀드렸다.

"심히 많습니다. 세존이시여, 다만 저 여러 항하만이라도 오히려 많아 셀 수 없사옵거늘 하물며 어찌 그 모래이리까!"

"수보리야, 내가 이제 진실한 말로 너에게 이르노니 만약 선남자 선여인이 있어 저 항하의 모래 수의 삼천대천세계에 가득 찬 칠보를 가지고 보시에 쓴다면 얻을 바 복이 많겠느냐?"

수보리가 말씀드렸다.

"심히 많습니다. 세존이시여."

부처님께서 수보리에게 이르셨다.

"만약 선남자 선여인이 있어 이 경 가운데서 내지 사구게[2]만이라도 받아 지니고 다른 사람을 위해 말해 주면 그 복덕[3]이 앞에 말한 복덕보다 나으리라."

新講

무위복승분은 사구게가 물질적 보시보다 더 크다는 것을 설하며, 이것은 집단의 이완에 필요한 구심력 역할을 한다. 이런 구심력이 없다면 집단의 구성원은 모두 사방으로 흩어진다. 사구게가 별의 경우는 집단 전체의 강한 구속력에 해당하며 이것이 성단을 이완으로 유도한다. 인간의 경우는 사구게가 해탈[4], 열반[5]의 경지로 이끌어 주는 역할을 한다.

1 항하: 갠지스 강.
2 사구게(四句偈): 중요한 내용이 담긴 글귀.
3 복덕(福德): 공덕. 모든 선행 및 선행에 의해 얻는 복리(福利).
4 해탈(解脫): 번뇌의 속박을 벗어나 자유로운 경지에 이르는 것.(참조 『별을 보면 법을 보고 법을 알면 별을 안다』: 이시우, 신구문화사, 2002, 274쪽)

[해설]

"……항하 가운데에 있는 바 모래 수와 같은 항하가 또 있다면 어떻게 생각하느냐, 저 여러 항하에 있는 모래를 얼마나 많다 하겠느냐?……심히 많습니다. 세존이시여, 다만 저 여러 항하만이라도 오히려 많아 셀 수 없사옵거늘 하물며 어찌 그 모래이리까!……만약 선남자 선여인이 있어 저 항하의 모래 수의 삼천대천세계에 가득 찬 칠보를 가지고 보시에 쓴다면 얻을 바 복이 많겠느냐?……심히 많습니다. 세존이시여.……만약 선남자 선여인이 있어 이 경 가운데서 내지 사구게만이라도 받아 지니고 다른 사람을 위하여 말해 주면 그 복덕이 앞에 말한 복덕보다 나으리라."

깨달음을 위해 사구게를 들려 준다고 해서 이것을 복덕을 짓는 것으로 볼 수는 없다. 왜냐하면 연기관계에서는 언제나 주고받음이 일어나며 주는 것에 대해 어떤 대가를 바라는 것은 있을 수 없다. 대가를 바라는 것은 집착이라는 유위적 행이다. 그러나 무위적 행에서는 주는 것뿐이며 받는 것은 단지 연기관계에 의해 자연적으로 일어나는 결과로 구성원이 속해 있는 대중 전체의 이완을 이끌어가는 데 기여하는 효과로 나타난다.

사실 복덕이란 것은 일종의 기대하는 집착에 속한다. 복덕이 있으면 어떻고, 없으면 어떻다는 것인가? 깨침에 이르도록 하는 데는 어떠한 대가도 필요치 않다. 왜냐하면 상대방을 큰 지혜를 얻는 깨침의 길로 이끌지 않으면 자신이 속해 있는 집단 자체가 안정되지 못

---

5 열반: ① 모든 번뇌를 끊어 미혹함이 소멸된 상태. 완전한 열반(무여열반). ② 일체의 희론과 일체의 분별을 떠나며 나아가 모든 대립을 초월하는 것. ③ 부서지는 것도 아니고 죽는 것도 아니며[不壞不死], 버림도 없고 얻음도 없고[無捨無得], 단멸도 아니고 항상도 아니고[非斷非常], 같은 것도 아니고 다른 것도 아닌 것[非一非異].(『대승입능가경』: 김재근 역, 명문당, 1992, 263쪽)

해서 구성원 모두가 불안한 상태에서 삶을 이어가게 된다. 그러므로 한 사람씩 깨침의 길로 이끄는 것은 곧 집단의 안정을 위해 필요한 수단이며, 이를 통해서 궁극적으로는 자신도 안정된 삶을 누릴 수 있는 것이다.

이런 점에서 깨침이란 어느 한 사람의 깨침으로 이루어지는 것이 아니라 구성원 모두의 깨침을 통해 올바르고 안정된 깨침의 단계에 이르는 것이다. 『금강경』에서 강조하는 것도 결국은 공동체인 집단 전체의 깨침, 즉 대중 모두의 깨침이다.

만약 집단에서(어떤 사회에서) 한두 사람이 깨달음에 이르렀다고 하자. 이 사람(들)은 다른 깨닫지 못한 많은 사람과 계속 상의적 관계를 갖게 된다. 이런 긴밀한 관계 속에서 깨친 사람의 마음이 과연 깨쳤을 당시의 그 마음을 그대로 유지할 수 있을까? 아마 조금씩 변화를 받으면서 깨침의 상태가 달라질 것이다.

한편 비록 깨친 자가 사구게를 들려 준다고 해도 만약 깨치는 사람이 나오지 않는다면, 그 집단의 불안정은 계속될 것이다. 그렇다면 이미 깨친 사람(들)도 역시 불안정한 상호관계를 계속 이어가야 한다. 이런 경우에 흔히 깨쳤다는 사람들이 자신은 '특별한 존재'로 인정받고 싶어하며 또 깨닫지 못했다고 하는 사람들을 낮은 단계의 우매한 중생으로 분별하려는 아상과 아만(我慢)을 가질 수 있다. 그러면 그는 더 이상 참된 깨친 자가 될 수 없다. 왜냐하면 흙탕 속에 함께 들어 있으면 모두가 흙탕물을 뒤집어쓰고 있으므로 어느 누가 더 깨끗하고 어느 누가 더 불결하다는 분별이란 있을 수 없기 때문이다.

성철(性徹) 스님은 "불교의 근본 목표는 생사해탈(生死解脫)에 있습니다. 해탈이란 일시적인 자유가 아니라 영원한 자유입니다. 영원한 자유라 함은 생전사후(生前死後)를 통해서 또 과거, 현재, 미래의 삼세(三世)를 통해서 영원히 자유로운 것입니다"라고 했다.[6]

불교의 근본 목표를 삶과 죽음으로부터 벗어나는 대자유에 두는 한 불교는 관념적인 단순한 신앙의 종교에서 벗어나지 못할 것이다. 삶과 죽음은 단순한 에너지의 취산(聚散) 현상에 불과한 것이므로 생사해탈에 대한 집착으로부터 초월하고, 나아가 유형으로 살아 있는 동안 다른 개체와 조화로운 연기관계를 잘 유지하면서 삶의 가치를 고양시키는 것이 불교가 지향해야 할 현실적 목표가 되어야 할 것이다. 그래야만 형이상학적인 체계의 수립이 아니라 구체적이고 실질적인 삶과 존재 가치의 실현이라는 불교의 본질 즉 『금강경』의 근본 뜻을 이룰 수 있다.

집단 내에서 일어나는 상의적 관계에서는 개체들 사이에서 역동적인 주고받음이 일어나기 때문에 수용과 반응이라는 연기과정이 지속된다. 여기서 개체가 향유할 수 있는 자유는 개인적인 유위적 의지작용이 아니라 보다 발전적인 초월적 상태로 변이되는 무위적 수수과정에 해당한다. 이런 수수과정에서 일종의 자유를 느낀다고 하더라도 이것은 곧 다른 개체들에 의한 구속이라는 상의적 작용으로 이어진다. 그래서 상호관계에서는 타자로부터 완전히 벗어나는 절대적 자유나 영원한 자유는 존재할 수 없다.

흔히 번뇌의 속박으로부터의 해방을 자유라고 하지만 복잡한 상호관계에서는 번뇌의 속박이 아니라 오히려 관계에 의한 속박이 더 본질적이며, 이런 속박으로부터의 완전한 해방은 삶의 종식으로만

6 『영원한 자유』: 퇴옹 성철, 장경각, 2002, 181쪽.

이루어질 수 있다.[7] 나아가 번뇌니 속박이니 하는 것도 집착이며, 그리고 번뇌로부터의 해방과 자유에 대한 열망도 개인 중심적인 집착일 뿐이다. 이러한 집착이 존재하는 한 조화로운 상의적 관계는 이루어질 수 없다.

따라서 불교의 근본 목표는 해탈을 통한 영원한 자유의 성취라는 개인 중심적인 것에 있지 않고, 우주를 포함한 전체적(全一的)이고 포괄적인 법계연기의 올바른 이해(지혜)와 평상심[8]에서 자리이타행을 통해 복덕을 지워 주는 실질적인 보현행의 실천에 있다.

[별의 세계]

별의 세계에서 천체들 사이에 미치는 힘은 가장 큰 것이 중력이고 그 다음이 전자기력과 복사 에너지다. 빛이라고 부르는 것은 복사 에너지다. 별의 집단에서는 별들이 서로 중력을 미치면서 서로가 서로를 구속하고 있다. 이러한 중력적 구속이 곧 사구게에 해당한다. 왜냐하면 이것에 의해 집단 전체는 안정된 이완상태로 유도되기 때문이다.

주어진 반응과 이에 대해 무위적으로 일어나는 반작용은 단순한 순응과 적응관계일 뿐이다.[9] 별의 세계에서는 이런 무위적 상호관계

7 불교사상과 서양철학』: 에드워드 콘즈 外·김종욱 편역, 민족사, 1994, 301쪽.
8 평상심: 조작이 없고 취하고 버림이 없고 범부와 성인이 없고 단멸과 상주(常住)가 없는 중도의 마음.
9 스님: "추위와 더위가 다가오는데 어떻게 피하시렵니까?"
동산(洞山): "왜 추위도 더위도 없는 곳으로 가지 않느냐?"
스님: "추위와 더위가 없는 곳이 어디입니까?"
동산: "추울 때는 스님을 춥게 하고 더울 때는 스님을 덥게 한다."
(『벽암록 중』: 장경각, 1999, 104쪽)

가 가장 일반적이며, 여기서는 주고받음에서 생기는 유위적 가치판단에 연유하는 복덕이나 공덕이 있을 수 없다.

별의 세계에서 비록 국부적으로 불안정이 일어난다고 해도 짧은 시간 내에 역동적인 상호관계를 통한 에너지의 재분배가 일어나면서 집단 전체가 곧 안정된 상태로 천이되는데, 아마 이것이 별의 세계에서 일어나는 무위적 복덕일 것이다.

상의적 주고받음에서 일어나는 복덕은 상태에 따라 다양하게 나타난다. 이 중에서 가장 이상적인 복덕은 인간 세계나 별의 세계에서 가장 에너지가 적게 소모되는 상태로 나타난다. 즉 강렬한 희열이나 무한한 행복 또는 절망적인 슬픔 등을 안겨 주어 상대를 흥분시키는 것이 아니라 오히려 고요하고 청정한 안정된 상태로 이끌어 가는 것이다. 이것이 곧 이완의 세계에서 나타나는 복덕이며 열반인 것이다.

하늘에 있는 수많은 별들은 바로 이러한 열반의 복덕을 누리고 있다. 그런데도 하늘의 별들을 바라보면서 열반의 세계를 느끼지 못한다면, 우리는 불법의 깊고 넓은 뜻을 진정 모르고 있는 것이다.

제12분 바른 가르침을 존중히 함

漢譯 존중정교분(尊重正敎分)

復次須菩提야 隨說是經호대 乃至四句偈等하면 當知此處는
부 차 수 보 리　수 설 시 경　내 지 사 구 게 등　당 지 차 처

一切世間天人阿修羅 皆應供養을 如佛塔廟어든何況有人이
일 체 세 간 천 인 아 수 라　개 응 공 양　여 불 탑 묘　하 황 유 인

盡能受持讀誦이야따녀 須菩提야 當知是人은 成就最上第一
진 능 수 지 독 송　수 보 리　당 지 시 인　성 취 최 상 제 일

希有之法이니 若是經典所在之處는 卽爲有佛과 若尊重弟子니라.
희 유 지 법　약 시 경 전 소 재 지 처　즉 위 유 불　약 존 중 제 자

國譯 바른 가르침을 존중히 함

"그리고 또 수보리야, 이 경을 설함에서는 내지 사구게 등만이라도 마땅히 알아라. 이곳은 일체 세간의 천상과 인간과 아수라[1]가 다 마땅히 공양하기를 부처님의 탑묘(塔廟)[2]와 같이 하거늘 어찌 하물며 사람이 있어 능히 다 받아 지니며 읽고 외움이랴. 수보리야, 마땅히 알라. 이 사람은 가장 높은 제일 가는 희유한 법을 성취하리라.

---

1 아수라(阿修羅): 싸우기를 좋아하는 귀신. 악신(惡神)
2 탑묘(塔廟): 돌이나 흙, 벽돌 등을 쌓아서 만든 분묘.

만약 이 경전이 있는 곳이면 부처님과 존중하신 제자가 계심이 되느니라."

新講

존중정교분은 깨달음을 줄 수 있는 요건이 갖추어지면 어떠한 대중의 집단이라도 깨달음에 이르도록 한다는 것이다.

[해설]

"이 경을 설함에서는 내지 사구게 등만이라도 마땅히 알아라. 이곳은 일체 세간의 천상과 인간과 아수라가 다 마땅히 공양하기를 부처님의 탑묘(塔廟)와 같이 하거늘 어찌 하물며 사람이 있어 능히 다 받아 지니며 읽고 외움이랴.…… 마땅히 알라. 이 사람은 가장 높은 제일 가는 희유한 법을 성취하리라. 만약 이 경전이 있는 곳이면 부처님과 존중하신 제자가 계심이 되느니라."

깨달음이 설해지는 곳에는 다양한 계층의 생명체가 존재한다. 대중 전체를 이끌어갈 강한 구심력을 가진 개체가 있는 곳에서는 끊임없는 상의적 관계를 통해서 깨달음을 향한 이완과정[3]으로 진행한다.

예를 들면 부처나 그 제자들이 있는 곳에서는 이들이 공동체 구성원들로 하여금 유기적인 상호 의존적 수수관계를 갖도록 하여 각

3 이완과정(弛緩過程): 집단 내에서 구성원들 사이의 연속적인 주고받음의 관계를 통해서 개체의 고유한 초기 특성이 완전히 사라지면서 집단 전체의 고유한 특성이 생기는 가장 안정된 상태로 진행해 가는 과정. 여기서 집단의 특성이란 각 구성원들의 역할과 존재 가치가 동등해지고 평등해지며 그리고 특수성이 사라지면서 모든 것이 보편화되는 것이다.(참조 『별을 보면 법을 보고 법을 알면 별을 안다』: 이시우, 신구문화사, 2002, 274쪽)

구성원의 고유한 초기 자성을 상실함으로써 모두가 안정된 이완상태에 이르도록 한다.[4] 그래서 모두가 평등해지면서 어느 누가 특별히 뛰어나지 않는 평범한 깨달음의 경지 즉 부처의 경지에 이르게 된다.

이러한 경지에 이르러 희유한 법을 성취토록 하는 것이 바로 『금강경』이다. 그래서 "만약 이 경전이 있는 곳이면 부처님과 존중하신 제자가 계심이 되느니라"고 한 것이다.

『금강경』은 속세의 범부들을 위한 방편적인 진리를 설하는 것이 아니라 우주 법계의 궁극적인 진리를 설한 것이다. 그러므로 이 경이 있는 곳이면 거기에는 이런 진리를 익히고 행하는 부처와 제자들이 반드시 나오게 된다는 것이다. 왜냐하면 생멸이 이어지는 이 세계는 그 자체가 법신으로서 궁극의 진리가 펼쳐 있는 법계이기 때문이다.

[별의 세계]

별의 세계에서는 무거운 별들이 존재하면 이들이 강한 구속력을 미치면서 가벼운 별들을 집단 내에 묶어 두는 역할을 한다. 이때 무거운 별들과 가벼운 별들 사이에 연속적인 에너지의 주고받음이 일어나면서 성단 전체가 안정된 이완상태에 이르게 된다. 이 경우에 무거운 별들은 부처 또는 그 제자에 해당하며, 가벼운 별들은 중생에 해당한다. 그렇다고 해서 부처와 중생에 차이가 있는 것은 아니다. 다만 그들이 맡은 임무가 다르다는 것이지 존재 가치가 다른 것은 아니다.

---

4 스님: "어떤 것이 조주의 모습입니까?"
조주: "동문, 서문, 남문, 북문이다."(『벽암록 상』: 장경각, 1999, 97쪽)

성단 전체가 이완상태를 이루도록 하는 질서(법)는 경의 사구게[5]에 해당하며, 이것은 별 부처와 별 중생 모두에 의해 이루어진다.

예를 들어 큰 성단 주위를 지나던 작은 집단의 별들이 큰 성단의 인력에 끌려들어 오게 되면 큰 성단이나 작은 성단에 있는 모든 별이 불안정한 상태에 놓이게 된다. 특히 작은 성단에 있던 별들은 큰 성단의 별들 속으로 흩어지면서 결국 사라진다. 구성원이 더 많아진 큰 성단은 당장은 역학적으로 불안정해지지만 점차 새로운 역학적 평형을 찾아간다. 이것은 큰 성단의 강력한 구속력과 이완의 법칙 때문이다.

이런 예에서 보듯이 '깨달음을 줄 수 있는 요건이 갖추어지면 어떠한 대중의 집단도 깨달음에 이른다'는 경의 뜻을 따라 우주 어디에서도 깨침이란 이완의 세계는 존재한다.

---

5 사구게(四句偈): 중요한 내용이 담긴 글귀.

제13분 법다이 받아 지님

漢譯 여법수지분(如法受持分)

爾時에 須菩提 白佛言하사대 世尊하 當何名此經이며 我等이
이시 수보리 백불언 세존 당하명차경 아등

云何奉持하리잇고 佛이 告須菩提하시대 是經은 名爲金剛般
운하봉지 불 고수보리 시경 명위금강반

若波羅蜜이니 以是名字로 汝當奉持하니라 所以者何오 須菩提야
야바라밀 이시명자 여당봉지 소이자하 수보리

佛說般若波羅蜜이 卽非般若波羅蜜일새 是名般若波羅蜜이니라
불설반야바라밀 즉비반야바라밀 시명반야바라밀

須菩提야 於意云何오 如來 有所說法不아 須菩提 白佛言하사대
수보리 어의운하 여래 유소설법부 수보리 백불언

世尊하 如來 無所說이니이다 須菩提야 於意云何오 三千大千
세존 여래 무소설 수보리 어의운하 삼천대천

世界所有微塵이 是爲多不아 須菩提 言하사대 甚多니이다 世尊하
세계소유미진 시위다부 수보리 언 심다 세존

須菩提야 諸微塵을 如來 說非微塵일새 是名微塵이며 如來
수보리 제미진 여래 설비미진 시명미진 여래

說世界도 非世界일새 是名世界니라 須菩提야 於意云何오
설세계 비세계 시명세계 수보리 어의운하

可以三十二相으로 見如來不아 不也니이다 世尊하 不可以
가이삼십이상 견여래부 불야 세존 불가이

三十二相으로 得見如來니 何以故오 如來 說三十二相이
삼십이상 득견여래 하이고 여래 설삼십이상

卽是非相일새 是名三十二相이니이다 須菩提야 若有善男子善女人이
즉시비상 시명삼십이상 수보리 약유선남자선여인

以恒河沙等身命으로 布施어든 若復有人이 於此經中에 乃至
이항하사등신명 보시 약부유인 어차경중 내지

受持四句偈等하야 爲他人說하면 其福이 甚多니라.
수지사구게등 위타인설 기복 심다

國譯 법다이 받아 지님

그때에 수보리가 부처님께 말씀드렸다.

"세존이시여, 이 경을 마땅히 무어라 이름하오며, 저희들이 어떻게 받들어 가지오리까?"

부처님께서 수보리에게 이르셨다.

"이 경은 이름을 금강반야바라밀[1]이라 하나니 이 명자로써 너희들은 마땅히 받들어 가질지니라. 무슨 까닭이냐. 수보리야, 여래가 말한 반야바라밀이 곧 반야바라밀이 아니라 그 이름이 반야바라밀이니라. 수보리야, 어떻게 생각하느냐. 여래가 설한 바 법이 있느냐?"

수보리가 부처님께 말씀드렸다.

"세존이시여, 여래께서는 설하신 바가 없사옵니다."

"수보리야, 어떻게 생각하느냐. 삼천대천세계에 있는 가는 먼지를 많다 하겠느냐?"

수보리가 말씀드렸다.

"심히 많사옵니다. 세존이시여."

"수보리야, 이 모든 가는 먼지는 여래가 가는 먼지 아님을 말함이니 그

---

1 금강반야바라밀(金剛般若波羅蜜): 법의 실다운 이치에 계합한 최상의 지혜로서 생사(生死)의 언덕을 건너 열반의 저 언덕에 이르는 것.

이름이 가는 먼지며 여래가 설한 세계도 세계가 아니라 이름이 세계니라. 수보리야, 어떻게 생각하느냐. 32상으로 여래를 보겠느냐?"

"아니옵니다. 세존이시여, 32상으로 여래를 볼 수 없습니다. 왜냐하오면 여래께서 말씀하신 32상이 곧 상이 아니옵고 그 이름이 32상이옵니다."

"수보리야, 만약 어떤 선남자 선여인이 있어 항하의 모래 수와 같은 목숨을 바쳐 보시하더라도 만약 다시 어떤 사람이 이 경 가운데서 내지 사구게만이라도 받아 지니며 다른 사람을 위해 말해 주면 그 복이 심히 많으리라."

新講

여법수지분에서는 대중의 집단이 이완이란 깨달음에 이를 수 있는 기본 규칙 내지 법칙을 기술한 경이 제시되고, 이를 통해 구체적이고 실질적인 수행의 연기관계가 일어남을 보인다. 그리고 비록 경이 있다 하더라도 이것은 지침서일 뿐 실질적인 깨침은 각자가 이루어야 함을 강조한다. 또한 깨침은 집단에 속한 구성원 모두의 깨침이 중요함을 보인다.

[해설]

"이 경은 이름을 금강반야바라밀[2]이라 하나니 이 명자로써 너희들은 마땅히 받들어 가질지니라. 무슨 까닭이냐. 수보리야, 여래가 말한 반야바라밀이 곧 반야바라밀이 아니라 그 이름이 반야바라밀이니라."

---

2 금강반야바라밀: 법의 실다운 이치에 계합한 최상의 지혜로서 생사(生死)의 언덕을 건너 열반의 저 언덕에 이르는 것.

깨달음에 이르는 길잡이가 되는 것이 '지혜의 완성(금강반야바라밀)'이라고 부르는 법문의 경이다. 이것은 한 개인뿐만 아니라 공동체 내 구성원 모두가 깨달음에 이르는 길잡이 경이다. 그런데 이것은 오직 길잡이로서의 경일 뿐이지, 이 자체가 모든 깨달음을 반드시 이끌어내는 것은 아니다. 그러므로 '지혜의 완성'이란 이름에 집착하는 산냐[3]를 버리고 단지 경의 이름이 '지혜의 완성'임을 알도록 강조한다.

지혜의 완성은 본인 스스로 이루는 것이지 경이 이루어 내는 것이 아니다. 그리고 지혜의 완성이 극에 이르면 지극히 평범해져서 지혜 그 자체도 잊게 되는 경지에 이른다. 이것이 소위 노자(老子)가 말하는 '큰 지혜는 어리석은 듯하다(大智若愚)'는 것에 해당한다. 이 경우가 바로 안정된 이완상태에서 모두가 조화로운 상의적 관계를 따름으로써 지혜라는 특별한 말이 필요 없는 지극히 평범한 경지이다.

이처럼 '여래가 말한 반야바라밀(지혜의 완성)이 곧 반야바라밀이 아니라 그 이름이 반야바라밀이니라'고 한 것은 지혜의 완성이 평범한 것에 있다는 것이다. 즉 엄청난 깨침을 통해서만 반야바라밀이 얻어지거나 또는 언제나 '반야바라밀, 반야바라밀' 하면서 입만 열면 나오거나 불법의 이야기 속에서만 나오는 것이 아니라 지극히 평범한 일상 생활 속에 반야바라밀이 있다는 것이다.[4]

---

3 산냐(saṃjña): 정형화된 상(相, 想)으로서 대상을 받아들여 개념작용을 일으키고 이름을 붙이는 작용. 즉 개념화·이념화·이상화·관념화 등에 관련된 것이다.

4 스님: "스님께서 선지식인데 어떻게 해서 티끌이 있으십니까?"
조주: "바깥에서 온 것이다."
스님: "청정한 가람에 어떻게 해서 티끌이 있습니까?"
조주: "여기 티끌 한 점(질문하는 스님)이 또 있구려."
스님: "어떤 것이 도(道)입니까?"
조주: "저 담 너머에 있다."
스님: "이런 길을 묻지 않고 대도(大道)를 물었습니다."
조주: "큰길은 장안(長安)으로 뚫려 있지."(『벽암록 중』: 장경각, 1999, 106쪽)

"여래가 설한 바 법이 있느냐?……세존이시여, 여래께서는 설하신 바가 없사옵니다."

여래께서는 가르치신 법이 있고, 이것을 엮은 것이 '지혜의 완성'이다. 그러나 법은 법일 뿐, 이 법이 모든 것을 다 해결하고 깨달음을 책임지는 것은 아니다. 가르친 법은 깨달음으로 인도하는 길잡이 법문일 뿐이다. 구체적이고 실질적인 깨달음은 각자 자신의 근기(根機)에 맞는 수행을 끊임없이 해야만 이루어진다. 이것이 소위 연속적이고 역동적인 상의적 관계이다. 이런 점에서 법에 집착하는 산냐를 버리라는 뜻으로 '가르치신 어떠한 법도' 없다고 한 것이다.

한편 여래가 가르치신 법에도 모든 구성원이 다 깨달음에 이르렀다면 그들을 통해 법을 실질적으로 볼 수 있기 때문에 여래께서 가르치신 법이 있다고 말할 수도 있다. 그러나 구성원 모두가 다 깨달음에 이르지 못했다면 아직 여래께서 가르치신 법의 효력이 나타나지 않았기 때문에 법이 있다고 말하기는 어렵다.

법은 한 개인을 위한 것보다는 공동체인 집단 전체를 위한 것이므로(상호관계에 들어 있는) 어디까지나 대중의 깨달음, 즉 공동체의 이완을 기준으로 하는 것이다. 그래서 사회 전체가 깨달음의 상태를 이루지 못하면 그 사회는 비평형 상태에 머물며 깨달음을 위한 정진이 더 필요하다고 볼 수 있다.

아무리 좋은 법을 가지고 있고 또 알고 있어도 실천하지 않으면 그것은 법으로서 아무런 효과를 내지 못하므로 더 이상 법이 될 수 없다.

아마 경에서 '여래께서 가르치신 어떠한 법도 없습니다'라고 할 때는 아직까지 모두가 깨달음의 단계에 들지 못하고 입으로만 법을 말하고 있기 때문일지도 모른다. 즉 집단 전체가 모두 깨달음에 이르지 못한 상태를 나타내는 것으로 볼 수도 있다.

"삼천대천세계에 있는 가는 먼지를 많다 하겠느냐?…… 심히 많사옵니다. 세존이시여.……이 모든 가는 먼지는 여래가 가는 먼지 아님을 말함이니 그 이름이 가는 먼지며 여래가 설한 세계도 세계가 아니라 이름이 세계니라."

티끌은 티끌이되 티끌이 아니고, 세계는 세계이되 세계가 아니다. 티끌이 모여 물체가 되고 물체가 모여 세계를 이룬다. 별도 티끌이 없다면 탄생할 수 없다. 이처럼 티끌의 존재는 매우 중요하다. 또한 유형의 물체들은 언젠가는 소멸하여 티끌이 된다. 그러므로 티끌만이 아니라 티끌이 순환을 거치는 과정에서 세계를 포함하게 된다.

즉 티끌 속에는 과거 세계의 정보가 누적되어 있다는 것이다. 이것이 소위 의상(義湘) 대사의 법성게[5] 중에서 '일미진중함시방(一微塵中含十方, 한 개의 티끌 속에 우주가 들어 있다)'이라는 것이다.

한편 혜능 선사는 티끌을 망념으로 보고, "성품 중에 진노(塵勞)[6]가 없으면 곧 불세계(佛世界)이고, 심중에 진노가 있으면 곧 중생 세계이니 모든 망념이 공적(空寂)함을 깨달은 고로 비세계(非世界)라 함이요, 여래법신(如來法身)을 증득[7]하여 널리 온갖 세계에 나타나서 응용하여 막힘이 없으므로 이를 세계라 이름한 것이니라"고 했다.

이와 비슷한 견해로 부대사(傅大士)는 다음과 같이 말했다. "티끌을 쌓아 세계를 이루고 세계를 쪼개면 티끌이 됨이라. 세계는 인천(人天)의 과(果)에 비유하고 티끌은 유루인(有漏因)[8]이 되도다. 진인(塵因)은 실답지 못한 인(因)이요 계(界)의 과(果)는 참답지 못한 과

---

5 『일승법계도합시일인』: 의상·김지견 역, 도서출판 초롱, 1997, 45쪽.
6 진노(塵勞): 속세에서 짓는 근심과 망념.
7 증득(證得): 깨달아 얻는 것. 체득하여 직관적으로 보는 것.
8 유루인(有漏因): 번뇌나 업.

(果)이니, 과와 인이 이 환(幻)인 줄 알면 소요자재(消遙自在)한 사람이니라."[9]

티끌이 유루인으로 번뇌나 망념이라 하더라도 이것은 연기관계에 따라 자연히 나타나는 현상일 뿐이므로 이에 집착함은 어리석은 짓이다. 따라서 올바르지 못한 원인으로 생기는 세속의 결과가 모두 환상임을 알고 이에 대한 집착을 버리면 무위의 상태에 이르게 된다는 것이다.

우리들 몸이나 방에서 보이는 티끌은 그 역사를 거슬러 올라가면 우주의 탄생에서 처음 만들어진 가장 나이 많은 선조 별로부터 유래된다. 그러므로 작은 티끌은 곧 우주를 내포하고 있는 것이다. 그렇다면 티끌은 단순한 티끌이 아니라 세계이고 우주인 셈이다. 같은 이유로 세계는 세계만이 아니라 티끌과 다를 바 없다.

이런 티끌의 세계를 『화엄경』의 화엄세계품에서 아래와 같이 말한다.[10]

"화장 세계에 있는 바 모든 티끌들
낱낱 티끌 그 속에서 법계를 보네.
모이신 여래 구름 같음 보광은 보니
이것이 곧 여래의 세계 자재네."

나아가 유형의 세계는 외부 대상과의 연속적인 상의적 수수과정을 거쳐 변화하면서 점차 자성을 잃어버리고 무형의 세계로 나아가기 때문에 만유의 본질은 참된 공[眞空]이다. 그러면서도 세계의 실체는 존재[妙有]한다. 이런 점에서 작은 티끌이나 세계라는 말에 단

---

9 『금강경오가해』: 무비 역해, 불광출판부, 1993, 274쪽.
10 『화엄종관행문』: 대한불교조계종 교육원 편, 조계종출판사, 2001, 353쪽.

순한 집착을 버리고 연기법에 따른 진공묘유[11]의 참뜻[眞意]을 잘 새겨야 한다.[12]

"32상으로 여래를 보겠느냐? …… 아니옵니다. 세존이시여, 32상으로 여래를 볼 수 없습니다. 왜냐하오면 여래께서 말씀하신 32상이 곧 상이 아니옵고 그 이름이 32상이옵니다."

32상(相)이란 32청정행(淸淨行)으로 5근(안이비설신)의 각 근에 따른 육바라밀[13]과 의근(意根) 중에 무상(無相)과 무위(無爲)를 합한 것이다.[14] 여래께서 가지신 이러한 32상은 여래의 것이지 결코 누구와 나누어 가질 수 있는 것이 아니며 또 이에 집착해서도 안 된다. 그래서 "특징이 아닌 것입니다"라고 한 것이다. 따라서 32상은 각자가 조화로운 연기관계를 통해서 스스로 닦아 얻어야 할 청정행의 상인 것이다.

"어떤 선남자 선여인이 있어 항하의 모래 수와 같은 목숨을 바쳐 보시하더라도 만약 다시 어떤 사람이 이 경 가운데서 내지 사구게만이라도 받아 지니며 다른 사람을 위해 말해 주면 그 복이 심히 많으리라."

'이 경 가운데서 내지 사구게만이라도'에서 사구게란 이 경에 들어 있는 연기법[15]에 관련된 내용을 말한다. 이것을 남을 위해 들려

---

11 진공묘유(眞空妙有): 공하면서 묘하게 있는 것으로 유(有)·무(無)가 거리낌없이 드러나고 숨었다 하면서 원융자재하게 한 뜻으로 통달하는 것.

12 구지(俱胝 스님은 누가 묻기만 하면, 오로지 하나의 손가락만을 세웠다.(『벽암록 상』: 장경각, 1999, 174쪽)

12 육바라밀: 보시바라밀, 지계바라밀, 인욕바라밀, 정진바라밀, 선정바라밀, 지혜바라밀.

14 『금강경오가해』: 무비 역해, 불광출판부, 1993, 278쪽.

주고 상세히 설명하여 올바르게 행하게 함으로써 모두가 깨침의 길로 나아가자는 것이다.

자신의 몸을 오랜 시간 동안 희생하여 보시하는 것보다 연기법에 관한 사구게를 설해서 깨침에 이르도록 하는 것이 더 큰 복덕임을 보인다. 실은 몸을 바쳐 연기에 희생하는 것도 사구게보다 더 낮은 것은 아니다. 왜냐하면 인연관계는 몸과 생각의 관계로 얽혀 있기 때문이다.

말만으로 깨달음에 이르는 것은 아니다. 몸을 통한 행의 중요성이 무시되어서는 안 된다. 별의 경우는 모두가 직접적인 몸의 인연관계(조우, 섭동)로 상의적 관계를 끌어가며 이완의 세계로 나아간다.

[별의 세계]

별의 세계에서는 집단 전체가 이완되는 일정한 규칙(법칙)이 있다. 이것은 별들 간의 직접적인 조우, 섭동을 통해 이루어진다. 이런 별의 세계에서 '지혜의 완성'에 해당하는 것은 역학적 평형의 규칙에 관한 법칙들이다. 별들은 이런 법칙이 있는지도 모른다. 오직 서로의 상호관계에서 무위적으로 에너지 수수관계를 거치면서 에너지 등분배, 별의 질량에 따른 공간적 분리, 집단 전체의 구속력의 증가 등이 나타난다.

성단의 경우는 별 전체가 이완되었을 때 그 성단은 올바른 이완상태에 있다고 말할 수 있고, 구성원 중 어느 부분의 별들이 비평형상태에 있다면 그 성단은 아직 이완상태에 들어 있다고 볼 수 없다.

---

15 연기법: 만유는 연이어서 결과를 일으킨다는 인연생기(因緣生起)로 상호 연관된 유기적인 주고받음의 관계 법칙.

수백 만 개의 별들로 이루어진 구상성단에서는 적색의 거성들은 주로 성단 중심부에 있고, 청색의 별들은 비교적 전체에 분포하고, 성단의 외각에는 작은 별들이 주로 분포하는 공간적 특징이 나타난다.

특히 나선 은하에서는 중심부에 나이 많은 노란색의 별들과 거대한 블랙홀이 있고, 나선 팔을 따라서는 나이 적은 청색의 별들이 분포한다.[그림11] 그리고 아주 나이 많은 구상성단은 은하 전체에 걸쳐 분포한다. 성단이나 은하에서 보이는 이러한 특징은 붓다의 32상에 해당한다고 볼 수 있다.

구상성단 내에 있는 모든 별들의 나이는 같은데도 별들의 공간적 분포가 달라 보이는 것은 질량에 따른 진화의 결과 때문이다. 그리고 나선 은하의 경우는 나선 팔을 따라 가스와 티끌로 이루어진 성간 물질이 많이 분포하므로 여기서 새로운 별들이 탄생하고 있기 때문에 청색 별들이 많이 보이는 것이다.

별의 세계에서 나타나는 공간적 특징은 진화에 따른 물질 분포의 차이와 별의 진화적 특징에 기인한 것이다. 이 모든 현상은 생성과 소멸의 이법을 따르면서 나타나는 결과로서 특징이면서 특징이 아닌 지극히 평범한 자연 현상일 뿐이다. 그러기에 별들은 애초부터 상에 대한 집착을 가지지 않고 법계연기만 따르면서 무위적으로 살아가고 있다.

그림11 나선 은하와 청색별의 분포

제14분 상을 여의어 적멸함

漢譯 이상적멸분(離相寂滅分)

爾時에 須菩提 聞說是經하사옵고 深解義趣하야 涕淚悲泣하사
이시 수보리 문설시경 심해의취 체루비읍

而白佛言하사대 希有 世尊하 佛說如是甚深經典은 我從昔
이백불언 희유 세존 불설여시심심경전 아종석

來所得慧眼으로 未曾得聞如是之經호이다 世尊하 若復有人은
래소득혜안 미증득문여시지경 세존 약부유인

得聞是經하고 信心淸淨하면 卽生實相하리니 當知是人은
득문시경 신심청정 즉생실상 당지시인

成就第一希有功德이니 世尊하 是實相者는 卽是非相일새 是故로
성취제일희유공덕 세존 시실상자 즉시비상 시고

如來說明實相이니이다 世尊하 我今得聞如是經典하고
여래설명실상 세존 아금득문여시경전

信解受持는 不足爲難이어니와 若當來世後五百歲에 其有衆生이
신해수지 부족위난 약당래세후오백세 기유중생

得聞是經하고 信解受持하면 是人은 卽爲第一希有니 何以故오
득문시경 신해수지 시인 즉위제일희유 하이고

此人은 無我相하며 無人相하며 無衆生相하며 無壽者相이니
차인 무아상 무인상 무중생상 무수자상

所以者何오 我相이 卽是非相이며 人相衆生相壽者相이
소이자하 아상 즉시비상 인상중생상수자상

卽是非相이라 何以故오 離一切相이 卽名諸佛이니이다 佛이
즉시비상 하이고 이일체상 즉명제불 불

告須菩提하사대 如是如是하다 若復有人이 得聞是經하고
고수보리 여시여시 약부유인 득문시경

不驚不怖不畏하면 當知是人은 甚爲希有니 何以故오 須菩提야
불경불포불외 당지시인 심위희유 하이고 수보리

如來 說第一波羅蜜이 卽非第一波羅蜜일새 是名第一波羅蜜이니라
여래 설제일바라밀 즉비제일바라밀 시명제일바라밀

須菩提야 忍辱波羅蜜도 如來 說非忍辱波羅蜜이니 是名忍辱
수보리 인욕바라밀 여래 설비인욕바라밀 시명인욕

波羅蜜 何以故오 須菩提야 如我昔爲歌利王에 割截身體하야
바라밀 하이고 수보리 여아석위가리왕 할절신체

我於爾時에 無我相하며 無人相하며 無衆生相하며 無壽者相호라
아어이시 무아상 무인상 무중생상 무수자상

何以故오 我於往昔節節支解時에 若有我相人相衆生相壽者相이면
하이고 아어왕석절절지해시 약유아상인상중생상수자상

應生瞋恨일러니라 須菩提야 又念過去 於五百世에 作忍辱仙人하야
응생진한 수보리 우념과거 어오백세 작인욕선인

於爾所世에 無我相하며 無人相하며 無衆生相하며 無壽者相호라
어이소세 무아상 무인상 무중생상 무수자상

是故로 須菩提야 菩薩이 應離一切相하고 發阿耨多羅三藐三菩提心이니
시고 수보리 보살 응리일체상 발아누다라삼먁삼보리심

不應住色生心하며 不應住聲香味觸法生心이요 應生無所住心이니라
불응주색생심 불응주성향미촉법생심 응생무소주심

若心有住면 卽爲非住니 是故로 佛說菩薩은 心不應住色布施라하
약심유주 즉위비주 시고 불설보살 심불응주색보시

나니라 須菩提야 菩薩이 爲利益一切衆生故하야 應如是布施니
수보리 보살 위이익일체중생고 응여시보시

如來 說一切諸相이 卽是非相이며 又說一切衆生이 卽非衆生이니라
여래 설일체제상 즉시비상 우설일체중생 즉비중생

須菩提 如來는 是眞語者며 實語者며 如語者며 不誑語者며
수보리 여래 시진어자 실어자 여어자 불광어자

不異語者시니라 須菩提야 如來所得法은 此法이 無實無虛하니라
불이어자 수보리 여래소득법 차법 무실무허

須菩提야 若菩薩이 心住於法하야 而行布施하면 如人이 入暗에
수보리 약보살 심주어법 이행보시 여인 입암

卽無所見이요 若菩薩이 心不住法하야 而行布施하면 如人이
즉무소견 약보살 심부주법 이행보시 여인

有目하야 日光明照에 見種種色이니라 須菩提야 當來之世에
유목 일광명조 견종종색 수보리 당래지세

若有善男子善女人이 能於此經에 受持讀誦하면 卽爲如來
약유선남자선여인 능어차경 수지독송 즉위여래

以佛知慧로 悉知是人하며 悉見是人하야 皆得成就無量無邊
이불지혜 실지시인 실견시인 개득성취무량무변

功德하리라.
공덕

國譯 상을 여의어 적멸함

이때에 수보리는 이 경 설하심을 듣고 깊이 그 뜻을 깨달아 눈물을 흘리고 슬피 울면서 부처님께 말씀드렸다.

"희유하오이다. 세존이시여, 부처님께서 이와 같이 심히 깊은 경전을 설하심은 제가 옛적으로부터 내려오면서 얻은 바 혜안(慧眼)[1]으로도 일찍이 이와 같은 경은 얻어듣지 못하였사옵니다.

세존이시여, 만약 다시 어떤 사람이 이 경을 얻어듣고 신심이 청정하면 곧 실상(實相)[2]이 나오리니 이 사람은 마땅히 제일 희유한 공덕을 성취함을 알겠사옵니다. 세존이시여, 이 실상이라는 것은 곧 이것이 상이 아니오니 이런 고로 여래께서 실상이라 말씀하셨습니다. 세존이시여, 제가 지금 이와 같은 경전을 얻어듣고 믿어 알고 받아 지니기는 족히 어

1 혜안(慧眼): 지혜의 눈. 사물을 바르게 관찰하는 눈.
2 실상(實相): 모든 것의 있는 그대로의 진실한 모습. 진실의 본성. 참모습.

려울 것이 없사오나 만약 오는 세상 후오백세에 어떤 중생이 이 경을 얻어듣고 믿어 알고 받아 지닌다면 그 사람은 곧 제일 희유함이 되겠사옵니다.

이유를 말씀드리오면 그 사람은 아상이 없사오며 인상도 없사오며 중생상도 없사오며 수자상도 없는 까닭이옵니다. 왜 그러냐 하오면 일체 모든 상을 여읨을 곧 모든 부처님이라 이름하기 때문입니다."

부처님께서 수보리에게 이르셨다.

"옳다, 그렇다. 만약 다시 어떤 사람이 있어 이 경 말씀을 듣고 놀래지도 아니하고 겁내지도 아니하면 마땅히 알라. 이 사람은 심히 희유함이 되느니라. 어찌한 까닭이냐?

수보리야, 여래가 말한 제일바라밀이 아니요 그 이름이 제일바라밀이니라. 수보리야, 인욕(忍辱)바라밀[3]도 여래가 인욕바라밀이 아님을 말함이니라.

어찌한 까닭이냐? 수보리야, 내가 옛적에 가리왕[4]에게 몸을 베이고 끊김을 당하였을 적에 내가 저때에 아상이 없었으며 인상이 없었으며 중생상이 없었으며 수자상도 없었느니라. 왜냐하면 내가 옛적에 마디마디 사지를 찢기고 끊길 그때에 만약 나에게 아상과 인상과 중생상과 수자상이 있었던들 응당 성내고 원망하는 마음을 내었으리라.

수보리야, 또 여래가 과거 오백세 동안 인욕 성인이 되었을 때를 생각하니 저 세상에서도 아상이 없었고 인상도 없었고 중생상도 없었고 수자상도 없었느니라.

이 까닭에 수보리야, 보살은 응당 일체 상을 여의어 아누다라삼먁삼보리심[5]을 발할지니 마땅히 형상에 머물러 마음을 내지 말며, 성·향·미·

---

3 인욕바라밀: 인내의 완성.

4 가리(歌利)왕: 인도의 고대 우주관에 따르면 네 개의 시대가 순환하는데 깔리유가(kaliyuga) 시대는 타락의 시대이며, 이 시대의 왕이 사악한 가리왕이다.

5 아누다라삼먁삼보리심: 위없이 바른 평등과 바른 깨달음의 마음[無上正等覺心].

촉·법에 머물러 마음을 내지 말고 응당 머문 바 없는 마음을 낼지니라. 만약 마음이 머묾이 있으면 곧 머묾 아님이 되느니라. 이 까닭에 여래가 말하기를 '보살은 마땅히 마음을 형상에 머물지 아니하고 보시한다' 하느니라.

수보리야, 보살은 일체 중생을 이익되게 하기 위하여 응당 이와 같이 보시하느니라.

여래가 말한 일체 모든 상은 곧 이것이 상이 아니며 또 말한 일체 중생도 곧 중생이 아니니라.

수보리야, 여래는 진리의 말을 하는 자며, 진실을 말하는 자며, 여여[6]한 말을 하는 자며, 거짓말을 하지 않는 자며, 다른 말을 하지 않는 자니라.

수보리야, 여래가 얻은 바 법인 이 법은 실다움도 없고 헛됨도 없느니라.

수보리야, 만약 보살이 마음을 법에 머물러서 보시하면 마치 사람이 어둠에 들어감에 곧 보이는 바가 없는 것과 같고, 만약 보살이 마음을 법에 머물지 아니하고 보시하면 햇빛이 밝게 비침에 가지가지 색을 보는 것과 같으니라.

수보리야, 장차 오는 세상에서 만약 어떤 선남자 선여인이 있어서 능히 이 경을 받아 지니고 읽고 외우면 곧 여래가 불지혜로써 이 사람을 다 알며 이 사람을 다 보나니 모두가 헤아릴 수 없는 공덕을 성취하게 되리라."

新講

이상적멸분은 지각[相]을 버림으로써 평안을 얻을 수 있다는 것을 설하고 있다. 그래서 실상에 대한 상도 버리고, 중생에 대한 상도 버리고, 그렇게 함으로써 집착에 의존하는 마음을 버리는 것이다. 연기관계에서는 인욕이라는 인내성을 요구하는 경우도 많지만 이것에 대한

6 여여(如如): 그렇고 그렇게 있는 것. 있는 그대로의 것. 진여(眞如)와 동일.

집착도 버려야 한다. 그래서 인간이 만든 유위적 지혜의 탈을 벗어버리고 무위적인 자연의 이치에 순응, 적응하며 지내는 것이 가장 평범한 최소작용의 원리[7]를 만족하는 것임을 보여 주고 있다.

[해설]

"이 경을 얻어듣고 신심이 청정하면 곧 실상(實相)이 나오리니 이 사람은 마땅히 제일 희유한 공덕을 성취함을 알겠사옵니다."

『금강경』을 얻어듣고 이를 믿는 마음이 청정하면 진실의 본성, 즉 상주불변하는 상호관계의 이법(理法)을 깨닫게 되니 마땅히 가장 귀한 공덕을 이루게 된다는 것이다. 여기서 가장 귀한 공덕이란 대중이 더불어 함께 조화롭게 살아가는 이법(理法)을 깨닫는다는 것이다.

"이 실상이라는 것은 곧 이것이 상이 아니오니 이런고로 여래께서 실상이라 말씀하셨습니다."

실상(實相)이란 우리가 인식하는 존재[법]의 본성이다. 이것은 연속적으로 이어가는 상의적 관계를 따른다. 그래서 상이 있는 것[有相]도 아니고 상이 없는 것[無相]도 아니며 상이 있는 것도 아닌 것[非有相]도 아니고 상이 없는 것도 아닌 것[非無相]도 아니다. 그러므로 어떤 실상이라고 느끼는 상(相)에 집착하면 실상을 올바르게 볼 수 없게 된다.

---

7 최소작용의 원리: 가장 낮은 에너지 상태에 머물며, 가장 적은 에너지로 외부 반응에 대응하는 것.

따라서 경을 듣고 믿어 지니므로 사상(四相)이란 산냐[8]에 집착하지 말고 청정한 마음을 지녀야 한다. 그래야만 실상반야[9] 즉 도에 이를 수 있다(信心淸淨, 卽生實相).[10]

경을 듣고 두려워하거나 놀라지 않는 것은 경이 궁극적인 완성(제일바라밀)이기 때문이다. 그러나 이름이 제일바라밀일 뿐이다. 이것은 제일바라밀에 집착하여 다양한 상의적 관계를 수행치 못할 것을 생각해서 집착의 산냐를 버릴 것을 암시한다. 또한 여래가 인욕바라밀[11]을 말하는 것도 인욕바라밀일 뿐이지 이에 대한 집착을 버려야 한다.

인간 세계에서 일어나는 주고받음의 상호관계에서는 자연스러운 것도 있지만 많은 인내를 요구하는 상의적 관계도 많은 것이 사실이다. 이것은 지혜를 가진 인간의 상호관계에는 집착이란 산냐가 자주 내포되기 때문이다. 이런 경우는 대체로 불안정한 상의적 작용을 일으킨다. 그러나 이런 관계도 오랜 시간이 지나고 보면 모두가 안정된 상태로 진행해 간다.

만약 불안정한 처지에 놓였을 경우에 이를 지혜롭게 잘 헤쳐 나갈 수 있는 인욕의 지혜(인욕바라밀)가 있다면 보다 쉽게 이완의 상태에 이를 수 있을 것이다. 실은 인욕이란 집착조차 없는 것이 가장 조화로운 깨달음의 상의적 관계이다.

"수보리야, 또 여래가 과거 오백세 동안 인욕 성인이 되었을 때를 생각하니 저 세상에서도 아상이 없었고 인상도 없었고 중생상도 없

---

8 산냐(saṃjña): 정형화된 상(相, 想)으로서 대상을 받아들여 개념작용을 일으키고 이름을 붙이는 작용. 즉 개념화·이념화·이상화·관념화 등에 관련된 것이다.

9 실상반야(實相般若): 도의 본체, 열반, 자성, 진여.

10 『별을 보면 법을 보고 법을 알면 별을 안다』: 이시우, 신구문화사, 2002, 156쪽.

11 인욕바라밀(忍辱波羅蜜): 인내의 완성.

었고 수자상도 없었느니라."

지난 과거에도 인욕을 모른 채 상호관계를 지내왔고 앞으로도 역시 그러할 것이다. 상호관계에서는 희비애락과 더불어 참고 억누르는 인욕의 여러 단계도 있는 것이다. 이 모든 것이 궁극에는 집착의 산냐를 벗어나 깨달음에 이르는 것이다.

인간 사회에서는 어떤 대상이나 현상에 대한 상호관계에서 늘 깊은 관심을 가지기 때문에 얼마 동안이라도 집착심을 완전히 없앨 수는 없다. 그러므로 스스로 마음을 제어하고 조정하면서 상호관계를 효율적으로 잘 이끌어가야 하는데 여기에는 반드시 인욕바라밀이 요구된다.

이를 위해서는 기본적으로 늘 안정된 낮은 에너지 상태(나를 낮추고 적게 가지는 상태)에서 외부 반응에 대해 가장 적은 에너지로 대응(남에게 피해를 끼치는 것을 최소화하는 것이며 그럴려면 적게 써야 한다)해야 한다.

평안하다는 것에는 육신의 평안함과 마음의 평안함이 있다. 비록 육신이 힘들다 하더라도 마음이 평안하면 육신도 피로를 적게 느끼며 평안해진다. 따라서 인간은 육신의 평안함이 좀 적다 하더라도 마음의 평안을 찾는 쪽으로 삶을 살아가야 한다. 이를 위해서는 인욕이 필수적이다.

별은 육신도 마음도 언제나 한결같이 평안하므로 인욕이란 것을 느끼지 못한다. 실은 평안이란 것조차 느끼지 못한다. 느낄 필요도 없다. 이것은 인간들이 만들어 놓고 평안하니 평안하지 않느니 하면서 분별할 뿐이다.

"이 까닭에 수보리야, 보살은 응당 일체 상을 여의어 아누다라삼

먁삼보리심을 발할지니 마땅히 형상에 머물러 마음을 내지 말며, 성·향·미·촉·법에 머물러 마음을 내지 말고 응당 머문 바 없는 마음을 낼지니라."

사실은 깨달음을 향한 마음마저 없애야 한다. 왜냐하면 깨달음을 지향하는 마음도 집착에서 나오는 것이다. 모든 상호관계에서는 깨달음이든 아니든 간에 분별치 말고 여여한 마음으로 주고받으면서 순응, 적응해 가는 것이 가장 효과적이고 실질적이다. 그래야만 사상(四相)의 산나를 제대로 버릴 수 있다.

『대승기신론』에서도 "보살지[12]가 다하여 멀리 미세 망상을 떠나면 마음의 성품을 볼 수 있으니 이것을 구경각이라 한다(菩薩地盡 遠離微細 得見心性 名究竟覺)"고 했다.[13] 이것은 사상의 산냐를 버림으로써 열반에 이를 수 있다는 것이다.

"만약 마음이 머묾이 있으면 곧 머묾 아님이 되느니라(若心有住, 卽爲非住)."

만유는 서로 상의적 관계로 상호 의존되어 있으나 어느 특정한 것에 의존된 것이 아니고 시시각각으로 연기관계에 따라 변하면서 개체로서의 독립성도 지닌 채 여러 타자들에 의존되어 있다. 따라서 서로 의존되어 있으면서도 대중의 집단 전체로 보면 특별히 의존되어 있지 않은 것과 같은 것이 안정된 연기법계이다. 그래서 어떤 상에 마음이 머물더라도 역동적인 상호관계에서는 곧 머물렀던 마음

12보살지(菩薩地): 보살 수행의 단계.

13『자기를 바로 봅시다』: 퇴옹 성철, 장경각, 2003, 122쪽.(참조『원효의 대승기신론 소·별기』: 은정희 역주, 일지사, 2002, 148쪽)

이 사라지면서 안정을 찾아간다.

우리 인간들은 상호관계에서 주고받음의 과정을 거치면서 새로운 초월체로 나아간다. 이것은 곧 의존하면서도 그 의존에 고정된 것이 아니라 새롭고 자유로운 독립체로 태어난다는 것이다. 그래서 나는 나이지 결코 내가 '남'이 될 수 없으며, 또한 나는 남과 의존적이나 '나'는 나로서의 독립적 개체라는 것이다.

또는 우리가 어떤 현상에 대한 집착심을 버리는 것은 그 현상에 머무는 마음의 의존성을 버리는 것이다. 즉 머묾이 없는 마음을 가지는 것이다. 그래서 '법에도 의존하지 않고, 법 아닌 것에도 의존하지 않고, 그 어떤 것에도 의존하지 않고 마음을 일으켜야 한다'라고 하는 것이다. 이런 것은 사상(四相)에 대한 산냐를 버림으로써 가능하다. 그리고 특수성보다는 보편성을 따를 때 머무는 마음을 쉽게 없애 버릴 수 있다.

자연적인 이치에 순응하며 집착심과 분별심을 버리면 주객(主客)이 없어지므로 만유 중에 모두가 평등하여 나 자신까지도 잊게 된다. 내가 없는데 객(客)이 있을 수 없고, 객이 없어지니 주(主)가 있을 수 없다. 모두가 고요한 산 속의 정적처럼 분별 없이 변천하며 유전할 뿐이다.

만유의 상은 생겼다 변하며 사라지고, 또 다른 상이 나타나 이와 같은 과정을 반복하는데 어떤 상에 마음이 머물 필요는 없다. 흩어지는 구름을 언제까지 잡고 있을 수는 없는 것처럼 말이다. 왜냐하면 그 구름도 언젠가는 다시 태어난 물로 되돌아가는 순환을 계속하기 때문이다.[14]

---

14 원명(圓明): "차가우면 온 천지가 차갑고, 뜨거우면 온 천지가 뜨겁다."(『벽암록 상』: 장경각, 1999, 175쪽)

"여래가 말한 일체 모든 상은 곧 이것이 상이 아니며 또 말한 일체 중생도 곧 중생이 아니니라."

중생에 대한(또는 만유에 대한) 모든 상은 변화의 과정에 따라 나타나는 한 단면일 뿐이다. 그리고 고정된 상은 그 대상의 전체적 실상을 보여 주는 상이 될 수 없으므로 이런 상에 대한 집착을 벗어나야 한다.

중생들도 상호관계에서 항상 초월적 단계로 발전하고 있으며 결코 고정된 상을 지닌 중생으로 남는 것은 아니다. 이처럼 중생은 중생상을 지닌 중생이 아닐 때 그는 고유한 초기 특성의 상실로 깨달음에 이를 수 있다.

즉 중생도 보살이 될 수 있고 부처가 될 수 있다는 것이다. 실은 집착에 대한 산냐를 버림으로써 내면에 들어 있는 부처를 밖으로 끌어내는 것이다.

"수보리야, 여래가 얻은 바 법인 이 법은 실다움도 없고 헛됨도 없느니라(如來所得法, 此法無實無虛)."

변천하는 연기법계에서는 고정된 진실도 없고, 고정된 거짓도 없다. 이것은 안정과 불안정이 교대로 일어나면서 상호관계를 이끌어 가기 때문이다. '진실이다, 거짓이다' 하는 상대적인 간택(揀擇)[15]은 인간 세계에만 있는 것이다.

인간들은 그들이 삶의 규범을 만들어 놓고 그것에 맞추어 진실과 거짓을 구별하지만, 진실이라고 믿었던 것이 언젠가는 거짓으로 판명될 수 있고 또 그 반대의 경우도 일어날 수 있다. 이런 현상은 인간이 사물이나 현상을 관찰하며 인식하고 판단하는 여실지견[16]의 경험적 제한성과 연기의 공성에 대한 무지 때문에 생긴다.

예를 들어 15세기까지 지구가 우주의 중심에 있고 태양을 비롯한 모든 천체는 지구 주위를 돈다고 믿었던 천동설(天動說)이 16세기에 코페르니쿠스에 의해 파기되면서 지구가 태양 주위로 돈다는 지동설(地動說)이 대두되었다. 이런 사실은 천체의 관측자료의 증가와 과학적 이론의 발전에 따른 여실지견의 확장에 의한 결과이다.

이처럼 인간은 시간과 공간적으로 제한적인 경험을 토대로 하기 때문에 여실지견은 경험과 자료에 따라 지극히 제한적이다.

그러나 별의 세계에서는 진실이니 거짓이니 하는 것은 있을 수 없다. 인간의 경험을 토대로 한 유위법[17]과 달리 별의 세계에서는 모든 것이 무위적으로 일어나므로 삶 자체가 바로 법이므로 진실 이외는 없다.

---

16 동산(洞山): "바름[正] 가운데 치우침[偏]이여!
삼경의 초저녁 밝은 달 앞에서
만나서도 알아보지 못한 것을 달리 생각 마오.
남 몰래 지난날의 유감을 품고 있네.
치우침 가운데 바름이여!
날이 밝자 노파는 옛 거울을 마주하며
자세히 얼굴 보니 결코 참됨이 없네.
다시는 머리가 없다고 거울 속을 잘못 보지 마오.
바름 가운데 옴[來]이여!
없음[無] 가운데 길이 있어 티끌먼지 벗어나니
오늘날 입 조심만 하면
전조(前朝)에 혀 잘린 선비보다 훌륭하리라.
치우침 가운데 이름[至]이여!
두 칼날이 서로 부딪쳐도 피할 필요가 없다.
좋은 솜씨란 불 속에 피어난 연꽃 같으니
뚜렷이 충천하는 기개를 지녔구려.
겸하는[兼] 가운데 다다름[到]이여!
유무에 떨어지질 않는데 누가 감히 좋아하랴.
사람마다 보통 사람에서 벗어나려 한다면
서로가 숯 속으로 들어가 버리리라."
(『벽암록 중』: 장경각, 1999, 105쪽; 『별을 보면 법을 보고 법을 면 별을 안다』: 이시우, 신구문화사, 2002, 55쪽 ; 『신심명·증도가』: 성철 스님 법어집 1권 5권, 1997)

16 여실지견(如實知見): 있는 그대로 실제와 이치에 맞게 보고 아는 것.(참조 『별을 보면 법을 보고 법을 알면 별을 안다』: 이시우, 신구문화사, 2002, 242쪽)

17 유위법(有爲法): 함이 있는 것. 임의로 조건 지어진 것.

인간이 깨달음에 이르는 것은 진실만을 행하는 데 그 목적이 있다. 그런데 과연 유위적 지혜를 가지고 복잡한 판단 기준을 만들어 놓은 상대적 삶의 현장에서 과연 진실하다는 깨달음이 언제나 진실로만 비쳐질 수 있을까?

이런 점에서 깨달았느니 깨닫지 못했다느니, 또는 진실이니 거짓이니 하는 것에 집착하는 그 자체가 그릇될 수 있다. 흐르는 물은 흐르도록 두는 것이 자연의 섭리다. 그러므로 흐르는 마음과 의식에 매듭을 만들어서는 안 된다. 오직 연속적인 상호관계에서 남에게 피해만 주지 않는다면 삶은 족할 것이다. 그럴려면 적게 가지고 적게 쓰는 최소작용의 원리 즉 이법계(理法界)를 잘 따라야 한다.

"이 경을 받아 지니고 읽고 외우면 곧 여래가 불지혜로써 이 사람을 다 알며 이 사람을 다 보나니 모두가 헤아릴 수 없는 공덕을 성취하게 되리라."

'깨달은 임의 눈'으로 본다는 불지혜는 사물이나 현상을 있는 그대로 올바르게 보고 아는 것으로 참된 여실지견을 뜻한다. 결국 법안[18]으로써 올바르게 인식하고 판단한다는 것이다.

복잡한 상의적 관계가 일어나는 연기법계에서는 사상(四相)에 대한 모든 집착을 버리고 평등성과 보편성의 바탕 위에서 인식하고 판단할 때만 참된 여실지견을 얻을 수 있으며, 이런 경우가 곧 깨달음의 상태다. 경을 통해 이런 깨달음을 얻어 육바라밀의 자비행을 수행한다면 그 이상의 공덕이 있을 수 없는 것이다.

---

18 법안(法眼): 법에 대한 밝은 눈. 진실을 보는 지혜의 눈.

[별의 세계]

별의 세계에서는 상(相)이 있는 것조차 모르고 지낸다. 그들도 외부의 섭동을 받으면 그에 대해 반응한다. 그러나 그런 외부 반응에 자연스럽게 순응하기 때문에 반응에 대한 집착이라는 유위적이고 반항적인 행동은 결코 일어나지 않는다. 그래서 성단 전체가 쉽게 깨달음이란 이완상태에 이르게 되는 것이다.

별들 사이에서 직접적인 충돌이나 가까운 조우에 의해 별의 형상이 파괴되거나 변형되는 경우가 있다. 그리고 거대한 은하들은 충돌을 통해 새로운 별들의 생성을 촉진시키는 역할도 한다.그림12 이처럼 만나고 주고받는 연기작용은 삶을 파괴시키기도 하고 또 새로운 삶을 만들어 내기도 한다. 그러나 이러한 충돌에 관한 특이한 상을 심지 않고, 상은 한때의 사건에 기인할 뿐 이에 대한 어떠한 집착도 없다.[19]

별의 집단에서 각 별들은 하나의 독립체이다. 이들은 성단 내에서 천체 간의 조우, 섭동이라는 연기의 끈에 매여 있다. 그렇다고 해서 연기의 끈이 얼음처럼 굳어 고정된 것이 아니라 수시로 그 끈이 변화하면서 다른 개체들과 만난다. 즉 상의적 관계를 지니지만 이런 관계에서 각 개체는 에너지 수수를 통해 새로운 초월적 단계로 계속 바뀌어 간다.

이 과정에서 별들은 진실이니 거짓이니 하는 인간의 유위적 판단 기준과는 무관하게 집단 전체의 조화로운 질서만을 따를 뿐, 무엇에 대한 집착은 없다. 그래서 별의 세계는 매우 역동적이면서도 늘 평안해 보인다.

---

19 『천문학자와 붓다의 대화』: 이시우, 종이거울, 2004, 184쪽.

그림12 안테나 은하(충돌 은하). 아래 그림은 윗 그림의 충돌 부분을 확대한 것이다.

별에도 인간처럼 인욕이 있는가? 거대한 원시 성운에서 가스와 티끌이 모여 중력 수축을 하면서 밀도가 높아지면 수축의 속도가 매우 빨라지는 중력 붕괴가 일어난다. 이때 중력 수축 때 생긴 중력 에너지의 증가는 열과 빛으로 바뀌면서 중심부의 온도를 천만 도 이상으로 높여 수소핵 융합반응을 일으킨다. 그러면 빛을 내는 별이 탄생된다.

빛을 내지 못하는 가스와 티끌 같은 물질에서 빛을 내는 별이 탄생하는 것은 중력 붕괴를 통한 질의 변화가 일어나기 때문이다. 이 과정에서 별은 마치 산모가 출산할 때 거치는 것과 같은 심한 산고를 겪는다. 그러나 상에 집착하지 않는 별은 이 과정을 고통으로 받아들이지 않는다.

마치 붓다가 옛날 가리왕에게 몸을 베이고 끊길 때 아상을 가지지 않았던 것처럼 별도 아상이 없기 때문에 인욕바라밀을 무위적으로 이루어간다.

별은 태어날 때뿐만 아니라 살아가는 과정에서도 역학적으로 불안정이 생기면 자신의 물질을 밖으로 방출하며 안정을 되찾는 고통의 시간을 갖는다. 그리고 특히 임종을 맞이할 때면 자신이 가지고 있는 물질의 대부분을 밖으로 방출하여 다음 세대 별의 탄생을 위한 씨앗을 만든다.[그림13] 이 과정은 엄청난 불안정에서 생기는 혼돈의 과정이다. 인간에 비유한다면 죽음을 맞이할 때 닥치는 혼돈과정과 같은 것이다. 이때도 생명활동이 있는 삶에서 생명활동이 사라지는 죽음이라는 질로의 변화가 일어날 뿐이다.

이처럼 양(量)의 축적에 의한 질의 변화가 일어날 때는 반드시 혼돈의 과정을 거친다. 이때 심한 변화의 고통이 따르기 마련이다. 그런데 별은 어떠한 혼돈의 과정에서도 아상을 내지 않고, 오직 무위적

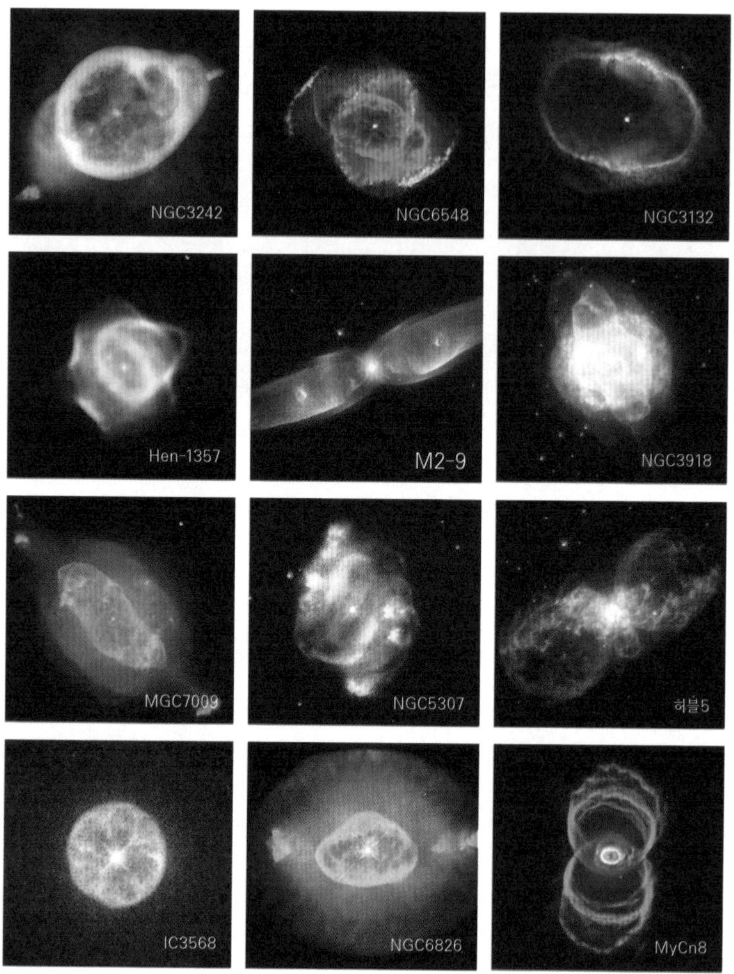

그림13 행성상 성운(임종단계)

과정을 묵묵히 따를 뿐이다. 이것이 바로 하늘에서 펼쳐지는 사종법계[20]를 지닌 불법의 길이며 또한 열반의 길인 것이다.

20) 사종법계(四種法界): 사법계, 이법계, 이사무애법계, 사사무애법계.

제15분 경을 가지는 공덕

漢譯 지경공덕분(持經功德分)

須菩提야 若有善男子善女人이 初日分에 以恒河沙等身으로
수보리 약유선남자선여인 초일분 이항하사등신

布施하며 中日分에 復以恒河沙等身으로 布施하며 後日分에
보시 중일분 부이항하사등신 보시 후일분

亦以恒河沙等身으로 布施하야 如是無量百千萬億劫을 以身
역이항하사등신 보시 여시무량백천만억겁 이신

布施어든 若復有人이 聞此經典하고 信心不逆하면 其福이 勝
보시 약부유인 문차경전 신심불역 기복 승

彼하리니 何况書寫受持讀誦하야 爲人解說이야따녀 須菩提야
피 하황서사수지독송 위인해설 수보리

以要言之컨댄 是經이 有不可思議不可稱量無邊功德하니
이요언지 시경 유불가사의불가칭량무변공덕

如來 爲發大乘者說이며 爲發最上乘者說이니라 若有人이 能
여래 위발대승자설 위발최상승자설 약유인 능

受持讀誦하야 廣爲人說하면 如來 悉知是人하며 悉見是人하야
수지독송 광위인설 여래 실지시인 실견시인

皆得成就不可量不可稱無有邊不可思議功德하리니 如是人等은
개득성취불가량불가칭무유변불가사의공덕 여시인등

卽爲荷擔如來阿耨多羅三藐三菩提니 何以故오 須菩提야
즉위하담여래아누다라삼먁삼보리 하이고 수보리

若樂小法者는 着我見人見衆生見壽者見일새 卽於此經에
약요소법자 착아견인견중생견수자견 즉어차경

不能聽受讀誦하야 爲人解說하리라 須菩提야 在在處處에 若有
불능청수독송 위인해설 수보리 재재처처 약유

此經하면 一切世間天人阿修羅의 所應供養이니 當知此處는
차경 일체세간천인아수라 소응공양 당지차처

卽爲是塔이라 皆應恭敬作禮圍遶하야 以諸華香으로 而散
즉위시탑 개응공경작례위요 이제화향 이산

其處하리라
기처

國譯 경을 가지는 공덕

"수보리야, 만약 어떤 선남자 선여인이 있어 아침에 항하의 모래 수와 같은 몸으로 보시하며, 다시 저녁 때에도 또한 항하의 모래 수와 같은 몸으로 보시하여 이와 같이 무량백천만억겁[1] 동안을 몸으로써 보시하더라도 만약 다시 어떤 사람이 있어 이 경전을 듣고 믿는 마음으로 거슬리지 아니하면 그 복이 저보다 수승하리니 어찌 하물며 이 경을 베끼고 받아 지니며 읽고 외우며 남을 위하여 해설해 줌이랴.

수보리야, 간추려 말할진대 이 경은 생각할 수도 없고 측량할 수도 없는 가없는 공덕이 있느니라.

여래는 대승(大乘)[2]에 발심한 자를 위하여 이 경을 설하며 최상승(最上乘)에 발심한 자를 위하여 이 경을 설하느니라. 만약 어떤 사람이 능히 이 경을 받아 지니고 읽고 외우며 널리 사람들을 위해 설명한다면 여래는 이 사람을 모두 알며 이 사람을 모두 보나니. 이 사람은 헤아릴 수 없고 생각할 수 없는 공덕을 성취하게 되리라.

---

1 겁(劫): 사방 십리의 큰 통에 겨자를 가득 채운 후 백 년에 겨자 한 알씩 꺼내면서 통에 있는 겨자를 완전히 비울 때까지 걸리는 시간.

2 대승(大乘): 자리(自利)보다 중생을 위해 이타행(利他行)을 실천하고, 그것에 의해 부처가 되는 것을 주장하는 불교의 한 종파.

이와 같은 사람들은 곧 여래의 아누다라삼먁삼보리[3]를 짊어짐이 되나니 어찌한 까닭이냐. 수보리야, 만약 작은 법을 즐기는 자라면 아견과 인견과 중생견과 수자견에 착하게 되므로 능히 이 경을 받아 듣고 읽고 외우며 사람들을 위하여 해설하지 못하느니라. 수보리야, 어떠한 곳이든 이 경이 있는 곳이면 일체 세간의 천상과 인간과 아수라 등이 마땅히 공양하는 바가 되리니 마땅히 알라. 그곳은 곧 탑이 됨이라. 모두가 응당 공경하고 절하며 에워싸고 가지가지 꽃과 향을 그곳에 흩뜨리게 되리라."

新講

지경공덕분에서는 아누다라삼먁삼보리의 경을 지니고 가르친다면 더 없는 공덕임을 설하고 있다. 이런 가르침은 개인보다 집단을 이루는 구성원 전체의 깨달음을 위해 필요하다. 왜냐하면 가르치고 배우는 것은 다양한 개체들 사이의 유기적이고 긴밀한 상호 작용을 통해서만 집단 전체가 쉽게 안정된 이완상태에 이를 수 있기 때문이다.

[해설]

"법을 마음에 새겨 독송하고 숙달하여 다른 사람에게 설명하는 것이 큰 공덕이다. 어디서든 누구에게든 경을 지니고 가르쳐 주는 것이 중요함을 말한다. 깨달음의 경은 어떤 계급을 불구하고 가르쳐 깨닫도록 함으로써 공덕을 얻는다는 것이다. 특히 여래는 대승에 발심한 자를 위해 이 경을 설한 것으로 아누다라삼먁삼보리를 얻을 것이다."

3 아누다라삼먁삼보리: 위없이 바른 평등과 바른 깨달음[無上正等覺].

경을 통해 깨침을 얻는다는 것은 어느 한 개인이 아니라 집단 전체 즉 대중을 위한 것이다. 계급에 관계없이 언제 어디서나 이들 모두가 깨침이란 이완의 세계에 이르도록 하는 것이 대승의 길이다. 이런 깨침은 곧 다양한 상호관계를 거치면서 자아에 대한 집착을 버림으로써 달성될 수 있다.

"여래는 대승(大乘)에 발심한 자를 위하여 이 경을 설하며 최상승(最上乘)에 발심한 자를 위하여 이 경을 설하느니라."

경에는 세속의 진리를 설명하는 방편으로써의 속제(世諦)[4]에 관한 것이 있고, 그리고 궁극의 진리를 설하는 진제(眞諦)[5]에 관한 것이 있다. 『금강경』은 방편설의 속제가 아니라 궁극의 진리를 찾는 최상승에 발심한 자를 위한 진제에 속함을 강조하고 있다.

그리고 대승은 속제가 아니라 진제를 추구하고 있음을 분명히 설하고 있다. 그렇다고 해서 속제를 등한시하는 것이 아니라, 현실 세계의 진리를 지닌 속제와 진제를 두루 원융하면서 경은 중도를 따른다.

경에서는 유전하며 변천하는 변화의 섭리에 연관된 연기작용을 다루고 있다. 연기의 섭리는 우주 만물에서 나왔고 또 우주 만물에 적용된다. 광대한 우주에서 우주의 한 구성원으로 태어난 인간을 비롯한 지상의 여러 생명체들, 하늘의 수많은 별들과 티끌은 모두가 생멸을 거듭하면서 우주의 시공을 지켜 왔고 또 지켜 가고 있다.[6]

개체들이 어떠한 환경에 처해 있든 그들은 모두 우주의 생멸과 진

4 속제(俗諦): 세간에 따라 가설(假說)한 여러 가지 가르침. 낮은 진리. 세제(世諦)라고도 함.
5 진제(眞諦): 궁극의 진리. 깨달음에 관한 진리. 공(空)의 진실. 승의제(勝義諦 또는 제일의제第一義諦)라고도 함.
6 『별을 보면 법을 보고 법을 알면 별을 안다』: 이시우, 신구문화사, 2002, 91쪽.

화의 섭리를 따른다. 어느 것이 우주에서 가장 값지고 어느 것이 가장 가치 없다고 분별할 수 있겠는가? 모두는 서로 의존하면서 주고받는 상의적 관계만을 묵묵히 이어갈 뿐이다.[7]

우주의 긴 역사에 비해 한 개체의 생멸은, 특히 인간의 경우에는 너무나 짧다. 찰나 같은 시간에 특정한 대상에만 집착하여 발버둥을 칠 이유는 없다. 한 번 왔다가 가는 것이 우주에서 보면 점보다 작고 짧은 시간이며, 또한 그 영향이란 미미하기 짝이 없다.

오직 소리 없이 흘러가는 바람과 같은 것이 인생이기에 자연의 이치에 순응하며 따르는 것이 남을 위하는 유익한 길이다. 비록 순응하지 않는다 하더라도 그 영향이 결코 우주를 바꿀 수는 없는 노릇이다.

인간의 경우 태양계를 벗어나지 못할 것이며, 어쩌면 안주하고 있는 지구라는 집을 인간이 계속 망치고 있더라도 지구는 계속 태양 주위를 돌 것이다. 겸손하고 겸허한 우주에서 인간이 허망한 집착에 얽매여 발버둥을 친다고 해서 우리 주변의 환경 이외에 변할 것은 아무것도 없다.

벌은 꿀을 따지만 꽃을 죽이지 않는데, 인간은 지구에서 꿀(자원)을 따지만 지구를 망치고 있다. 이런 것을 인간의 지혜이고 문명이라고 부르고 있다. 이처럼 인간은 인간과 인간 사이뿐만 아니라 인간과 자연과의 연기관계도 제대로 이루어가지 못하는 안타까운 실정이다. 궁극에는 이 결과가 우주에서 인류의 멸망을 초래할 것이 분명한데도 말이다.

2,600여 년 동안 대승이란 큰 수레를 타고 오면서 인간이 추구해 온 아누다라삼먁삼보리는 과연 어디로 사라져 가고 있는가? 그리고

7 집단에서는 연(緣)하여 일어나는 생기(生起)의 의미를 가진 연기보다는 '상의적 관계' 또는 '상호관계'라는 말이 더 타당하다. 왜냐하면 연기에는 대체로 원인과 결과가 시간적 함수로 주어지지만 유기적 상호관계에서는 모두가 동시적으로 서로 작용과 반작용을 주고받기 때문에 원인과 결과 사이에 시간적 차이가 무시되는 '관계'만 있을 뿐이다.

오늘날 우리 인간은 우주의 불법을 어길 때 닥치는 업보가 과연 무엇인지를 진지하게 생각하고 있는지?

[별의 세계]

별의 세계에서 별들은 태어날 때 여럿이 함께 나와서 남에게 어떠한 피해도 끼치지 않고 살아간다. 따라서 별은 태어날 때부터 대승이 나아갈 경을 몸에 지니고 나온다고 볼 수 있으므로 삶에서 어떤 특별한 공덕이란 말이 필요치 않다. 실은 사상(四相)이 없는 별에서는 이러한 경조차 필요가 없다. 한결같이 자연의 이치를 정직하게 따르며 살아가는 그 자체가 바로 대승의 경이고 법일 뿐이다.

별은 진화과정에서 불안정한 상태에 이르면 물질을 밖으로 방출하면서 안정을 찾아간다. 그리고 특히 무거운 별은 임종을 맞이하면서 초신성으로 폭발로 많은 양의 물질을 밖으로 방출한다.[그림14] 이러한 방출된 물질은 서로 모여 다시 새로운 별을 탄생시킨다[8]. 결국 별들은 자신의 몸을 보시하면서 우주를 밝히고 있는 셈이다. 이런 공덕을 인간 세계에서는 보기 어려운 것으로 어쩌면 별들은 갠지스 강의 모래알보다 더 많은 공덕을 쌓아 가고 있는지도 모른다.

여름철 밤하늘에서 뿌옇게 보이는 긴 넓은 띠를 볼 수 있는데 이것이 바로 수많은 밝은 별이 모여 있는 은하수이다.[그림15] 이 은하수를 따라가다 보면 검게 보이는 지역들이 나타난다. 이곳은 가스와 티끌이 모인 성간 물질이 많은 지역으로 여기서 새로운 별이 탄생된다.

---

8 『천문학자와 붓다의 대화』: 이시우, 종이거울, 2004, 73쪽.

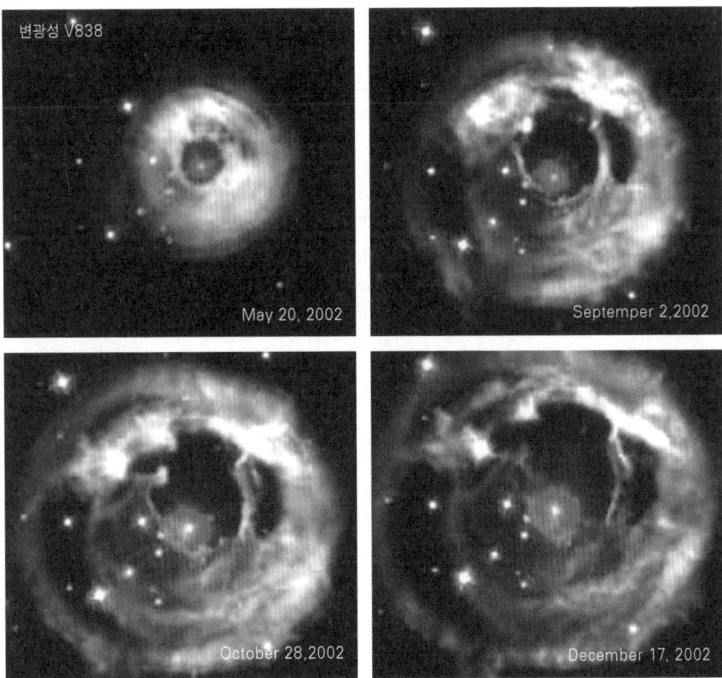

그림14 별로부터 물질방출

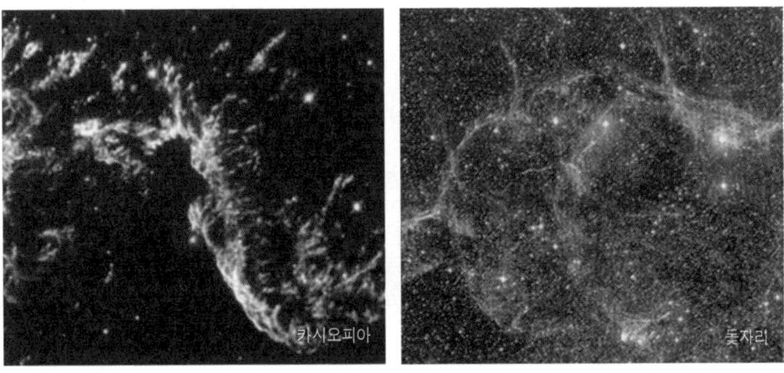

그림14 초신성 잔해

그림15 은하수

결국 별이 쌓는 공덕은 새로운 별을 탄생토록 함으로써 하늘을 밝히고 우주를 밝히는 것이다. 우주에서 이보다 더 큰 공덕이 어디에 있겠는가?

이에 비하면 인간은 사상(四相)에 젖어 있기 때문에 세대가 이어갈수록 보다 나은 삶을 살아가야 하는데 실은 그 반대인 것 같다. 왜냐하면 인간 중심적 사고가 심화되면서 자연을 부(富)를 창출하는 도구로 쓰며, 또한 다른 종(種)의 존재 가치를 지나치게 소홀히 취급하여 여러 종의 멸종을 초래하고 있기 때문이다. 그 결과 자연이 병들고 인간이 병들면서 우리는 삶의 위험에 직면하고 있는 실정이다.

궁극의 진리를 설하는 경의 불법을 멀리하는 한 지상에서 인류라는 문명체[9]는 오래가지 않아 파멸되어 우주에서 영원히 사라지게 될 것이다. 만유 사이에서 주고받는 상호관계가 원만히 이루어질 때 올바른 공덕이 나타난다. 따라서 인류의 파멸을 막는 유일한 방법은 지상의 만유와 함께 상호 의존적인 법계연기를 원만하게 잘 실현해 가는 데 있다.

---

9 문명체(文明體): 인간처럼 문학, 예술, 과학, 기술, 정보 등을 쓰는 지적 생명체.

제16분 능히 업장을 깨끗이 함

漢譯 능정업장분(能淨業障分)

復次須菩提야 善男子善女人이 受持讀誦此經호대 若爲人輕
부 차 수 보 리 선 남 자 선 여 인 수 지 독 송 차 경 약 위 인 경

賤하면 是人이 先世罪業으로 應墮惡道언마는 以今世人이 輕
천 시 인 선 세 죄 업 응 타 악 도 이 금 세 인 경

賤故로 先世罪業이 卽爲消滅하고 當得阿耨多羅三藐三菩提하리라
천 고 선 세 죄 업 즉 위 소 멸 당 득 아 누 다 라 삼 먁 삼 보 리

須菩提야 我念過去無量阿僧祇劫하니 於然燈佛前에 得値
수 보 리 아 념 과 거 무 량 아 승 기 겁 어 연 등 불 전 득 치

八百四千萬億那由他諸佛하야 悉皆供養承事하야 無空過者호라
팔 백 사 천 만 억 나 유 타 제 불 실 개 공 양 승 사 무 공 과 자

若復有人이 於後末世에 能受持讀誦此經하면 所得功德이
약 부 유 인 어 후 말 세 능 수 지 독 송 차 경 소 득 공 덕

於我所供養諸佛功德으로 百分에 不及一이며 千萬億分 乃至
어 아 소 공 양 제 불 공 덕 백 분 불 급 일 천 만 억 분 내 지

算數譬喩로 所不能及이니 須菩提야 若善男子善女人이
산 수 비 유 소 불 능 급 수 보 리 약 선 남 자 선 여 인

於後末世에 有受持讀誦此經하난 所得功德을 我若具說者면
어 후 말 세 유 수 지 독 송 차 경 소 득 공 덕 아 약 구 설 자

或有人이 聞하고 心卽狂亂하야 狐疑不信하리니 須菩提야 當知
혹 유 인 문 심 즉 광 란 호 의 불 신 수 보 리 당 지

是經義 不可思議며 果報도 亦不可思議니라.
시경의 불가사의 과보 역불가사의

國譯 능히 업장[1]을 깨끗이 함

"다시 또 수보리야, 선남자 선여인이 있어 이 경을 받아 지니며 읽고 외우더라도 만일 사람들에게 업신여김이 있다면 이 사람은 선세(先世)[2] 죄업으로 마땅히 악도에 떨어질 것이로되 금세 사람이 업신여김으로써 곧 선세 죄업이 소멸되고 마땅히 아누다라삼먁삼보리를 얻게 되느니라.

수보리야, 내가 과거 무량아승기겁[3]을 생각하니 연등불[4]을 뵈옵기 그 이전에도 팔백사천만억 나유타[5]의 여러 부처님을 만나 모두 다 공양하고 받들어 섬기어 헛되이 지냄이 없었느니라. 만약 다시 또 어떤 사람이 있어 앞으로 오는 말세에 능히 이 경을 받아 지니고 읽고 외워서 얻을 바 공덕은 내가 저곳에서 모든 부처님께 공양한 공덕으로는 백 분의 일도 되지 못하며 내지 숫자가 있는 대로 비교하고 비유할지라도 능히 미칠 바가 못되리라.

수보리야, 만약 어떤 선남자 선여인이 앞으로 오는 말세에 이 경을 받아 지니고 읽고 외워서 얻을 바 공덕을 내가 다 갖추어 말한다면 혹 어떤 사람은 듣고 곧 마음이 산란하여 의심하며 믿지 아니하리라.

수보리야, 마땅히 알아라. 이 경은 뜻도 가히 생각할 수 없고 과보도 또한 생각할 수 없느니라."

---

1 업장(業障): 신(身, 동작) · 구(口, 말) · 의(意, 마음)로 악업(惡業)을 지어 정도(正道)를 방해하는 장애.
2 선세(先世): 전세의 생애. 과거의 세상.
3 무량아승기겁(無量阿僧祇劫): 무수의 겁.
4 연등불(然燈佛): 정광여래(錠光如來)라고도 하는데 석가모니 부처님 이전에 출현한 24명의 부처님 가운데 첫번째 부처님. 과거세에 출현하여 석존에게 미래에 성불할 것이라고 예언한 부처님.
5 나유타(那由他: nayuta): 지극히 큰 숫자.(천만 또는 천억에 해당)

新講

능정업장분은 과거·현재·미래에 걸친 경의 효과를 설하고 있다. 그리고 어떤 집단이 과거에 불안정한 계(系)였더라도 올바른 상호관계를 통해 항상 새로운 안정된 계로 돌아올 수 있고, 또 이 계가 미래에 불안정한 계가 된다면 역시 다시 상호관계를 거쳐서 새로운 안정된 계로 되돌아올 수 있음을 보여 주고 있다. 문제는 얼마나 효과적인 상의적 수수관계가 이루어지느냐에 달렸다.

인간의 경우는 외부로부터 양식을 구하기 때문에 별보다 훨씬 복잡한 상호관계를 지니고 있다. 그러나 근본적으로는 별의 세계와 다를 바가 없다. 즉 사상(四相)을 버리고, 최소작용의 원리[6]를 만족하도록 하는 것이다. 또한 강력한 지도력을 갖춘 구성원을 필요로 한다.

별의 세계에서는 별들 간의 수수관계 이외에 가끔 집단 주위를 지나가는 다른 큰 천체 집단들의 강한 섭동이 역학적 불안정을 일으키는 중요한 요인이 된다. 대체로 구성원이 많은 큰 집단일수록 안정된 계를 잘 유지해 갈 수 있으며 외부 섭동의 영향을 받아도 이를 잘 이겨낸다.

이 능정업장분에서는 뜻(법)이나 경을 수행하면서 얻는 과보의 지대함을 언급하고 있다. 여기서 경의 뜻은 곧 법으로서 연기법이며, 과보는 이완으로의 유도 즉 깨달음으로 이어간다. 그런데 상호관계가 지속되는 한 모든 것이 머무름 없이 마음을 내게 하므로 안정된 이완은 새로운 불안정을 유발할 수도 있기에 과보에는 이완만이 아니라 불안정도 간접적으로 내포될 수 있다.

6 최소작용의 원리: 가장 낮은 에너지 상태에 머물며, 가장 적은 에너지로 외부 반응에 대응하는 것.

'이 경을 받아 지니고 외우며 익힘으로써 과거의 업장을 씻고 또 말세에도 큰 공덕을 쌓는다.'

현재에 받는 과보는 과거의 원인에 기인한다. 즉 과거에 올바른 연기관계를 이루지 못했기 때문에 생기는 것이다. 이때 부당한 관계는 본인에 의해서 일어날 수도 있고 또 가까운 이웃에 의해 나타날 수도 있다. 예를 들면 부모의 잘못된 연기의 과보가 자식에게 전달될 수도 있다는 것이다.

이처럼 불안정한 계는 상호관계를 올바르게 이루지 못하기 때문에 생긴 것이므로 경이 설하는 연기법을 따른다면 깨달음을 얻는 안정된 계로 나아갈 수 있다. 그리고 미래에 다시 불안정한 상태에 이른다 하더라도 수수관계를 잘 일으켜 주고받음이 올바르게 이루어지면 다시 안정된 계로 나아갈 수 있다.

그러므로 과거나 미래의 불안정한 업에 집착하지 말고 연기법을 잘 익힘으로써 언제나 새로운 안정된 이완계로 나아갈 수 있다는 것이다. 이것이 곧 집단의 복덕을 이룩하는 길이다.

어떠한 집착도 언제나 동일한 불안정계를 유발할 수는 없다. 그 이유는 집단의 상호관계는 항상 유동적으로 변하기 때문이다. 국부적으로 일어나는 불안정은 자동적으로 증폭되면서 집단 전체가 새로운 불안정계에 접어들게 된다. 그러면 구성원들은 역동적인 상의적 수수관계를 거치면서 집단 전체는 새로운 이완계로 접어들게 된다. 이완계로의 이행에서는 반드시 구성원 전체를 구속할 수 있는 강력한 구심력을 가진 무리가 집단의 중앙부에 존재해야만 한다.

인간의 경우에 가정이나 사회, 국가에서 중심부에 항상 강력한 지도력을 가진 자가 있을 때 그 지도력이 구성원들을 무리 속으로 구속시키면서 구성원들 사이의 수수관계를 통해 결국에는 안정된 이완계를 이룰 수 있게 된다. 안정된 동물의 세계에서 반드시 강력한 지도자가 있는 것도 바로 이러한 이유에 기인하며, 이 지도자는 집단 자체를 보호하고 또 외부의 영향으로부터 그 집단을 안전하게 지켜 주는 역할을 한다. 이것이 소위 선호념(善護念)이다.

"이 경은 뜻도 가히 생각할 수 없고 과보도 또한 생각할 수 없느니라(當知是經義 不可思議 果報亦不可思議)."

이 경을 읽고 행함으로써 깨달음이란 이완상태에 이르는 점에서 경의 뜻이 이루 말할 수 없이 크며, 그리고 이를 통해 얻는 과보도 매우 크다고 본다.

집단 내 구성원들 사이의 수수관계를 통해 이루어지는 안정된 이완계에 연관된 이완의 방법은 감히 몇 마디 말이나 글로써 완전히 나타내고 이해할 수 있는 것이 아니다. 또한 반드시 그렇게 할 필요도 없다. 왜냐하면 개체들이 이미 이완계 내에서 보편적 질서에 젖어 있게 되면 구태여 복잡 미묘한 섭리를 꼭 알아야 할 필요도 없다. 즉 그 뜻이나 법에 억지로 집착할 필요는 없다.

그리고 주고받는 과보를 매순간마다 찾고 논할 수도 없다. 이러한 주고받음은 자연의 모든 생명체들 또는 무생물들 사이에 끊임없이 일어나고 있으며 이를 통해 생주이멸[7], 성주괴공[8]이 일어나고 있기 때문에 구태여 어느 한순간의 과보를 논하는 것은 일종의 집착이요 어리석은 짓이다.

과보란 수수관계에서 일어나고 있는 듯하지만 지나고 보면 또 없

7 생주이멸(生住異滅): 만유가 생성하여 머물며 변화해 가다가 소멸함을 뜻함.
8 성주괴공(成住壞空): 만유가 생겨나서 지내다가 소멸하여 없어지는 것을 뜻함.

는 듯이 흘러가는 것이다. 그러므로 어느 한순간의 흔적을 가려내어 과보를 생각하는 것은 이미 자신이 안정된 이완계에서 떨어져 나와 스스로가 불안정계로 바뀌어 가고 있음을 뜻한다.

자연 내의 만물은 각각 그 주위 환경으로부터 끊임없이 에너지를 주고받는 과정을 거치면서 변해 간다. 이때 주고받음이 자연스럽지 않고 집착심이나 분별심에서 유위적으로 일어난다면 그 영향이 그 주위로 전달되고, 이런 과정을 거치면서 언젠가 다시 본인에게 주고받음이란 새로운 섭동[9]으로 되돌아오게 된다. 이때 처음 시작된 불안정한 주고받음이 점차 증폭되어 나중에 매우 큰 결과를 초래할 수도 있다. 그런데 이것이 특이한 것으로 보일 수도 있지만 실은 이러한 주고받음의 과정이 자연계에서는 지극히 보편적인 현상이다.

자신이 뿌린 씨앗이 어떤 열매를 맺을지 또는 열매를 맺지 못한 채 사라지는가는 모두 처음에 일어난 주고받음의 정당성, 즉 자연적 이치의 순리적 대응과 적응 여부에 관련된다. 지나친 집착심에 연관된 인위적 주고받음은 언제나 남에게 피해를 주게 된다. 이러한 업은 언젠가는 반드시 되돌려 받게 된다.

뿌린 씨앗은 그 종류에 따라 뿌린 대로 싹을 맺기 마련이다.

[별의 세계]

별의 어떤 집단이 안정된 계에 있다 해도 외부의 강한 섭동을 받으면 이 계는 매우 불안정한 혼돈상태에 이르게 된다. 그러나 이 집

9 섭동(攝動): 주된 힘 이외의 적은 힘. 예를 들면 성단 내에서 한 별에 미치는 성단 전체의 힘은 주된 힘이고, 그 별이 이웃하는 별 주위를 지나면서 받는 힘(중력)은 적은 힘으로 섭동이라 한다.

단은 자체적으로 구성원인 별들의 에너지 수수교환을 거치면서 점차 새로운 안정된 계로 바뀌어간다.

물론 이때 성단 중심부에 있는 무거운 별들의 강한 구속력이 있을 때만 가능하다. 그렇지 않으면 그 집단은 불안정의 증폭으로 파괴되고 말 것이다. 이 경우는 에너지 수수교환이 급격히 일어나게 된 결과이다. 그 과보의 원인은 집단 내에 강력한 구속력을 미칠 수 있는 무거운 별들이 많지 않거나 또는 국부적으로 발생한 불안정한 지역이 많기 때문이다.

인간 사회에서도 이런 경우를 흔히 볼 수 있다.

즉 국가 경영을 맡은 지도자의 지도력이 약하고 또 자기 몫을 찾고자 하는 많은 무리들이 산재해 있을 때 국가 전체의 응집력(물리학에서는 포텐샬이라 함)은 약해진다. 그래서 자체의 불안정이 증폭될 뿐만 아니라 외부의 작은 섭동에도 심하게 반응하면서 불안정은 더욱 커지게 된다. 불안정의 증폭이 심화되면 무질서한 혼돈 상태가 유발되면서 국가라는 집단은 파괴되며 해체될 것이다.

밤하늘에 보이는 수많은 밝은 별이 바로 이런 경우이다. 이들도 먼 과거 한때는 여러 작은 집단에 속해 있었던 것이 외부 큰 천체의 집단으로부터 심한 섭동을 받아 파괴되어 사방으로 흩어진 잔해들로 변한 것이다. 그러면 이들 별은 모두 무질서한 상태로 놓여 있는 것인가?

그렇지 않다. 처음 작은 집단들이 서로 모여 큰 집단을 이루며 우리 은하의 중심 주위로 돌고 있었다. 그렇기 때문에 이 집단들이 파괴되어 별들이 사방으로 흩어져도 이들 전체는 다시 한 무리를 이루면서 계속 은하계 주위를 돌고 있는 것이다. 이처럼 별의 세계는 항상 무리를 지어서 역학적으로 안정된 상태를 이룬다. 이것이 바로 우주적 법계연기의 원리를 따르는 길이다.

그런데 인간도 과연 별처럼 언제나 법계연기를 따를까? 답은 '그렇다'이다. 왜냐하면 법계연기를 따르지 않으면 언젠가는 집단 또는 계가 파괴되어 사라져버리기 때문이다.

우리가 지상에서 보고 느끼는 모든 현상은 어떠한 형태든 상호 의존적인 수수관계를 따르며 안정된 상태에 있기 때문에 존재하는 것이다. 그래서 불법은 어떤 경우든 사라지는 것이 아니라 우주와 함께 영원한 것임을 알 수 있다. 이것은 위없이 바르고 평등한 깨달음인 무상정등각은 결코 단멸하지 않는다는 뜻이다. 이러한 과정에서 얻어지는 공력 또한 단멸하지 않는다.

제17분 마침내 아(我)가 없음

漢譯 구경무아분(究竟無我分)

爾時에 須菩提 白佛言하사대 世尊하 善男子善女人이 發阿耨
이시 수보리 백불언 세존 선남자선여인 발아누

多羅三藐三菩提心하니는 云何應住며 云何降伏其心하리잇고
다라삼먁삼보리심 운하응주 운하항복기심

佛이 告須菩提하사대 善男子善女人이 發阿耨多羅三藐三菩
불 고수보리 선남자선여인 발아누다라삼먁삼보

提心者는 當生如是心이니 我應滅度一切衆生호리라 滅度一
리심자 당생여시심 아응멸도일체중생 멸도일

切衆生已하야는 而無有一衆生도 實滅度者니 何以故오 須菩
체중생이 이무유일중생 실멸도자 하이고 수보

提야 若菩薩이 有我相人相衆生相壽者相이면 卽非菩薩이니
리 약보살 유아상인상중생상수자상 즉비보살

所以者何오 須菩提야 實無有法發阿耨多羅三藐三菩提心者니라
소이자하 수보리 실무유법발아누다라삼먁삼보리심자

須菩提야 於意云何오 如來 於然燈佛所에 有法得阿耨多羅
수보리 어의운하 여래 어연등불소 유법득아누다라

三藐三菩提不아 不也니이다 世尊하 如我解佛所說義컨댄
삼먁삼보리부 불야 세존 여아해불소설의

佛이 於然燈佛所에 無有法得阿耨多羅三藐三菩提하니이다
불 어연등불소 무유법득아누다라삼먁삼보리

佛言하사대 如是如是하다 須菩提야 實無有法如來得阿耨多羅
불언 여시여시 수보리 실무유법여래득아누다라

三藐三菩提니 須菩提야 若有法如來得阿耨多羅三藐三菩提者인댄
삼먁삼보리 수보리 약유법여래득아누다라삼먁삼보리자

然燈佛이 卽不與我授記하사대 汝於來世에 當得作佛하야 號를
연등불 즉불여아수기 여어래세 당득작불 호

釋迦牟尼라하시니라 以實無有法得阿耨多羅三藐三菩提일새
석가모니 이실무유법득아누다라삼먁삼보리

是故로 然燈佛이 與我授記하사 作是言하사대 如於來世에
시고 연등불 여아수기 작시언 여어래세

當得作佛하야 號를 釋迦牟尼라하시니 何以故오 如來者는
당득작불 호 석가모니 하이고 여래자

卽諸法如義니라 若有人이 言如來得阿耨多羅三藐三菩提라 하면
즉제법여의 약유인 언여래득아누다라삼먁삼보리

須菩提야 實無有法佛得阿耨多羅三藐三菩提하니 須菩提야
수보리 실무유법불득아누다라삼먁삼보리 수보리

如來所得阿耨多羅三藐三菩提는 於是中에 無實無虛하니라
여래소득아누다라삼먁삼보리 어시중 무실무허

是故로 如來 說一切法이 皆是佛法이라 하나니 須菩提야 所言
시고 여래 설일체법 개시불법 수보리 소언

一切法者는 卽非一切法일새 是故로 名一切法이니라 須菩提야
일체법자 즉비일체법 시고 명일체법 수보리

譬如人身長大이니라 須菩提야 言하사대 世尊하 如來說人身
비여인신장대 수보리 언 세존 여래설인신

長大 卽爲非大身일새 是名大身이니이다 須菩提야 菩薩도
장대 즉위비대신 시명대신 수보리 보살

亦如是하야 若作是言호대 我當滅度無量衆生이라하면
역여시 약작시언 아당멸도무량중생

卽不名菩薩이니 何以故오 須菩提야 實無有法名爲菩薩이니
즉불명보살 하이고 수보리 실무유법명위보살

是故로 佛說一切法이 無我無人無衆生無壽者라 하나니라
시고 불설일체법 무아무인무중생무수자

須菩提야 若菩薩이 作是言호대 我當莊嚴佛土라 하면 是不名
수보리 약보살 작시언 아당장엄불토 시불명

菩薩이니 何以故오 如來說莊嚴佛土者는 卽非莊嚴일새
보살 하이고 여래설장엄불토자 즉비장엄

是名莊嚴이니라 須菩提야 若菩薩이 通達無我法者는 如來 說
시명장엄 수보리 약보살 통달무아법자 여래 설

名眞是菩薩이니라.
명진시보살

國譯 마침내 아(我)가 없음

저때에 수보리가 부처님께 사루어 말씀드렸다.

"세존이시여, 선남자 선여인이 아누다라삼먁삼보리심[1]을 발하였사오니 어떻게 응당 머물며 어떻게 그 마음을 항복 받으오리까?"

부처님께서 수보리에게 이르셨다.

"만약 선남자 선여인이 아누다라삼먁삼보리심을 발하였을진대 응당 이와 같은 마음을 내야 하느니라. '내가 마땅히 일체 중생을 멸도하리라. 일체 중생을 멸도하여 마쳐서는 실로는 다시 한 중생도 멸도된 중생이 없다' 하라.

수보리야, 왜냐하면 만약 보살이 아상과 인상과 중생상과 수자상이 있으면 곧 보살이 아니니 그 까닭이 무엇이냐. 수보리야, 실로 법이 있지 않음이 아누다라삼먁삼보리를 발함이 되느니라.

수보리야, 어떻게 생각하느냐? 여래가 연등불[2] 회상에서 법이 있어 아누다라삼먁삼보리를 얻었겠느냐?"

"아니옵니다. 세존이시여, 제가 부처님께서 설하신 바 뜻을 이해하옴 같아서는 부처님이 연등불 회상에서 법이 있어 아누다라삼먁삼보리를

---

1 아누다라삼먁삼보리심: 위없이 바른 평등과 바른 깨달음의 마음[無上正等覺心].

2 연등불(然燈佛): 정광여래(錠光如來)라고도 하는데 석가모니 부처님 이전에 출현한 24명의 부처님 가운데 첫번째 부처님. 과거세에 출현하여 석존에게 미래에 성불(成佛)할 것이라고 예언한 부처님.

얻으심이 아니옵니다."

부처님께서 말씀하셨다.

"옳다. 그렇다, 수보리야, 실로 법이 있지 아니하여서 여래가 아누다라삼먁삼보리를 얻었느니라. 수보리야, 만약 법이 있어 여래가 아누다라삼먁삼보리를 얻었을진대 연등불이 나에게 수기[3]를 주시면서 '네가 내세에 마땅히 부처를 이루리니 호를 석가모니라 하리라' 하시지 않았으련만 실로 법이 있지 아니함으로써 아누다라삼먁삼보리를 얻었으므로 이런 고로 연등불께서 나에게 수기를 주시며 말씀하시기를, '네가 내세에 마땅히 부처를 이루리니 호를 석가모니라 하리라' 하셨느니라.

왜냐하면 여래라 함은 곧 모든 법이 여여(如如)[4]하다는 뜻이니라.

만약 어떤 사람이 말하기를 '여래가 아누다라삼먁삼보리를 얻었다' 한다면 수보리야, 실로 법이 있지 아니하므로 여래가 아누다라삼먁삼보리를 얻었느니라. 수보리야, 여래가 얻은 바 아누다라삼먁삼보리 이 가운데는 실다움도 없고 헛됨도 없느니라.

이 까닭에 여래가 말하기를 '일체법[5]이다. 이것이 불법이다'고 말하느니라. 수보리야, 말한 바 일체법이 아니니 그러므로 일체법이라 이름하느니라.

수보리야, 비유컨대 사람의 몸이 장대(長大)함과 같으니라."

수보리가 말씀드렸다.

"세존이시여, 여래께서 말씀하신 사람 몸의 장대도 곧 이것이 큰 몸이 아니옵고 그 이름이 큰 몸이옵니다."

"수보리야, 보살도 또한 이와 같나니 만약 말하기를 '내가 마땅히 무량

---

3 수기(受記): 수행자가 미래에 부처님이 될 것이라고 부처님이 예언하는 것. 성불할 약속을 부처님으로부터 받는 것.

4 여여(如如): 그렇고 그렇게 있는 것. 있는 그대로의 것. 진여(眞如)와 동일. 잃고 얻음도 없는 그렇고 그런 편안한 상태. 열반의 경지.

5 일체법(一切法): 일체 만유를 포섭하는 말. 일체 모든 법이나 일체 만물 등.(참조 『별을 보면 법을 보고 법을 알면 별을 안다』: 이시우, 신구문화사, 2002, 288쪽)

중생을 멸도하리라' 한다면 이는 곧 보살이라 이름할 수 없느니라. 어찌한 까닭이냐. 수보리야, 실로 법을 두지 않음을 보살이라 이름하느니라. 이런 고로 여래가 말하기를 '일체법이 아도 없고 인도 없고 중생도 없고 수자도 없다' 하느니라.

수보리야, 만약 보살이 말하기를 '내가 마땅히 불국토를 장엄하리라' 한다면 이는 보살이라 할 수 없나니, 왜냐하면 여래가 말하는 바 불국토 장엄은 이것이 장엄이 아니요, 그 이름이 장엄이니라.

수보리야, 만약 보살이 아(我)와 법이 없음을 통달한 자면 여래는 이 사람을 참된 보살 마하살이라 말하느니라."

新講

구경무아분은 어떠한 현상이나 대상에 대한 고정된 집착인 산냐를 갖지 말고 있는 그대로 인식하면서 연기법에 따라 수수관계를 이어갈 것을 설한다. 집착은 '나'를 내세우고 또 '법'이라는 규격화된 틀을 내세워 특수성을 주장하며 보편성을 따르지 않게 된다. 그러나 연기의 불법은 집단 내에서 보편성이 근본이며, 이것은 넓은 우주의 시공간에서 타당한 진리이다.

[해설]

"'내가 마땅히 일체 중생을 멸도하리라. 일체 중생을 멸도하여 마쳐서는 실로는 다시 한 중생도 멸도된 중생이 없다' 하라."

대중을 일체 멸도(열반)한다는 것은 대중이 불계(佛界)로 들어간다는 걸 뜻한다. 이런 이완단계로 들어서면 어느 것이 어느 것을 이런 이완상태로 인도했는지를 분별할 수 없으므로 제도나 인도의 의미는 상실된다. 즉 보살과 중생이 하나가 된다. 그러니 한 중생도 멸도로 이끌었다는 말을 할 수 없게 된다. 결국 이완상태[6]에 이르면 더 이상 분별과 차별은 존재하지 않는다.

일체 대중을 열반(멸도)[7]에 들도록 제도한다는 마음은 일종의 집착이다. 일체 대중을 깨달음에 이르게 하는 길은 상의적 수수관계를 통한 연기법에 따라 무위적으로 행하면서 사상(四相)에 대한 집착을 버리며 스스로를 낮추는 것이다. 이러한 과정으로 중생이 열반에 든다면 이것은 누가 제도하기보다는 집단 전체가 상호 연기과정을 거치면서 자연스럽게 이루어지는 것이고, 또한 열반에 들었다는 것조차도 느끼지 못하게 된다. 이것이 진정으로 열반에 들었다고 할 수 있는 것이다.

대중들은 자신이 열반에 먼저 도달하는 것으로 중요성을 찾을지 모르나(小乘의 경우) 나보다 남이 먼저(大乘의 경우) 또는 남과 내가 함께 깨달음을 얻도록 하는 것(最上乘의 경우)이 가장 올바른 길이다.

'일체 중생이 열반에 들게 했더라도 한 중생도 열반에 든 중생이 없다'는 것은 열반에 들게 했다는 집착심이 없다는 것이다. 열반에 든 대중은 열반이란 것도 모른 채(집착이 없이) 그냥 상호관계를 따라 올바른 삶을 살아갈 뿐이므로 구태여 중생이 열반에 들었다는 분별을 나타내는 것도 집착에서 생기는 것이다.

---

6 이완상태(弛緩狀態): 집단 내에서 구성원들 사이의 연속적인 주고받음의 관계를 통해서 개체의 고유한 초기 특성이 완전히 사라지면서 집단 전체의 고유한 특성이 생기는 가장 안정된 상태로 진행해 가는 체계. 여기서 집단의 특성이란 각 구성원들의 역할과 존재 가치가 동등해지고 평등해지며 그리고 특수성이 사라지면서 모든 것이 보편화되는 것이다.

7 열반(涅槃): ① 모든 번뇌를 끊어 미혹함이 소멸된 상태. 완전한 열반(무여열반). ② 일체의 희론과 일체의 분별을 떠나며 나아가 모든 대립을 초월하는 것. ③ 부서지는 것도 아니고 죽는 것도 아니며[不壞不死], 버림도 없고 얻음도 없고[無捨無得], 단멸도 아니고 항상도 아니고[非斷非常], 같은 것도 아니고 다른 것도 아닌 것[非一非異].(『대승입능가경』: 김재근 역, 명문당, 1992, 263쪽)

이러한 생각은 제도했더라도 제도했다는 집착심을 버릴 것이며, 또한 모두 함께 서로 제도하는 것이므로 제도하는 사람과 제도 받는 사람이 따로 있어서는 안 된다는 것이다. 따라서 선지식[8]이 중생을 제도하려면 그 자신이 중생으로 낮아져서 같이 중생이 되어야 한다. 그렇지 않으면 분별심과 차별심, 아상과 아만 등이 생겨 올바르게 제도할 수 없다.[9]

"옳다. 그렇다, 수보리야, 실로 법이 없지 아니하여서 여래가 아누다라삼먁삼보리를 얻었느니라."

법이라는 산냐에 집착하지 않았기 때문에 아누다라삼먁삼보리라는 위없이 바른 평등과 바른 깨달음을 얻었다는 것이다. 만약 여래가 '아, 이것은 법이구나, 이것이야말로 내가 바라던 법이구나' 하고 법에 집착한다면 그는 법이라는 멍에에 걸려 사상(四相)을 떠나지 못하게 되므로 진정한 깨달음에 이르지 못하게 된다. 진정한 깨달음은 깨달음이 공임을 깨닫는 것이다.

'실로 법이 없지 아니하여서'라는 것은 연기적 이완의 불법을 뜻한다. 이완계[佛界][10]에서는 논할 뚜렷한 몇 개의 법이 있는 것이 아니라 불계(佛界) 자체가 법이다. 그러므로 오직 함이 있되 함이 없는 청

---

8 선지식(善知識): 가르침을 설명하고 불도(佛道)에 들어가게 하는 사람. 교법을 설하여 고통의 세계를 벗어나 이상경(理想境)에 이르게 하는 사람.

9 경청(鏡淸): "문 밖에 무슨 소리인가?"
스님: "빗방울 소리입니다."
경청: "중생이 전도되어 자신을 미혹하고 외물을 좇는구나."
경청 스님이 다시 물었다. "문 밖에 무슨 소리인가?"
스님: "비둘기 울음소리입니다."
경청: "무간지옥의 업을 부르지 않으려거든 여래의 바른 법륜을 비방하지 말라."
경청 스님이 다시 물었다. "문 밖에 무슨 소리인가?"
스님: "뱀이 두꺼비를 잡아먹는 소리입니다."
경청: "중생에게 고통이 있으리라고 짐작했더니 고통받은 중생이 참으로 있었구나."
(『벽암록 중』: 장경각, 1999, 126쪽)

정한 본연의 자정심(自淨心)을 발하기만 하면 된다. 실은 이러한 자정심마저 발하는지 발하지 않는지는 분별할 수 없다. 왜냐하면 모두가 평등하고 보편적이며 무자성이기 때문이다.

자연이나 인간 사회에서 우리는(또는 개체는) 끊임없는 의존관계에서 주고받는 연기작용을 경험하며 지낸다. 이 과정에서 특별한 어느 한순간에 '아! 나는 이제 깨쳤다'고 느낀다면, 이것은 그동안 어떤 깨침이란 집착과 망상의 틀에 걸려 고뇌를 지니고 온 것에 불과하고, 그리고 깨쳤다는 목적의 달성에서 자만심과 특이성을 가지면서 남보다 우월하다는 망집(妄執)에 빠질 수 있다.

우리가 무심, 무념[11]으로 연기과정을 거친다면 언제 내가 깨쳤고, 또 언제 내가 아직 깨치지 못한 상태라는 것을 구별하고 분별할 수 있는 단계를 느낄 수 없다. 오직 남과 끊임없이 상호관계를 거치면서 남에게 가능한 피해를 끼치지 않는다면 이것이 곧 진정한 깨침이요, 무위적 과정에서 부처가 되는 길일 것이다.

사실 여래가 아누다라삼먁삼보리를 얻었다는 말 자체도 큰 의미가 없는 것이다. 왜냐하면 이러한 단계에 이른 것은 지극히 당연한 것이기 때문이다. 단지 중요한 것은 어떤 목표를 정하고, 그것을 쟁취하려는 산냐에 집착해서는 안 된다는 것이다. 목표의 쟁취는 상호관계를 항상 자기의 목표를 이룰 수 있는 쪽으로 끌고 가는 이기적 행위를 낳는다.

---

10 이완계(弛緩系): 집단 내에서 구성원들 사이의 연속적인 주고받음의 관계를 통해서 개체의 고유한 초기 특성이 완전히 사라지면서 집단 전체의 고유한 특성이 생기는 가장 안정된 상태로 진행해 가는 체계. 여기서 집단의 특성이란 각 구성원들의 역할과 존재 가치가 동등해지고 평등해지며 그리고 특수성이 사라지면서 모든 것이 보편화되는 것이다.

11 무심(無心)과 무념(無念): 무심은 집착이 없는 마음이고, 무념은 집착하는 생각이 없는 마음이다.

"왜냐하면 여래라 함은 곧 모든 법이 여여하다는 뜻이다(何以故 如來者 卽諸法如義)."

여래란 여여[12]함이다. 즉 법을 나타내는 법신으로서의 여래는 연기 과정을 거치면서 색·성·향·미·촉·법에 따른 만유(모든 법)의 상을 여의고 언제나 한결같이 '있는 그대로 그렇고 그런 것'이란 말이다. 즉 특별함이 없다는 것으로 여래는 변화의 섭리에 따른 평등성과 보편성을 뜻한다.

여래는 부처이고, 이 부처는 여여하므로 평상심을 가지고 무심, 무념 상태를 지니며 상호관계를 이어간다. 이런 과정이 바로 자연이란 우주 내의 만물이 유형 상태에서 진화해 가는 생멸의 과정이다. 여기서는 어떤 목적을 향한 유위적 조작이나 강제적인 억압이 있을 수 없다.

모든 것이 자유스럽고 독립적인 것 같으면서도 상호 의존적 관계에서 그 존재의 가치를 발휘하는 것이 바로 여여한 무위적 상태이다. 이런 상태에서는 소유라는 개념은 일체 배제된다. 소유란 특정한 목적이 설정되면서 시작된다.

이때 소유가 공동의 소유일 때는 공동체 내 모두에게 유익할 수있다. 그러나 소유가 개인적일 경우는 그로부터 발생하는 피해가 고스란히 남에게 전달된다. 이것은 조화롭지 못한 연기관계 때문이다.

여래란 여여하므로 시공에 무관하게 특별한 것이 없는 언제 어디서나 그렇고 그런 것이다. 즉 그대로의 연기법을 나타내므로 무엇이 갑자기 생겨난다든지, 소멸한다든지 하는 법이 아니다. 그래서 생겨

12 여여(如如): 그렇고 그렇게 있는 것. 있는 그대로의 것. 진여(眞如)와 동일. 잃고 얻음도 없는 그렇고 그런 편안한 상태. 열반의 경지.

남이 없다는 것은 곧 최상의 진리인 연기법의 보편성을 의미한다.[13]

우주에서 어떠한 특별한 것으로 생겨나는 것은 없다. 특별해 보이는 것도 단지 관찰자의 인식 범위가 공간과 시간적으로 제한되기 때문에 생기는 것이다. 넓은 우주 공간과 긴 우주의 시간으로 보면 특별하게 보이는 것도 실은 지극히 평범한 것에 지나지 않음을 알 수 있다.

예를 들면 우리들 대부분은 블랙홀을 매우 특별한 천체로 생각하지만 실은 우주에서 흔하고 흔한 것이다. 블랙홀은 무거운 별이 죽어서 생기는 잔해이다. 이들은 우주에서 무수히 많이 존재하는 평범한 초고밀도의 물체로 빛을 내지 못하는 암체(暗體)일 뿐이다. 이와 같이 불법의 세계인 우주는 언제 어디서나 보편성을 지니고 있다.

"여래가 얻은 바 아누다라삼먁삼보리 가운데는 실다움도 없고 헛됨도 없다. 이 까닭에 여래가 말하기를 '일체법이다, 이것이 불법이다'고 말하느니라. 수보리야, 말한 바 일체법이란 것도 곧 일체법이 아니므로 그러므로 일체법이라 이름하느니라(所言一切法者, 卽非一切法是故名一切法)."

위없이 바른 평등과 바른 깨달음인 아누다라삼먁삼보리는 연기법에 따른 이완상태에서 청정심에 이른다. 만유의 연기적인 인과관계에서 생기는 아누다라삼먁삼보리에서는 진실하다(옳다, 실제다)란 것도 없고, 거짓이다(허하다, 없음)란 것도 없다.

즉 공인 무자성의 이완상태에서는 진실과 거짓의 분별이 있을 수

---

13 스님: "연꽃이 물에서 나오지 않았을 때는 어떠합니까?"
지문(智門): "연꽃이니라."
스님: "물위에 나온 뒤에는 어떠합니까?"
지문: "연잎마저 나왔군."(『벽암록 상』: 장경각, 1999, 195쪽)

없다. 진리로 보인 것도 나중에는 거짓이 될 수 있고, 거짓이란 것이 다음에 진리로 바뀔 수도 있기 때문이다.

모든 것은 흐르는 대로 그냥 그대로 두고 보며 따라가는 것이다. 이와 같은 연기법이 곧 상호 작용에 연관된 일체법이다. 그리고 붓다가 설한 것도 바로 이 일체법을 불법(如來 說一切法皆是佛法)이라 한다.[14] 즉 만유의 존재 그 자체가 불법이다.

일체법이란 것도 말이 일체법이지 실제는 법이랄 것도 없다. 즉 어떠한 규격화된 틀 속에 넣을 수 없는 것이 복잡하고 다양한 실체들의 연기법이다. 생성과 소멸이 끊임없이 일어나는 한때의 모습을 보고, 어떻게 거기서 법이란 틀을 이끌어낼 수 있는가. 또 그 법이 언제나 동일하게 일어난다고 단언할 수 있겠는가.

오직 연기법에서 중요한 것은 물이 높은 데서 낮은 데로 흐르듯이 만물이 가장 낮은 에너지 상태에 놓이려 하고, 밀면 밀려가듯이 가장 적은 에너지로 반응하는 최소작용의 원리이다. 또한 모든 만물은 변하며 고정된 자성이 있을 수 없다는 제행무상[15]과 제법무아[16] 등이 연기의 중요한 기본법이다. 그러므로 어떤 특정한 법(존재)이란 상에 집착하여 얽매이는 것은 어리석은 무명의 소치일 뿐이다.[17]

"여래께서 말씀하신 사람 몸의 장대도 곧 이것이 큰 몸이 아니옵고 그 이름이 큰 몸이옵니다."

큰 몸을 타고났다는 것은 개체적인 사실에 연관된 작은 몸이 아

14 『별을 보면 법을 보고 법을 알면 별을 안다』: 이시우, 신구문화사, 2002, 137쪽·288쪽.
15 제행무상(諸行無常): 모든 형성된 것은 무상(無常)하다.
16 제법무아(諸法無我): 모든 존재는 고정된 실체(實體)가 없다.
17 원오 극근: "참다운 이치[眞諦]에서는 결코 하나의 법도 세우지 않았지만, 세속의 이치[俗諦]에는 만물이 모두 갖춰져 있다. 참다운 이치와 세속의 이치가 서로 다르지 않음을 아는 것이 으뜸가는 뜻[聖諦第一義]이다."(『벽암록 중』: 장경각, 1999, 113쪽)

니라 집단 전체의 이완에 연관된 연기법계에 해당하는 몸을 뜻한다. 즉 거시세계의 안정성이나 전일적 사상[18]의 달성을 의미한다.

실은 연기법 자체가 큰 몸이다. 그러나 이것도 이름이 큰 몸일 뿐이며 이에 대해 집착할 필요는 없다. 왜냐하면 만유의 존재 양식이 바로 연기법을 근본으로 하고 있기 때문이다. 여래는 이러한 연기법을 폈기 때문에 여래는 '몸을 큰 몸으로 타고났다'고 하는 것이다.

"'내가 마땅히 무량 중생을 멸도하리라' 한다면 이는 곧 보살이라 이름할 수 없느니라. 어찌한 까닭이냐. 수보리야, 실로 법을 두지 않음을 보살이라 이름하느니라."

대중을 열반(멸도)에 들게 하리라는 것은 한층 높이 깨달았다는 자신(보살)과 대중을 둘로 보는 것이다. 그리고 깨달음에 인도한다는 것은 함께 깨닫는 것이 아니라 이미 깨달은 자와 아직 깨닫지 못한 자가 있다는 차별을 근거로 한다. 여기서 이미 깨달았다고 하는 보살은 깨달음이란 아상에 젖어 있기에 평등성을 지닌 불법의 근본을 그르치고 있는 것이다. 보살과 대중은 둘이 아니다.

그리고 깨달음은 함께 이루어가는 것이지 누가 누구를 이끌어가는 것이 아니다. 그러므로 '내가 마땅히 무량 중생을 멸도하리라'는 아상을 내서는 보살이 안 된다.

대중을 제도한다는 것은 행이나 교(教, 理)로 대중을 안정된 이완 상태에 들도록 이끄는 것이니 이것은 함이 있는 유위법[19]이다. 그러나

---

18 전일적(全一的 사상(思想): 부분적인 것들을 분석 종합하여 이들 전체의 유기적이고 체계적인 관계를 조망하고 관조하는 사상.

19 유위법(有爲法): 함이 있는 법. 임의로 조건지어진 것.

모든 일체 대중이 이완계[佛界]로 들어서려면 함이 없는 무위법[20]을 따르는 진제(眞諦)[21]지만 실제로 방편 면에서 행은 유위적인 것이므로 인간사에 적용되는 불법은 속제(俗諦)[22]의 유위법으로 볼 수도 있다. 그러나 자연의 근본 섭리는 무자성의 무위법이다.

"실로 법을 두지 않음을 보살이라 이름하느니라. 이런 고로 여래가 말하기를 '일체법이 아도 없고 인도 없고 중생도 없고 수자도 없다' 하느니라."

상의적 수수관계를 통해 이완된 집단에서는 모두가 평등성과 보편성을 지니게 된다. 따라서 이러한 집단을 이루는 중생은 더 이상 만유(모든 법)에 대해 아상, 인상, 중생상, 수자상을 가지는 중생이 아니다. 그래서 '중생이면서 중생이 아니다'라고 말할 수 있는 것이다. 이때 앞의 중생은 사상(四相)을 지닌 중생이고, 뒤의 중생은 사상을 여읜 이완된(깨달은) 중생이다. 이 중생이 바로 보살이다.

"'내가 마땅히 불국토를 장엄하리라' 한다면 이는 보살이라 할 수 없나니, 여래가 말하는 바 불국토 장엄은 이것이 장엄이 아니요, 그 이름이 장엄이니라."

깨달음의 불국토를 청정하고 장엄하게 하려는 것은 집착에 따른 것으로 이것은 마치 모든 대중을 열반으로 이끌어 제도하려는 것과 같은 그릇된 망상이다.

---

20 무위법(無爲法): 함이 없는 것. 조건지어지지 않는 것.
21 진제(眞諦): 궁극의 진리. 깨달음에 관한 진리. 공(空)의 진실. 승의제(勝義諦), 제일의제(第一義諦)라고도 함.
22 속제(俗諦): 세간에 따라 가설(假說)한 여러 가지 가르침. 낮은 진리. 세제(世諦)라고도 함.

모든 것은 조화롭고 유기적인 상의적 관계에 의해 자연스럽게 이루어져야 한다. 이러한 관계에서는 특별한 불국토의 장엄이란 있을 수 없으며, 오직 깨달음의 평범한 불국토[佛界]만 있을 뿐이다. 이런 불국토가 만유의 성주괴공과 생주이멸을 무위적으로 이끌어가므로 '불국토의 장엄'이라 하는 것이다.

"만약 보살이 아와 법이 없음을 통달한 자면 여래는 이 사람을 참된 보살 마하살[23]이라 하느니라."

연기에 관련된 모든 법에는 그 실체가 없이 공하다. 즉 고정된 자성이 있을 수 없다. 다만 주고받음의 관계를 거치면서 변화하는 과정을 이어갈 뿐이다. 그래서 '나'라고 하는 것이나 '어떤 규격화되고 고정된 틀이란 법'이 있을 수 없다. 만유는 유전 변천해 가는 연기법계이다.

'나'라고 하거나 '법'이라고 하면 벌써 상호관계를 벗어난 집착이 따르게 된다. 이러한 아집(我執)과 법집(法執)의 산냐를 버리고 나와 만유가 함께 어우러질 때 진정한 깨달음에 이른 보살 마하살이 되는 것이다.

타인에게 자연의 이치를 설하는 것은 심오한 섭리의 극히 일부분만을, 그것도 상대방의 근기(根機)에 따라 말하는 것이니 위험하기 짝이 없다. 왜냐하면 받아들이는 사람이 어떻게 수지(受持)하느냐에 따라 달리 해석될 수 있기 때문이다. 따라서 자연의 이치대로 순응하며 몸도 그 속에 녹아 젖어들어 무엇이 법이고 무엇이 이치인지도 잊은 채 무념상태에 몰입하여 만유와 함께 조용히 일상을 지내는 것

---

23 마하살(mahāsattvā): 보살의 별칭.

이 해탈[24]의 길이다.

과연 누가 누구를 제도할 수 있을까. 태어난 육신이 이미 고행의 길에 접어들어 서로 부딪치면서 주고받으며 또 끊임없는 변화를 경험하면서 자신의 몸조차 가누기 쉬운 일이 아니거늘, 하물며 얕은 지혜와 부족한 경험으로 남을 제도하고 이끈다고 생각하는 것은 어쩌면 아만이요, 아집일 뿐이다.

무릇 자신을 잊으려 하고 또 자신이 한 일까지 잊으려 노력하는 것이 세상을 올바르게 사는 길이다. 인간이 칙간에 오르는 한 남을 위해 헌신하면서 제도할 수 없다는 사실을 속여서는 안 된다. 오직 각자의 행(行)을 통해 남이 이것을 보고 느끼면서 스스로 올바른 길로 나아간다면 그것은 그 사람의 자유 의지일 뿐이다. 어느 누가 '나는 위대한 깨달은 자이니 내 말을 듣고 나를 따르라'고 감히 말할 수 있을까.

붓다는 자신의 고행에서 얻은 바를 설했지만 이것이 얼마나 어렵고 힘든 것인가를 인생의 끝에서 '나는 아무것도 설한 바 없다'고 말한 것이 아닌가. 하물며 후대의 추종자들이 엮은 이야기들은 인간에게 약이 될 수도 있지만 문자에 얽매이면 큰 독이 될 수도 있음을 깊이 알아야 할 것이다.

자연과 더불어 또 만물의 생명체들과 더불어 동등한 상태에서 살아가라고 붓다가 설했는데도, 조사(祖師)[25]나 선지식(善知識)[26] 중에서 일부는 극히 제한적인 알음알이와 형이상학적인 경험 세계에 속박되

24 해탈(解脫): 번뇌의 속박을 벗어나 자유로운 경계에 이르는 것.(참고 『별을 보면 법을 보고 법을 알면 별을 안다』: 이시우, 신구문화사, 2002, 274쪽)

25 조사(祖師): 일종일파(一宗一派)의 개조(開祖).

26 선지식(善知識): 가르침을 설명하고 불도(佛道)에 들어가게 하는 사람. 교법을 설하여 고통의 세계를 벗어나 이상경(理想境)에 이르게 하는 사람.

어 자유로운 자연의 이치를 외면한 채 오직 자신들이 파놓은 고랑으로만 물을 끌어들여 아류(亞流)를 형성하기도 한다.

이 경우는 오히려 인간들을 자연에 대해 무관심하게 만들어 자연과 더불어 살아가는 데 큰 장애가 될 뿐만 아니라 인간이 우주의 주인인 것처럼 행사하면서 차별하고 분별하도록 몰아넣는다. 그래서 없애야 할 '자아'가 위로 솟구치며 생겨나게 된다. 이것은 불법과 먼 외도(外道)[27]의 길이다.

만약 자기 능력을 완전히 개발하여 불보살이 되고 조사가 되고 그리고 선지식이 되어 미래 겁이 다하도록 일체 중생을 위해 살아야 한다면, 불보살이 되고 조사가 되고 선지식인이 되어 남을 제도하는 것이 불교의 수행 목적인 것처럼 보일 수 있다.

그러나 불법의 이해와 수행은 누가 누구를 제도하는 것이 아니라 모두가 연기법을 잘 지키며 함께 깨쳐서 참답게 살아가는 것이 목적이 되어야 한다.

이런 관점에서 보살이나 조사, 선지식이 되려고 목표를 삼는 것은 연기법의 평등성을 벗어난 위험한 아상에 대한 집착일 뿐이다. 특히 화두참구를 통해 크게 깨달은 후 중생을 제도해야 한다면 이것도 불법의 교(敎)를 경시하는 사상(四相)의 집착이다.

[별의 세계]

별의 세계에서는 보살과 대중이 따로 있는 것이 아니라 모두가 동

27 외도(外道): 불교 이외의 사상이나 종교를 신봉하는 사람들.

등한 집단의 구성원일 뿐이다. 별의 세계는 바로 이러한 동등성과 보편성을 지니며, 여기서는 어떠한 집착에 연관된 법이란 있을 수 없다. 오직 스스로 최소작용의 원리에 따라 상호 작용을 하면서 진화할 뿐이다. 별과 같은 삶은 바로 불법의 실현이며, 어느 별도 '나'를 내세우지 않은 동등한 존재들이다.

별의 세계에서는 집단 내 별들 중에서 어느 별이 먼저 열반에 이른다든지 또는 어느 지역의 별들이 먼저 열반에 이른다든지 하는 특별한 선택적 순서가 있는 것이 아니라 별들 전체가 함께 열반이란 이완상태에 이르는 것이다.

인간도 별처럼 순서에 따르지 않고 공동체 내 모두가 상의적 관계에 서로 얽혀 있기 때문에 모두 함께 깨달아야 한다는 걸 강조하는 것이 바로 『금강경』이다.

기원전 4~5세기에 희랍의 피타고라스는 우주의 중심에 태양이 있고, 지구는 그 주위를 돈다고 했다. "같은 강물에 두 번 발을 담글 수 없다"고 한 헤라클레이토스(BC 388?~315)도 같은 생각을 했다.

그러나 아리스토텔레스(BC 384~322)는 지구가 우주의 중심이라는 생각을 가졌고, 이런 천동설은 천문관측을 열심히 한 프톨레미의 주전원설[28]에 의해 더욱 큰 지지를 받게 되었다. 천동설은 특히 하느님이 세상을 만들고 인간을 만들었다는 기독교의 인간 중심적인 우주관이 되었다. 이런 사상은 지구나 인간은 우주에서 유일하다는 특수성에서 나온 것이다.

그런데 1530년경 폴란드의 천문학자 코페르니쿠스에 의해 지구는

28 주전원설(周轉圓說): 태양을 비롯한 행성들은 주전원이라 불리는 원을 따라 돌고, 이 주전원의 중심은 지구 주위의 원궤도를 따라 돈다는 천동설.

태양 주위를 돈다는 지동설이 제창되었다. 그리고 1600년경에 독일의 천문학자 케플러에 의해 지동설의 타당성이 관측으로 입증되었다.

한편 기원전 5~6세기에 자연과학의 창시자인 희랍의 탈레스는 별은 스스로 빛을 내는 천체라고 했으며, 이에 따라 태양과 같은 천체가 무수히 많다는 것이 암시되었다. 그렇다면 지구와 같은 행성도 우주에 무수히 많을 것이며, 또한 인간과 같은 생명체도 역시 우주에 무수히 많아야 한다.

기원전 3~4세기에 희랍의 철학자 에피쿠로스는 "우주 안에 있는 존재는 우리들만이 아니다"라고 했다. 그리고 2,000년 전 로마의 시인 루크레티우스는 "외계에도 다른 인간과 동물이 살고 있는 그러한 지구가 얼마든지 존재한다는 믿음을 가져야 한다"고 했다.

오늘날 대형망원경으로 태양계 밖에 있는 외계 행성을 찾고 있다. 앞으로 직경 25미터 초대형 망원경이 가동되면 수많은 외계 행성이 발견될 것이며 나아가 문명체의 존재도 확인될 수 있을 것이다.[그림16]

18세기까지는 작은 망원경으로 천체를 관측했다. 여기서 구름처럼 희미하게 보이는 천체를 성운(星雲)이라 불렀다. 18세기 중반에 철학자 칸트는 이 성운에는 무수히 많은 별들이 있다고 보고 이를 섬우주라고 했다. 19세기 들어 대형망원경이 만들어지면서 섬우주에 대한 논의는 더욱 활발해졌다.

1920년에 처음으로 우리 은하계의 크기와 구조가 알려졌고 그리고 우리 은하계 밖에도 섬우주 즉 은하가 무수히 많다는 것이 밝혀졌다.

여기서 최초로 알려진 중요한 사실은 태양이 은하의 중심에 있는 것이 아니라 은하 중심에서 약 3만 광년 떨어진 변두리에 치우쳐 있다는 것이다.[그림17] 그리고 우리 은하계도 무수히 많은 은하들로 이루어진 우주의 중심에 있지 않다는 것이다.

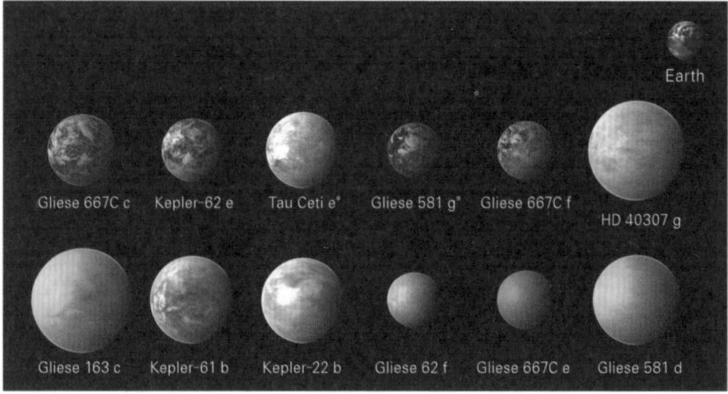

그림16 외계 행성

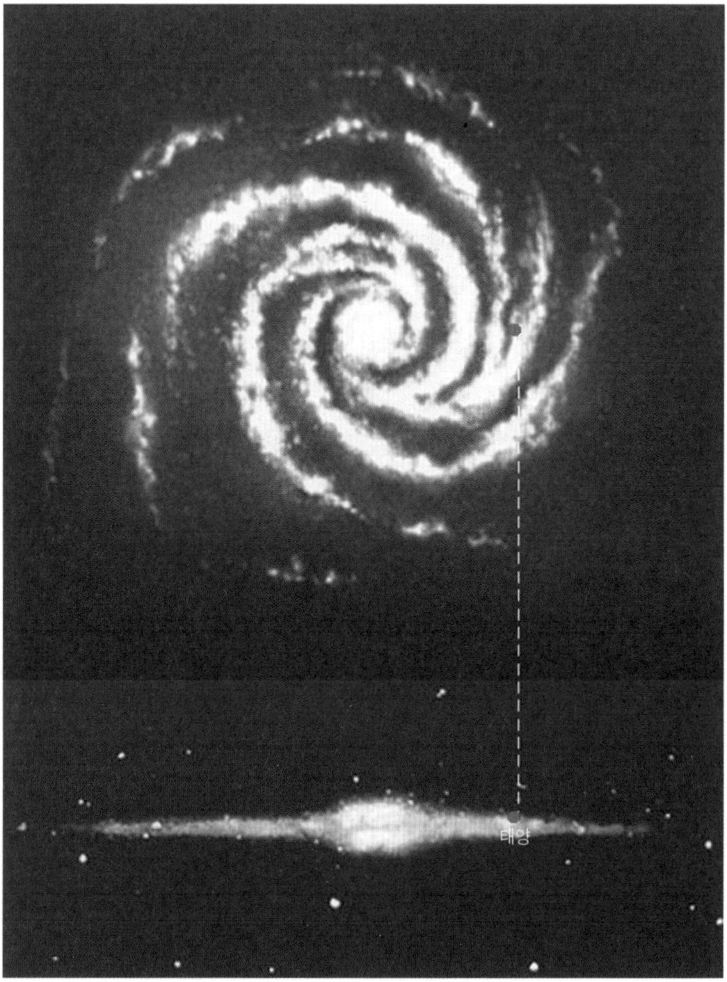

태양

그림17 우리 은하계(위에서 본 모습-위, 옆에서 본 모습-아래)

이러한 사실로부터 유일신에 의해 창조된 세계와 인간의 유일성이 사라지고, 우주의 만유는 평등하고 보편적이라는 불법의 타당성이 밝혀진 셈이다.

이상에서 살펴본 우주에서 우리 은하계의 위치, 태양의 위치 그리고 외계 생명체의 존재 가능성을 살펴볼 때 우주에서 특수성이란 결코 존재하지 않으며 모두가 평범하다는 보편성이 성립한다. 이것이 바로 불법에서 '모든 법이 여여하다'는 것이다. '그렇고 그렇다'는 여여함은 보편성과 평등성에서 나온다.

우주의 모습이 특별한 것이 아니라 그렇고 그렇다는 여여함을 알기까지 수많은 연구자들에 의한 끊임없는 탐구와 심혈을 기울인 노력의 결실에 의한 것임을 알아야 한다.

불법의 근본에 대한 이해가 부족하면 여여하다는 것이 무기력하고 무능력하며 허무적인 태도로 비칠 수도 있다. 그러나 평상심을 가지는 여여한 상태에 이르기 위해서는 꾸준한 자기 수행과 면밀한 성찰이 필요한 적극적인 삶이 요구된다. 즉 끊임없는 노력과 수행을 통해 모든 상(相)을 버리고 자신을 낮추어 만유의 미물과 같은 위치에서 상의적 관계를 가질 수 있어야 한다. 그렇지 않고는 절대로 여여한 여래를 만날 수 없다.

제18분 하나의 몸은 한 가지로 봄

漢譯 일체동관분(一切同觀分)

須菩提야 於意云何오 如來 有肉眼不如是니이다 世尊하 如來
수보리 어의운하 여래 유육안부여시 세존 여래

有肉眼이니이다 須菩提야 於意云何오 如來 有天眼不아 如是니이다
유육안 수보리 어의운하 여래 유천안부 여시

世尊하 如來 有天眼이니이다 須菩提야 於意云何오 如來
세존 여래 유천안 수보리 어의운하 여래

有慧眼不아 如是니이다 世尊하 如來有慧眼이니이다 須菩提야
유혜안부 여시 세존 여래유혜안 수보리

於意云何오 如來 有法眼不아 如是니이다 世尊하 如來
어의운하 여래 유법안부 여시 세존 여래

有法眼이니이다 須菩提야 於意云何오 如來 有佛眼不아
유법안 수보리 어의운하 여래 유불안부

如是니이다 世尊하 如來 有佛眼이니이다 須菩提야 於意云何오
여시 세존 여래 유불안 수보리 어의운하

如恒河中所有沙를 佛說是沙不아 如是니이다 世尊하 如來
여항하중소유사 불설시사부 여시 세존 여래

說是沙니이다 須菩提야 於意云何오 如一恒河中所有沙하야
설시사 수보리 어의운하 여일항하중소유사

有如是沙等恒河어든 是諸恒河所有沙數佛世界 如是寧爲多不아
유여시사등항하 시제·항하소유사수불세계 여시영위다부

甚多니이다 世尊하 佛이 告須菩提하사대 爾所國土中所有衆生의
심다 세존 불 고수보리 이소국토중소유중생

若干種心을 如來 悉知하나니 何以故오 如來 說諸心의 皆爲非心일새
약간종심 여래 실지 하이고 여래설제심 개위비심

是名爲心이니 所以者何오 須菩提야 過去心不可得이며
시명위심 소이자하 수보리 과거심불가득

現在心不可得이며 未來心不可得이니라.
현재심불가득 미래심불가득

國譯 하나의 몸은 한 가지로 봄

"수보리야, 어떻게 생각하느냐? 여래가 육안(肉眼)[1]이 있느냐?"

"그렇습니다. 세존이시여, 여래께서는 육안이 있습니다."

"수보리야, 어떻게 생각하느냐? 여래가 천안(天眼)이 있느냐?"

"그렇습니다. 세존이시여, 여래는 천안이 있습니다."

"수보리야, 어떻게 생각하느냐? 여래가 혜안(慧眼)이 있느냐?"

"그렇습니다. 세존이시여, 여래는 혜안이 있습니다."

"수보리야, 어떻게 생각하느냐? 여래가 법안(法眼)이 있느냐?"

"그렇습니다. 세존이시여, 여래는 법안이 있습니다."

"수보리야, 어떻게 생각하느냐? 여래가 불안(佛眼)이 있느냐?"

"그렇습니다. 세존이시여, 여래는 불안이 있습니다."

"수보리야, 어떻게 생각하느냐? 저 항하 가운데 있는 모래를 여래가 말한 적이 있느냐?"

"그렇습니다. 세존이시여, 여래께서는 그 모래를 말씀하셨습니다."

"수보리야, 어떻게 생각하느냐? 저 항하 가운데 있는 모래 수와 같은

---

1 육안: 육신의 눈.
천안: 신령스런 초능력의 눈.
혜안: 지혜의 눈.
법안: 법을 보는 눈.
불안: 부처님의 눈.

항하가 또 있어 이 모든 항하에 있는 바 모래 수만큼의 불세계가 다시 있다면 얼마나 많다 하겠느냐?"

"심히 많습니다. 세존이시여."

부처님이 수보리에게 이르셨다.

"저 국토 가운데 있는 바 중생의 가지가지 마음을 여래가 다 아느니라. 어찌한 까닭이냐? 여래가 말한 바 모든 마음이 다 이것이 마음이 아니요, 그 이름이 마음인 까닭이니라.

이유가 무엇이냐? 수보리야, 지나간 마음도 얻을 수 없으며 현재의 마음도 얻을 수 없으며 미래의 마음도 얻을 수 없느니라."

新講

일체동관분은 집단의 상호관계를 어느 한 시점에서 보고 평가하지 말고 전체의 흐름에서 보라고 암시한다. 그리고 집단의 진화는 연기법을 통해 이해되어야 한다는 걸 설하고 있다. 이것이 소위 육안, 천안, 혜안, 법안, 불안 등 5안으로 보는 것이다. 여기서 다섯 눈이란 연기법을 보는 눈을 뜻한다. 그래서 이런 눈으로 상의적 관계법이나 연기법계를 꿰뚫어 보아야 한다.

[해설]

"저 국토 가운데 있는 바 중생의 가지가지 마음을 여래가 다 아느니라."

공동체 내에서 상의적 관계를 지나며 수수과정을 통해 끊임없이 진화하고 있는 중생을 보면, 그들은 서로 주고받음을 거치면서 한 상태에서 다른 상태로 바뀌어 가면서(흘러가면서) 점차 안정된 이완상태로 나아간다. 연기법계의 규칙이나 이치로 비추어 보면 이들 구성원들이 어떻게 이완상태에 이르는가를 알 수 있다.

마음의 흐름이란 생각의 흐름, 의식의 흐름으로 한 상태에서 다른 상태로의 변화를 뜻한다. 이런 경우가 연기법계[2]에서는 '상태의 변이(變異)'에 해당한다. '마음의 흐름'이나 '상태의 변이'를 살펴봄으로써 우리는 공동체에서 상의적 수수관계가 어떻게 일어나며 그리고 그 공동체가 어떻게 이완되어 가고 있는지 그 과정을 알 수 있다.

인식은 육식을 통해 사물이나 현상을 인식하고 이를 두뇌에 저장하며, 또 기존의 여러 저장된 개념이나 지식과 상호 작용하여 관찰한 것을 이해하게 된다. 여러 종류의 지식과 개념들이 다양하게 축적됨으로써 한 현상이나 사물의 진화과정을 과거, 미래로 확장하여 전체적으로 통찰할 수 있는 것이다.

즉 모든 구성원이 가진 초기의 아뢰야식[3]이 전통과 문화를 통한 훈습과 상의적 연기과정을 거치면서 점차 변해 간다. 그러면서 집단의 보편적이며 공통된 아뢰야식을 이루게 된다. 이것이 곧 집단 무의식에 해당하며, 집단은 이러한 아뢰야식의 흐름에 따라 안정된 이완상태에 이르게 된다. 여래는 바로 이러한 중생의 마음을 알 수 있다는 것이다.

여러 현상과 사물을 관찰하고 경험을 축적함으로써 자연의 유기적인 질서를 훨씬 더 잘 파악할 수 있게 된다. 비록 직접 경험을 못

---

2 연기법계(緣起法界): 유기적인 주고받음의 연기관계가 이루어지는 불법의 세계.

3 아뢰야식(阿賴耶識): 감춰진 잠재의식(무의식), 가장 근본적인 인식의 작용. 마음 속 가장 깊은 곳에 있는 식.

하더라도 전일적 사고를 통해 직관적으로 이해할 수도 있다.

끊임없이 변화하는 대상에 대한 우리의 인식작용 즉 마음은 대상의 변화에 따라서 역시 끊임없이 바뀌어 간다.[4] 비록 과거 영상들의 일부(특히 강렬한 느낌을 준 영상들)는 마음속에 남기도 하지만 이런 기억에 집착하여 얽매이지 않고 새로운 변화에 빨리 순응하는 것이 집단의 이완을 위하는 현명한 길이다.

"여래가 설한 모든 마음은 다 마음이 아니요, 그 이름이 마음인 까닭이니라(如來 說諸心, 皆爲非心 是名爲心)."

사람들 사이에 일어나는 복잡한 주고받음의 관계에서는 사람의 마음, 즉 의식은 대상에 따라서 시시각각으로 변하기 마련이다. 그래서 마음이 늘 조용하지 못하고 파도가 치듯이 희비애락이 교차하면서 여러 형태로 나타난다. 즉 마음의 흐름이 한결같지 못하고 외부 반응에 대응하거나 또는 어떤 한 상태에 대한 집착 때문에 쉽게 출렁인다는 것이다.

만약 마음이 심하게 흔들리지 않고 비교적 조용히 흐른다면 이것은 주변과의 주고받음이 큰 변화 없이 일정한 양상으로 일어나게 될 것이다. 이 경우는 집단 전체가 안정된 이완상태에 이를 때 가능해진다. 소위 집단의 구성원 모두가 깨달음에 이른 경우이다.

이러한 상태에서는 구성원 모두의 마음이 거의 같은 상태로 움직이기 때문에 각자에게 마음의 흐름이란 변화가 있기는 하지만 전체적으로 보면 특별한 변화가 있다고 볼 수는 없다. 왜냐하면 특별한 것에 대한 일체의 집착이 없기 때문이다.

---

4 『별을 보면 법을 보고 법을 알면 별을 안다』: 이시우, 신구문화사, 2002, 156쪽.

그래서 '저 국토 가운데 있는 바 중생의 가지가지 마음을 여래가 다 아느니라'라고 하는 것이다. 이는 곧 상의적 관계법을 알고 있다는 뜻이다.

결국 '여래가 말한 바 모든 마음이 다 이것이 마음이 아니요, 그 이름이 마음인 까닭이니라'고 하는 것은 '마음은 다 마음이 아니요 그 이름이 마음이다'라는 것으로 우리 각자가 서로 다른 마음을 가지고 있지만 집단 내 모든 구성원의 마음이 '한마음'으로 되는 깨침의 이완상태에서는 모든 집착이 소멸하므로 특별히 내세울 마음이 없다는 뜻이다.[5] 이것은 몸과 마음을 이루는 오온이 상호 연기관계로 공(空)하기 때문이다.

"지나간 마음도 얻을 수 없으며 현재의 마음도 얻을 수 없으며 미래의 마음도 얻을 수 없느니라(過去心不可得 現在心不可得 未來心不可得)**."**[6]

연기법[7]에 따라 일어나는 개체의 진화, 이를 통한 집단 전체의 진화를 볼 때, 어느 한순간 즉 과거 어느 때, 미래 어느 때, 현재의 순간이라고 해서 점을 찍어 보려는 것은 단지 단절된 한 상태를 분별해서 보고자 하는 욕망의 집착이며, 이것은 전체를 이해하는 데 잘못된 편견을 낳게 한다. 이런 편견을 없애기 위해서는 과거, 현재, 미래에 대한 집착을 버리고 시간을 초월함으로써 무아(無我)의 경지에

---

5 설두: "소경, 귀머거리, 벙어리, 방편의 길이 완전히 끊겼네."(『벽암록 하』: 장경각, 1999, 140쪽)

6 "금강경에 보면 '과거심도 얻을 수 없고 현재심도 얻을 수 없으며 미래심도 얻을 수 없다'고 했는데 스님(德山宣鑒)께선 과연 어떤 마음에 점을 찍어 점심(點心)을 들고자 하는지요?"(『禪의 황금시대』: 嗚經熊 지음 · 류시화 옮김, 경서원, 1995, 157쪽)

7 연기법(緣起法): 만유는 연이어서 결과를 일으킨다는 인연생기(因緣生起)로 상호 연관된 유기적인 주고받음의 관계 법칙.

이르러야 한다.

연속적인 상호 작용에서는 전체적인 진화과정이 중요하며, 구체적인 구성원 개개의 특이한 진화는 별로 큰 문제가 되지 않는다. 왜냐하면 상의적 수수관계에서는 어느 한 개체의 구별, 즉 너와 나라는 구별이 없이 모두가 동등한 상태에서 다양한 변화를 거치므로 집단의 이완(깨침)은 구성원 전체의 이완(깨침)에 의해서 이루어지기 때문이다.

상호관계가 조화롭게 일어나는 경우는 과거, 현재, 미래에서 일어나는 마음(의식)이 무위적으로 일어나기 때문에 특징적인 마음의 흐름이라는 시간적 차원이 존재하지 않는다. 그래서 과거의 기억에 구속되지 않고, 또 과거가 현재나 미래를 강제적으로 구속하지도 않는다. 다만 연기법계에서 현재는 과거와 미래의 열쇠일 뿐이다.

이것을 『화엄경』의 이세간품(離世間品)에서는 아래와 같이 말한다.[8]

"과거의 겁에서 미래에 들고
현재의 겁에서 과거에 들며
현재의 겁에서 미래에 들며
미래의 겁에서 현재에 든다."

마음의 작용이 정신이고 정신의 작용이 의식이다. '마음의 흐름'이란 곧 의식의 흐름이다. 지나간 과거의 의식은 모두 사라지는 것이 아니고 특정한 것은 잠재의식으로 저장되기도 한다. 그리고 현재라는 극히 짧은 순간은 오직 과거와 미래를 이어주는 역할을 하면서, 현재의 의식이 과거의 의식으로 바뀌거나 미래 의식으로 전개된다.

8 『엄종관행문』: 대한불교조계종 교육원 편, 조계종출판사, 2001, 281쪽.

이런 의식의 흐름은 유식종에서 말하는 뢰야연기[9]의 바탕을 이룬다.

미래 의식은 아직 오지 않았으므로 구체적으로 이것이 인식될 수는 없다. 그러나 예측이라는 과정에서는 과거와 현재의 의식을 바탕으로 발생 가능한 것을 미리 짐작할 수도 있다. 이런 경우는 특히 안정된 이완상태에서는 집단의 고유 특성이 존재하기 때문에 미래의 예측이 가능할 수 있다.

[별의 세계]

별의 세계에서는 별들 사이에서 에너지의 주고받음에 따른 '상태의 변이'가 곧 '마음의 흐름'에 해당한다. 성단이 역학적으로 불안정한 상태에 놓이면 이 속에 있는 별들도 불안정해져서 운동의 변화가 매우 불규칙하게 일어나게 된다. 이때는 마음의 흐름이 매우 요동치는 경우에 해당한다.

그러나 시간이 지나면서 별들 사이에 에너지의 주고받음이 활발하게 일어나면서 각 별에 대한 에너지의 균등화가 일어나고, 이에 따라 성단 전체는 안정된 이완상태[10]에 이르게 된다. 그러면 별들의 마음은 흐름이 없는 것처럼 되어 오직 성단의 일정한 질서에 따른 '한마음'을 가지게 된다. 여기서 한마음이란 성단의 고유한 특징을 나타내는 역학적 성질에 해당한다.

---

9 뢰야연기(賴耶緣起): 아뢰야식[藏識]이 연기적으로 상속되어 이어져 가는 것. 아뢰야연기라고도 함.

10 이완상태(弛緩狀態): 집단 내에서 구성원들 사이의 연속적인 주고받음의 관계를 통해서 개체의 고유한 초기 특성이 완전히 사라지면서 집단 전체의 고유한 특성이 생기는 가장 안정된 상태. 여기서는 각 구성원들의 역할과 존재 가치가 동등해지고 평등해지며 그리고 특수성이 사라지면서 모든 것이 보편화되는 것이 집단의 특성이다.

우리가 살고 있는 지구는 한마음을 가졌을까? 그렇다면 매년 태양 주위를 한 바퀴씩 돌고 있는 지구의 공전운동이 언제나 똑같다는 것일까?

지구가 속해 있는 태양계에는 8개의 행성과 이들 주위를 도는 위성들, 그리고 수많은 소행성과 혜성 등이 있다. 특히 지구 부근에는 지구와 질량이 비슷한 금성, 지구의 1/10인 화성[그림18], 지구의 318배인 목성, 지구의 95배인 토성[그림19] 등이 있다. 이들 이웃 행성들은 지구의 운동에 끊임없이 섭동을 미치고 있다.

이 때문에 지구의 공전운동은 일정하게 일어나지 못하고 주기적 변화를 일으킨다. 그래서 지구는 여러 가지 마음을 가지는 셈이다.

예를 들면 지구 공전궤도의 타원 모양이 약 10만 년 주기로 변한다. 이것 때문에 지상에서는 약 10만 년 주기로 빙하기가 나타난다. 그리고 지구의 공전 궤도면도의 기울기는 약 4만 년 주기로 22.1도와 24.5도 사이에서 변한다. 또한 태양과 지구 사이의 거리가 가장 짧은 근일점의 위치가 약 2만 년 주기로 변한다.

이상에서 보인 여러 가지 변화를 겪으면서 지구는 약 46억 년 동안 안정하게 지나오고 있다. 이것은 지구가 외부의 섭동에 따라 여러 가지 마음을 일으키는 것 같아 보이지만 실제는 외부 천체의 섭동에 알맞게 적응하면서 역학적으로 가장 안정된 한마음을 가지게 되었다는 것이다. 이것이 바로 조화로운 상의적 연기에서 생기는 무위적인 여여한 마음이다.

이러한 현상은 지구만이 아니라 태양계에 있는 다른 모든 행성들에서도 마찬가지로 나타난다. 사상(四相)이 없는 자연은 이처럼 무위적 행을 따르면서 불법을 잘 펼쳐 가고 있다.

그림18 지구형 행성

그림19 목서형 행성

제19분 법계에 통하여 교화하다

漢譯 법계통화분(法界通化分)

須菩提야 於意云何오 若有人이 滿三千大千世界七寶로 以用
수보리 어의운하 약유인 만삼천대천세계칠보 이용

布施하면 是人이 以是因緣으로 得福多不아 如是니이다 世尊하
보시 시인 이시인연 득복다부 여시 세존

此人이 以是因緣으로 得福이 甚多니이다 須菩提야 若福德이
차인 이시인연 득복 심다 수보리 약복덕

有實인댄 如來 不說得福德多니 以福德이 無故로 如來說得
유실 여래 불설득복덕다 이복덕 무고 여래설득

福德多니라.
복덕다

國譯 법계에 통하여 교화하다

"수보리야, 어떻게 생각하느냐? 만약 사람이 있어 삼천대천세계에 가득 찬 칠보를 가지고 보시에 쓴다면 그 사람이 이 인연으로 얻은 복이 많다 하겠느냐?"

"그러하옵니다. 세존이시여, 그 사람은 이 인연으로 심히 많은 복을 얻겠습니다."

"수보리야, 만약 복덕이 실다움이 있을진대 여래가 복덕 얻음이 많다고

말하지 않으련만 복덕이 없는 고로 여래가 많은 복덕을 얻는다고 말하느니라."

新講

법계통화분에서는 복덕(공덕)에 집착을 갖지 않을 때 올바른 복덕이 된다고 한 다. 이런 공덕은 대중의 공동체 전체에서 일어나는 무위적인 주고받음에 해당되는 것으로 상호 작용이 일어나는 연기법계에 두루 있는 것이다. 만약 개인적인 공덕에 연관된다면 여기에는 집착이 따를 수 있다.

[해설]

"만약 복덕이 실다움이 있을진대 여래가 복덕 얻음이 많다고 말하지 않으련만 복덕이 없는 고로 여래가 많은 복덕을 얻는다고 말하느니라."

복덕[1]이란 어떤 한 개체에 관한 것이 아니다. 그것은 유기적이고 효율적인 대중 전체의 주고받음의 연기작용에 연관된 것으로 모두가 평등해지는 결과를 낳는다. 그래서 복덕은 서로 간에 주고받음의 과정에서 일어나는 자연스러운 행위여야지 어떤 이기적인 집착에 연관되어서는 안 된다.

한편 연기가 공하므로 복덕 역시 공하다. 그래서 "복덕이 없는 고로 여래가 많은 복덕을 얻는다"고 하는 것이다.

---

1 복덕(福德): 공덕. 모든 선행 및 선행에 의해 얻는 복리(福利).

예를 들어 복덕을 많이 쌓는다는 것은 주고받음을 통해서 올바른 인연을 많이 맺고, 이를 통해서 모든 구성원의 존재 가치가 동등해지는 좋은 상호관계를 이루어 간다는 것이다. 이런 관계에서는 서로 주고받음 그 자체가 안정된 이완을 위한 무위적인 공덕의 일환이며, 이러한 공덕에 의해서 깨침이라는 이완상태[2]에 이를 수 있다.

여기서 이완상태 자체가 이미 복덕을 포함하므로 구태여 복덕이란 말을 쓸 필요는 없다. 그래서 '복덕을 얻음이 있되 복덕이 없다'라고 말하는 것이다. 그리고 개별적인 복덕이 적을수록 집단의 이완은 더욱더 잘 이루어져 전체의 복덕은 더 많아지게 된다.

삼천대천세계를 칠보로 가득 채운 복덕은 만유 간에 일어나는 효율적인 연기작용을 의미한다. 그런데 만약 누가 어떠한 보시에 의한 공덕에 집착한다면 그는 깨침과는 멀어지는 아상에 사로잡히게 될 것이다. 왜냐하면 자신이 행한 행위에 대해 대가를 바라는 유위적 복덕은 집착을 내포하고 있기 때문이다.

공동체의 이완에서 보현[3]의 자리이타행을 봄으로써 이완된 법계의 이치인 문수[4]의 지혜(理法)를 볼 수 있다. 여기서 타자와의 상의적 연기관계를 이루어 가는 것이 보현행[5]에 의한 주고받음의 복덕이며, 이것은 지혜에 의해 이루어진다. 그러므로 보현의 자비와 문수의 지혜는 같은 것으로서 이들은 자비를 근본으로 하는 보현행을 통해 나타난다.

---

2 이완상태(弛緩狀態): 집단 내에서 구성원들 사이의 연속적인 주고받음의 관계를 통해서 개체의 고유한 초기 특성이 완전히 사라지면서 집단 전체의 고유한 특성이 생기는 가장 안정된 상태로 진행해 가는 체계. 여기서 집단의 특성이란 각 구성원들의 역할과 존재 가치가 동등해지고 평등해지며 그리고 특수성이 사라지면서 모든 것이 보편화되는 것이다.

3 보현(普賢): 지혜로 비추는 법계의 참 모습. 바른 앎을 통해 일어나는 실천행. 인행 가운데 결과에 해당함.

4 문수(文殊): 지혜. 바른 인행 가운데 원인.

5 보현행(普賢行): 한 가지 행을 닦으면 일체 행을 갖춘다는 화엄의 묘행.

결국 『금강경』에 나타나는 상의적 수수관계의 실천은 최소작용의 원리를 따라 일어나는 보현행(普賢行)이며, 이를 통해 보시가 이루어지고 복덕이 생긴다.

[별의 세계]

별의 세계에서는 집단 내의 모든 별이 서로 에너지를 주고받는 보시와 복덕을 쌓으면서 불안정한 상태에서 안정된 이완상태로 나아간다. 여기서 무위적 상호 작용을 통한 보시와 복덕의 결과로 모든 별들의 에너지가 동등해지는 에너지 등분배가 일어난다. 그러기에 이와 같은 보시와 복덕의 관계에서는 별이 더 많은 에너지를 가지는 불평등한 집착이라는 산냐가 있을 수 없다. 왜냐하면 별들은 자신의 무위적인 보시와 복덕에서 어떠한 대가도 바라지 않기 때문이다.

주고받음에서 생기는 복덕의 근본은 무심, 무념의 여여함이지만 인간 사회에서 주로 평안과 행복이라는 기대의 만족에 복덕의 뜻을 두는 경우가 많다.

그러면 지구와 달 사이에서 생기는 복덕은 어떠한 것인가? 달은 지구 크기의 1/4이며 질량은 지구의 1/100로 적다. 그러나 달이 지구에 미치는 인력 때문에 바다 물의 높이가 올라갔다 내려갔다 하는 조석이 매일 두 번씩 일어난다. 이 때문에 현재 지구의 자전 속도가 늦어지고, 달은 지구로부터 멀어져 가고 있다. 이런 현상이 바로 지구와 달 사이의 상호관계에서 생기는 보시와 복덕이다.

밤하늘에 보이는 밝은 별들은 그들 사이의 상의적 연기관계로 어떠한 복덕이 생길까? 우리가 바라보는 하늘의 별자리는 별들의 거리에 관계없이 무한한 반경을 가진 천구(天球)에 투영된 모습이다.

밤에 보이는 별들은 태양으로부터 거리가 수백 광년 내에 있는 것들로 국부 항성이라 부른다. 이들은 하나의 국부 항성계라는 집단을 이루고 있으며, 이 속에 있는 별들은 제각기 다른 거리에서 서로 다른 방향으로 운동을 하고 있다.

예를 들면 태양은 헤르쿨레스 별자리 쪽으로 초속 20km의 속도로 움직이고 있다. 태양에 대한 별의 상대 운동을 고유운동(固有運動)이라 한다. 이와 같은 별들의 다양한 고유운동 때문에 10만 년 후에는 현재 보이는 7개의 밝은 별들로 이루어진 북두칠성의 국자 모습은 사라질 것이다.[그림20]

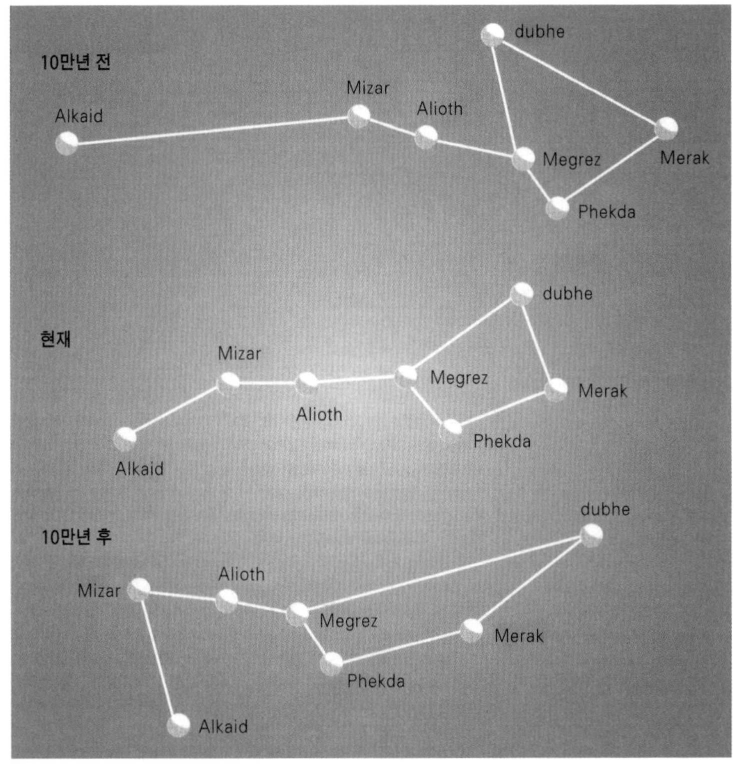

그림20 북두칠성 별자리 모양의 변화

이처럼 하늘의 별자리는 별들의 고유운동 때문에 조금씩 그 모습이 계속 바뀌고 있기 때문에 모든 별자리가 오랜 시간이 지나면 현재의 모습이 사라지게 된다. 이러한 변화가 국부 항성계에서 일어나는 별들의 상호관계에서 보여 주는 보시와 복덕의 결과이다.

제20분 색(色)과 상(相)을 여의다

漢譯 이색이상분(離色離相分)

須菩提야 於意云何오 佛을 可以具足色身으로 見不아 不也니이다
수보리 어의운하 불 가이구족색신 견부 불야

世尊하 如來를 不應以具足色身으로 見이니 何以故오 如來
세존 여래 불응이구족색신 견 하이고 여래

說具足色身이 卽非具足色身일새 是名具足色身이니이다
설구족색신 즉비구족색신 시명구족색신

須菩提야 於意云何오 如來를 可以具足諸相으로 見不아
수보리 어의운하 여래 가이구족제상 견부

不也니이다 世尊하 如來를 不應以具足諸相으로 見이니 何以故오
불야 세존 여래 불응이구족제상 견 하이고

如來 說諸相具足은 卽非具足일새 是名諸相具足이니다.
여래설제상구족 즉비구족 시명제상구족

國譯 색(色)과 상(相)을 여의다

"수보리야, 어떻게 생각하느냐? 여래를 가히 색신(色身)[1]이 구족한 것으로써 볼 수 있겠느냐?"

---

1 색신(色身): 물질적인 신체. 육체.

"아니옵니다. 세존이시여, 여래를 마땅히 색신이 구족한 것으로써 볼 수 없사옵니다. 왜냐하면 여래께서 말씀하시는 색신이 구족하다 하심이 곧 구족한 색신이 아니옵고 그 이름이 구족한 색신이옵니다."

"수보리야, 어떻게 생각하느냐? 여래를 가히 모든 상이 구족한 것으로써 보겠느냐?"

"아니옵니다. 세존이시여, 여래는 모든 상이 구족한 것으로써 볼 수 없사옵니다. 어찌한 까닭인가 하오면 여래께서 말씀하신 모든 상의 구족함이 곧 구족이 아니옵고 그 이름이 모든 상의 구족이옵니다."

新講

이색이상분에서는 형상과 특징에 대한 집착의 산냐를 떠나 가장 보편적인 것을 생각토록 한다. 실은 연속적으로 일어나는 연기법계에서는 상호 작용을 통해 평등성과 보편성이 달성되는 것이 그 특징이다. 그러므로 개체의 형상적 특징은 그 개체에 국한될 뿐이지 집단의 특징과는 무관하다. 따라서 개체의 형상적 특징에 대한 집착은 오히려 대중의 안정된 이완으로의 진행을 방해하는 요인이 될 수 있다.

[해설]

"여래께서 말씀하시는 색신이 구족하다 하심이 곧 구족한 색신이 아니옵고 그 이름이 구족한 색신이옵니다.……모든 상의 구족함이 곧 구족이 아니옵고 그 이름이 모든 상의 구족이옵니다."

여래가 몸의 특징을 가졌지만 이것은 개체의 형태적 특징일 뿐 여러 사람들이 모인 대중 전체의 견지에서 보면 특별한 것이 아니라 지극히 보편적인 것에 불과하다. 누구나 또 만유는 나름대로의 크고 작은 특징을 가진다. 그러나 이러한 형태적 특징은 개체에 국한된 것으로 대중 전체의 일반적인 보편적 특징과는 구체적인 연관성이 별로 없다. 즉 연기법계가 개별자의 형태적 특징에 의해 규정되지는 않는다.

비록 개체가 어떠한 형상적 특징을 가졌다 하더라도 이에 대한 집착은 그 개체의 고유한 내면적 특성을 도외시하는 잘못을 유발할 수 있다. 그러므로 형상은 형상일 뿐이지 이것이 자신이나 남에게 특별한 연기관계를 지니는 것은 아니다.

그래서 '모든 상의 구족함이 곧 구족이 아니옵고 그 이름이 모든 상의 구족이옵니다'라고 한다. 즉 '특징이 있지만 특징이 아니다'라고 하는 것이다.[2]

오늘날 자본주의 사회에서는 개체의 색신이 어떻게 특이한 예쁜 모습으로 잘 갖추고 또 특이한 장식물을 가지고 있는가에 따라 존재가치가 평가된다. 그래서 부모로부터 받은 육신을 인위적으로 조절하여 조형미를 바꾸거나 또는 특징적인 장식을 함으로써 불균형의 미를 창출하기도 한다. 이런 행위를 튀는 개성적 표출이라고 한다.

그러나 이 모든 행위는 '특징은 있지만 특징이 아니다'가 아니라 '특징은 없지만 특징이 있다'는 형태로 바꾸는 것으로 불법에 역행되는 것이다.

유위적으로 특징을 만들어 내는 것이 한때의 기쁨과 행복을 안겨다 줄지는 모르나 궁극에는 불안정과 비평형의 씨앗을 심어 놓는 결

---

2 스님: "색신은 무너지는데 어떠한 것이 견고한 법신입니까?"
대용(大龍): "산에 핀 꽃은 비단결 같고 시냇물은 쪽빛처럼 맑구나."
(『벽암록 하』: 장경각, 1999, 94쪽)

과가 된다. 왜냐하면 유위적 특징의 창출은 마음에 사상(四相)을 심는 것과 같기 때문이다.

나아가 자연이나 인간에서 태어날 때 가지는 심신이 가장 안정된 것이며, 그 후에 유위적으로 만드는 모든 조형미는 불안정한 것이므로 언젠가는 원래의 자연적 상태로 되돌아온다는 것이다. 그리고 이에 따라 마음도 한때의 불안한 흥분상태에서 안정된 원래의 보편적 상태로 돌아오기 마련이다. 다만 이런 변화의 과정에서 편파적이고 편협한 마음 때문에 남과의 상의적 수수관계를 원만하게 이루지 못한다는 것이다. 이것은 만유를 모두 포용할 수 없는 사상(四相)에 대한 집착 때문이다.

[별의 세계]

별의 세계에서 외형적 특징이란 주로 크기와 색깔이다. 색깔은 별의 표면온도에, 그리고 크기는 질량에 주로 연관된다. 즉 별은 질량이 클수록 커지며 표면온도가 높을수록 적색에서 청색 쪽으로 치우친다. 여기서 표면온도는 별의 역학적 진화에 직접 영향을 미치지 못한다.[3]

그러나 질량이 큰 별일수록 질량이 적은 별에 큰 섭동을 미쳐서 운동속도를 증가시키고 또 운동방향을 크게 변화시킨다. 이 결과 크고 무거운 별은 성단의 중심부로 모이고, 질량이 적고 가벼운 별은 성단의 외곽 쪽으로 빠르게 회전하면서 성단 전체가 안정된 이완상태[4]에 이르게 된다. 이것이 별들의 상호 작용의 결과이다.

---

3 『천문학자와 붓다의 대화』: 이시우, 종이거울, 2004, 70쪽.

별의 경우에 질량이 큰 별은 대체로 크기도 크며, 이들은 강한 구속력으로 가벼운 별들을 성단 내에 구속시키는 역할을 한다. 인간 사회에서는 강한 지도력과 좋은 인품을 갖춘 사람이 큰 별에 해당한다고 볼 수 있다.

별의 세계에서 큰 별이나 작은 별이나 개체로서의 존재 가치는 동등하며 오직 상호관계를 이루는 집단 내에서의 역할이 다를 뿐이다. 마찬가지로 인간 사회에서도 직급에 따라 수행하는 일에는 차이가 있지만, 이것이 개인의 존재 가치를 규정할 수는 없기 때문에 올바른 상호관계에서는 모두가 차별없이 동등해진다.

은하들은 태어날 때의 물리적 상태에 따라 둥근 타원 은하, 나선 팔을 가진 나선 은하, 일정한 모양이 없는 불규칙 은하 등이 생긴다. 우리가 보면 은하의 형태[그림21]가 다르기 때문에 은하들이 서로 상에 집착할 것 같지만 이들은 자기들의 형상에 전연 무심하다. 더욱이 은하들이 서로 충돌하면 그들의 모습이 매우 달라져 보인다. 그래서 나선 팔이 없어지기도 하고 또 기다란 쥐꼬리나 수레바퀴 같은 형태가 생기기도 한다.[그림22]

충돌이란 적극적인 상호관계이며, 이런 과정은 격렬한 혼돈을 유발하여 원래의 형태를 완전히 바꾸기도 한다. 자연에서는 소극적인 상호관계도 있지만 적극적인 변화의 상호 작용도 있다. 우주 내 만유는 이런 다양한 상의적 수수과정을 거치면서 끊임없이 변화한다. 그러므로 어떤 한순간에 하나의 상에 집착하는 것은 변화를 부정하고 자신의 마음을 정지시켜 놓는 것과 같다. 이것은 '흐르는 마음을 그대로 두라'는 불법에 어긋나는 행위다.

---

4 이완상태(弛緩狀態): 집단 내에서 구성원들 사이의 연속적인 주고받음의 관계를 통해서 개체의 고유한 초기 특성이 완전히 사라지면서 집단 전체의 고유한 특성이 생기는 가장 안정된 상태로 진행해 가는 체계. 여기서 집단의 특성이란 각 구성원들의 역할과 존재 가치가 동등해지고 평등해지며 그리고 특수성이 사라지면서 모든 것이 보편화되는 것이다.

그림21 은하의 여러 형태

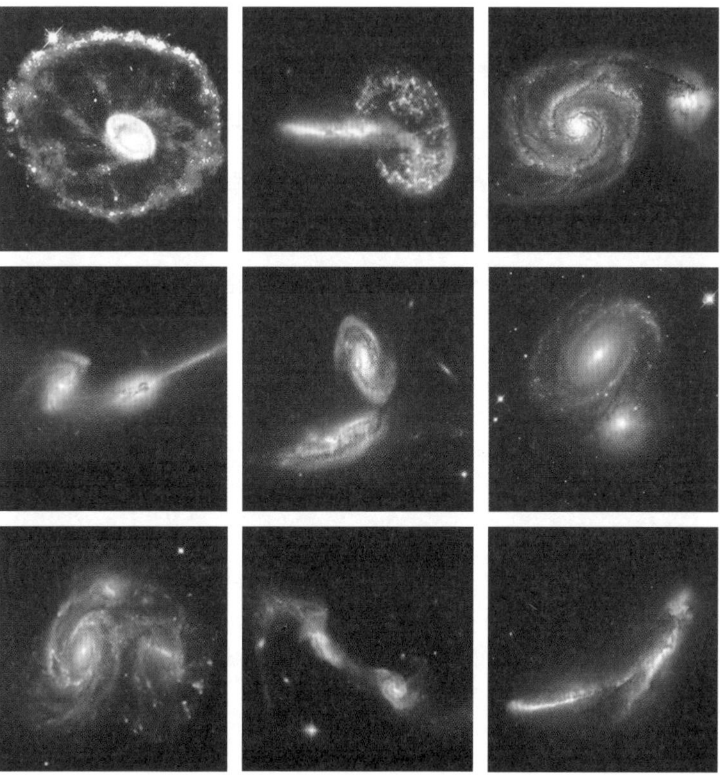

그림22 충돌 은하

인간 사회에서 훌륭한 지도자가 많을수록 사회나 국가는 튼튼해진다. 그러나 지도자라는 집착의 산냐[5]에 빠지면 그는 결코 지도자로서 오래 갈 수 없다. 훌륭한 지도자일수록 자신과 남을 동등한 위치에 올려놓는 동등성과 평등성을 잊어서는 안 된다.

별의 경우에 무거운 큰 별과 가벼운 작은 별 사이에는 어떠한 차별적인 집착도 없이 모두가 무위적으로 상호관계를 잘 수행하고 있다.

5 산냐(saṃjña): 정형화된 상(相, 想)으로서 대상을 받아들여 개념작용을 일으키고 이름을 붙이는 작용. 즉 개념화·이념화·이상화·관념화 등에 관련된 것이다.

제21분 말이 아님을 설함

漢譯 비설소설분(非說所說分)

須菩提야 汝 勿謂如來 作是念호대 我當有所說法이라하라 莫
수보리 여 물위여래 작시념 아당유소설법 막

作是念이니 何以故오 若人이 言如來 有所說法이라 하면 卽爲
작시념 하이고 약인 언여래 유소설법 즉위

謗佛이라 不能解我所說故니 須菩提야 說法者는 無法可說이
방불 불능해아소설고 수보리 설법자 무법가설

是名說法이니라 爾是에 慧命須菩提 白佛言하사대 世尊하 頗
시명설법 이시 혜명수보리 백불언 세존 파

有衆生이 於未來世에 聞說是法하사옵고 生信心不잇가 佛이
유중생 어미래세 문설시법 생신심부 불

言하사대 須菩提야 彼非衆生이며 非不衆生이니 何以故오 須
언 수보리 피비중생 비불중생 하이고 수

菩提야 衆生衆生者는 如來 說非衆생이 是名衆生이니라.
보리 중생중생자 여래 설비중생 시명중생

國譯 말이 아님을 설함

"수보리야, 너는 여래가 생각하기를 '내가 마땅히 설한 바 법이 있다' 한다고 이르지 마라. 이런 말하지 말지니 어찌한 까닭이냐? 만약 어떤 사람이 말하기를 '여래가 설한 바 법이 있다'고 한다면 이는 곧 여래를 비방

함이 되나니 내가 설한 바를 알지 못한 연고니라. 수보리야, 법을 설한다는 것은 법이 없음을 가히 말하는 것이니 그 이름이 법을 설함이니라."

그때에 혜명(慧命) 수보리가 부처님께 말씀드렸다.

"세존이시여, 자못 어떤 중생이 미래세에 이 법 설하심을 듣고 믿는 마음을 내오리까?"

부처님께서 말씀하셨다.

"수보리야, 그가 중생이 아니며 중생 아님도 아니니, 어찌한 까닭이냐? 수보리야, 중생 중생이라는 것은 여래가 중생 아님을 말하는 것이니 그 이름이 중생이니라."

新講

비설소설분은 설했지만 설한 것이 없다는 것으로 여래의 설법에 대한 집착의 산나를 가져서는 안 된다는 것을 설하고 있다. 일반적으로 보면 연기법[1]을 몇 가지 설법이나 교리로써 전부를 자세히 설명할 수는 없다. 어쩌면 간단한 설명조차도 필요하지 않을지 모른다.

왜냐하면 연기작용은 상의적 수수과정으로서 직접적인 상호관계를 통해 일어나는 것이므로 직접 경험을 통해서만 이해돼야 하는 것이지 간단한 설명으로 전체의 복잡한 구체적 과정을 알 수는 없기 때문이다.

법이나 설명은 단지 이해나 경험을 위한 예비 지침일 뿐이다. 그래서 상호관계는 실질적이고 구체적인 수수관계이므로 여러 사람과의 직접적인 체험을 통해서 이해되고 또 깨쳐져야 한다. 깨달음을 통한 이완(열반)에는 장황한 설법이 아니라 직접적이고 실질적인 상의적 관계가 필요하다.

---

1 연기법(緣起法): 만유는 연이어서 결과를 일으킨다는 인연생기(因緣生起)로 상호 연관된 유기적인 주고받음의 관계 법칙.

[해설]

"법을 설한다는 것은 법이 없음을 가히 말하는 것이니 그 이름이 법을 설함이니라."

여래가 설법을 했지만 설법에만 집착하는 것은 다양한 법계연기를 이해하는 데 나쁜 영향을 줄 수 있다는 것이다. 또한 설법이란 집착에서 아상과 고정관념이 생길 수 있으므로 설법한 것이 없다고 한다.

집단에서 일어나는 상호관계는 매우 다양하고 복잡하므로 어떤 특별한 경우나 제한적인 설명으로 전체의 연기법을 설명하기는 어렵다. 실은 불가능하다. 우주는 연기법계로서 그 자체가 법이다. 그러나 우리가 경험하는 시공간이 제한적이므로 여기서 인식하는 현상들은 자연히 제한된다. 그러므로 우주 전체의 법을 모두 알 수는 없다. 그런데 우주의 법(존재)은 항상 변화하므로 법 자체가 공이다. 따라서 법은 있기도 하면서 없는 것이다.

나아가 설법은 설법으로 그 이상도 그 이하도 아니다. 왜냐하면 설법은 올바른 상호 관계법을 이야기하는 것이고, 그에 따른 행은 각자에 의해 이루어지는 별개의 문제이다. 그래서 설법에만 집착하지 말고 올바른 행을 수행하여 모두에게 유익한 좋은 인연을 이루는 상의적 수수관계를 잘 이끌어가기를 바라는 것이다. 결국 설법이 연기법에 녹아들 때 비로소 '설했지만 설한 바가 없다'고 말할 수 있다.

"세존이시여, 자못 어떤 중생이 미래세에 이 법 설하심을 듣고 믿는 마음을 내오리까?"

우주에서 연기법계가 존재하는 한 상의적 관계는 과거로부터 미래까지 영원히 이어질 것이며 그때마다 형식적인 설법보다 실질적인 상호 작용을 중시해야 한다. 적어도 여러 생명체가 존재하는 집단에서는 서로가 공존하기 위해 가장 원만한 주고받음의 상호작용이 효율적으로 일어나야만 전체가 안정된 이완상태에 이를 수 있다.

적어도 대중의 집단이 소멸하지 않는 한 '언제 어디서나' 상호작용에 의한 이완은 반드시 일어난다. 왜냐하면 만유는 생존의 원리를 나타내는 연기법계 내에 존재하며, 이것은 깨달음이란 안정된 상태를 지향하기 때문이다.

오늘날 인간 사회에서 일어나는 수수관계는 2,600여 년 전보다 훨씬 다양하고 또 빠르게 일어나고 있다. 현대는 어느 특정 지역에 국한되지 않고 전 세계적이며 동서의 문화가 함께 섞여 공존하며 일어나는 확장된 상호 의존의 시대이다. 이런 시기에 효율적인 상호 작용에 의한 원만한 이완이 더 절실하게 요구된다.

왜냐하면 어느 지역이 아니라 세계 전체가 하나의 공동체로 대두되고, 이러한 거대한 집단에서 생존할 수 있는 상의적 관계를 잘 익혀야 하기 때문이다.

그러니 세계화란 말이 없었던 비교적 조용한 옛날의 설법 형태가 과연 역동적인 최첨단 물질과학 시대인 오늘날에도 적용될 수 있을까? 물론 상호 의존성의 기본 이치는 과거와 큰 변함이 없겠지만 구체적인 상호 작용의 과정과 인과관계는 더욱 복잡하고 다양화되었다고 볼 수 있다.

이런 관점에서 비교적 과거 전통적 의식에 사로잡힌 불교가 다양한 현대 문화를 쉽게 수용하는 서양에서 새로운 형태의 불교로 탄생될 가능성을 배제할 수 없다. 그 이유는 적어도 한국 불교를 예로 들면 『금강경』에서 언급되는 보시가 대중을 위하기보다는 주로 출가

스님이나 절에 국한된다는 것이다. 이것은 경의 상의적 연기관계라는 근본 취지에 어긋난다. 따라서 보시는 종착지가 없이 흐르고 흘러야지 스님이나 절이 목표가 돼서는 안 된다.

주고받음의 양이 적거나 강도가 약하고 또 그 속도도 느렸던 먼 옛날에 비해 오늘날 우리는 생존 자체를 시시각각으로 위협하고 있는 물질 만능의 시대에 살고 있다. 여기서는 주고받음의 논리나 과정이 훨씬 날카롭고 비정(非情)하기까지 하다.

그리고 정신적인 주고받음보다는 물질적인 주고받음이 삶의 가치를 좌우하는 소유 양식의 시대에 우리는 살고 있다. 이런 시대에서 상호관계를 통해 존재의 가치를 찾고자 하는 깨달음에 이르는 것은 지극히 난해한 과제가 되고 있다. 왜냐하면 물질주의에 의해 사상(四相)에 집착하는 산냐가 되살아나는 세상이 되었기 때문이다.

특정한 것에 집착하는 산냐를 없애야 깨달음에 이르는 이완의 시대를 맞이하게 되는데 현실은 그 반대로 가고 있다. 그래서 최소작용의 원리보다 최대의 이익, 최대의 행복과 축복을 바라는 현대인에게는 극히 이기적인 최대작용의 원리를 찾고 있을 뿐이다. 이것이 소위 자연의 정복을 거치면서 자연의 황폐화로 진행해 가고 있는 동기가 되고, 이에 따라 지구의 황폐화는 더 많은 에너지를 요구하는 최첨단 과학정보시대를 맞이하면서 지상에서 인류 생존의 불확실성을 더욱 증가시키고 있다.

이러한 현실에서는 인간이 깨달음을 통해 열반에 이르기를 바라기보다는 최소한 다른 종(種)의 생명체와 공존할 수 있는 아량이라도 베푸는 것이 더욱 절실하다. 그렇지 않으면 다른 여러 종의 멸종 뒤에는 먹이사슬의 소멸로 인간의 멸종이 필연적으로 도래하기 때문이다. 어쩌면 인간의 멸종이 다른 종보다 훨씬 앞서 일어날 수도 있다. 왜냐하면 인간은 환경의 변화에 대처하는 생물학적 적응능력이 진화적으로 매우 약해져 왔기 때문이다.

"중생 중생이라는 것은 여래가 중생 아님을 말하는 것이니 그 이름이 중생이니라."

중생, 중생이라고 하지만 중생이 여래와 특별히 다른 사람이 아니라 중생과 여래(부처)는 차별이 없는 동등한 삶을 살아가는 무리이다. 여래가 높은 깨달음에 있더라도 중생의 세계에 들어오면 중생과 같아져야 하고, 그 속에서 모두가 함께 상의적 관계를 통해서 깨달음의 단계로 나아가야 한다.

그렇지 않고 나는 선지식[2]이고 너희 중생은 업장(業障)[3] 짙은 집단이라고 생각한다면, 그가 비록 여래나 선지식일지라도. 중생의 세계에 들어와도 그의 아상 때문에 마치 물위에 뜨는 기름과 같아 중생과 함께 깨달음의 길로 가기는 어렵다.

오늘날 사회에서는 깨달았다는 출가 스님과 일반 재가 대중 사이의 조화롭지 못한 관계를 쉽게 볼 수 있다. 대중과 스님이 하나가 아니고, 언제나 스님은 정신적 차원이 높고 대중은 낮다는 차별이 너무나 두꺼운 듯하다. 이러한 환경에서는 결코 원만한 깨달음이란 생겨날 수 없다. '너와 내가 둘이 아니다'라는 말이 쉽게 들리지만 실제 행동으로 실현하기란 매우 어려운 것이 오늘의 현실이다.

---

2 선지식(善知識): 가르침을 설명하고 불도(佛道)에 들어가게 하는 사람. 교법을 설하여 고통의 세계를 벗어나 이상경(理想境)에 이르게 하는 사람.

3 업장(業障): 신(身-동작)·구(口-말)·의(意-마음)로 악업(惡業)을 지어 정도(正道)를 방해하는 장애.

대중에게 불법을 편다는 것은 사상(四相)의 산냐[4]를 버림으로써 스님이 중생이 되는 것에서부터 시작되는데 실제는 그렇지 못한 산냐가 현실을 떠날 줄 모르고 있는 것 같다.

또한 정신적 차원은 다양한 경험의 종합적 과정을 통해서 형성되기 때문에 현대의 최첨단 과학문명 사회에서 스님과 대중 사이에서 나타나는 인식과 경험의 차이가 얼마나 큰 것인가를 깊이 생각해 보아야 할 것이다. 그렇지 않으면 이들 차이에서 생기는 편견에 대한 집착의 산냐를 극복할 수 없다.

[별의 세계]

별의 세계에서는 별들 사이에 긴밀하게 주고받는 상호 작용이 끊임없이 일어나고 있다. 이러한 작용은 어느 특정한 별의 설법에 따르는 것이 아니라 모든 별이 함께 연기작용에 참여함으로써 이루어지는 것이다. 이것이 인간의 세계와 다른 점이다.

인간은 지혜의 놀이로 유위적인 차별적 계층을 이루지만 별들은 오직 무위적 자연의 질서만 따를 뿐이다. 그러기에 별의 세계에서는 유위적인 설법이 전연 필요치 않다. 인간 사회에서도 올바른 연기의 행(行)이 설법에 앞설 때 비로소 모두가 깨침이란 이완상태에 이를 수 있다.

토성 주위에 달 크기의 약 1.5배 되는 타이탄이란 위성이 원궤도로 돌고 있다. 그 바깥쪽에 타이탄 질량의 1/1000로 아주 작은 하

4 산냐(saṃjña): 정형화된 상(相, 想)으로서 대상을 받아들여 개념작용을 일으키고 이름을 붙이는 작용. 즉 개념화·이념화·이상화·관념화 등에 관련된 것이다.

이페리온이란 위성이 토성 주위를 타원궤도로 돌고 있다. 타이탄이 토성 주위를 4바퀴 돌 때 하이페리온은 3바퀴 돈다.[5] 이 두 위성은 토성의 강한 인력에 끌려 토성 주위를 돌고 있다 그런데 하이페리온이 타이탄에 가까이 갈수록 타이탄의 강한 섭동을 받기 때문에 하이페리온의 공전운동은 역학적으로 불안정해진다.

그러면 어떻게 하면 하이페리온이 안정된 공전운동을 할 수 있을까?

자연의 섭리란 바로 이런 불안정한 운동을 안정된 상태로 바꾸어 놓는 것이다.

하이페리온의 타원궤도에서 토성에 가장 가까운 곳을 근지점, 가장 먼 곳을 원지점이라 한다. 하이페리온이 근지점에 올 때 바로 안쪽에서 타이탄을 만나게 되면, 두 위성 사이의 거리가 가장 가까워지므로 하이페리온은 타이탄으로부터 가장 심한 섭동을 받게 된다. 섭동을 가장 적게 받으려면 두 위성 사이의 거리가 가장 멀리 떨어지는 원지점 부근에서 타이탄을 만나야 한다.

하이페리온의 실제 운동을 보면 하이페리온이 원지점에서 타이탄을 만날 때 두 위성 사이의 거리가 가장 짧다. 그리고 두 위성은 이보다 더 가까이 만나지 않는 방향으로 역학적 진화가 이루어져 왔다. 그래서 현재 하이페리온은 타이탄의 섭동을 가장 적게 받으면서 안정된 상태로 운동하고 있다.

인간 사회에서도 마찬가지다. 만나서 불안하다면 상대방을 가능한 멀리서 만나는 것이다. 그래서 상호 간에 섭동을 최소화시키는 것이다. 이런 것이 소위 최소작용의 원리이다.

'법을 설한다는 것은 법이 없음을 가히 말하는 것이니 그 이름이

5 『천문학자와 붓다의 대화』: 이시우, 종이거울, 2004, 311쪽.

법을 설함이니라'고 하는 것도 근본적으로는 최소작용의 원리에 해당한다. 왜냐하면 상호 작용에서 에너지가 가장 적게 들고 또 에너지가 가장 낮은 상태에 머무는 것이 가장 안정된 상태이며, 이 경우는 자성이 없으므로 특별히 내세울 법이 존재하지 않기 때문이다.

제22분 법은 가히 얻을 것이 없음

漢譯 무법가득분(無法可得分)

須菩提 白佛言하사대 世尊하 佛이 得阿耨多羅三藐三菩提는
수보리 백불언 세존 불 득아누다라삼먁삼보리

爲無所得耶니이다 佛言하사대 如是如是하다 須菩提야 我於
위무소득야 불언 여시여시 수보리 아어

阿耨多羅三藐三菩提에 乃至無有少法可得일새 是名阿耨多羅
아누다라삼먁삼보리 내지무유소법가득 시명아누다라

三藐三菩提니라.
삼먁삼보리

國譯 법은 가히 얻을 것이 없음

수보리가 부처님께 말씀드렸다.

"세존이시여, 부처님께서 아누다라삼먁삼보리[1]를 얻으심은 얻은 바가 없음이 되옵니까?"

부처님께서 말씀하셨다.

"옳다, 그러니라. 수보리야, 내가 아누다라삼먁삼보리에 있어 내지 조그마한 법도 얻음이 없으니 이를 아누다라삼먁삼보리라 이름하느니라."

---

1 아누다라삼먁삼보리: 위없이 바른 평등과 바른 깨달음[無上正等覺].

新講

무법가득분에서는 깨달음의 법은 얻는 것이 아니라 무위적으로 몸에 녹아들어 행으로 나타나는 것이므로 '법은 얻을 수 없는 것'이라고 했다. 오늘날 우리 현실에서는 깨달음의 법을 얻기 위해 좀 유별나게 야단스러운 것을 볼 수 있다. 이런 사람들은 마치 법을 얻기 위해 태어난 것 같아 보인다.

대중의 집단에서 일어나는 상의적 수수관계는 가장 자연스러운 무위적 상호관계에서 이루어질 때 어느 누구에게도 피해를 끼치지 않으며 모두가 깨달음의 이완상태에 이를 수 있다. 이때는 아상, 인상, 중생상, 수자상 등 사상(四相)이 모두 사라지게 된다.

[해설]

"내가 아누다라삼먁삼보리에 있어 내지 조그마한 법도 얻음이 없으니 이를 아누다라삼먁삼보리라 이름하느니라."

여래가 무상정등각을 얻었다는 것을 말하면 이미 이런 법에 대한 집착이란 산냐를 가지게 된다. 그래서 어떤 작은 법도 얻은 바 없다고 했다.

실제로 깨달음의 법은 얻는 것이 아니라 상호 작용을 통해서 저절로 몸에 녹아드는 것이다. 즉 법을 얻으려고 야단스럽게 애쓰는 것이 아니라 오히려 법을 버림으로써 법이 자신도 모르는 사이에 저절로 다가와 안기는 것이다. 이때는 상의적 관계법을 얻어 깨쳤다는 것조차 모르는 무위의 경지에 이르게 된다. 결국 깨달음의 법이란 공(空)이기에 억지로 얻어질 수 있는 것이 아니다. 그리고 온갖 법을 버림으로써 진제(眞諦)에 이를 수 있다.

자신도 모르게 깨달음의 법이 녹아들려면 반드시 여러 대중이 많이 모인 공동체 내에 있어야 한다. 그래야만 유기적이고 역동적인 주고받음의 상호 작용을 끊임없이 계속 경험하면서 서서히 연기법이 몸에 녹아들어 그 법이 행동으로 나타나게 된다.

만약 남과 만나지 않고 홀로 오랜 동안 참선 수행을 한다면, 다른 사람과의 실질적인 상호 작용이 없기 때문에 연기법계의 질서에 관한 법은 잘 모르게 되어 자칫 고독한 아상이란 산나만 키우게 된다.

이런 경우는 특별해 보이는 듯한 경험에서 터득한 그 무엇이 참된 깨달음의 법인 것처럼 착각하여 그 법의 굴레를 벗어나지 못해 남과 더불어 조화롭게 공존하기가 매우 어려울 수 있다.

흔히 불법을 공부한 사람들 중에서 공적인 것과 사적인 것의 구별을 분명히 하지 않은 채 공(公)과 사(私)를 애매한 불법이란 테두리 속으로 몰아 넣어 아전인수격(我田引水格)으로 문제를 해결하는 경우가 있다.

여러 대상들과의 상호관계에서 자신에게 유리한 쪽으로 진행해 가면 사적인 것이고, 반대로 상대방에게 유리하도록 진행해 간다면 공적인 것이다. 그래서 참된 불법에서는 '집착을 놓아라'고 하는 것이며, 이것은 자신보다 상대방(사람이나 자연)을 위하는 공적인 상호관계를 이루어가도록 하라는 것이다.

누가 깨달음이든 법이든 이를 달성하기 위해 온 정성으로 몰입한다면, 그는 이미 무엇을 구하거나 얻고자 하는 집착에 빠지게 되어 참된 깨달음이나 법을 얻지 못하게 된다. 물론 본인은 어느 정도 시간이 지나면 수행을 통해 깨달음을 얻었다고 생각할 것이다. 그러나 이것은 깨달음이라는 껍질로 자신을 치장한 것이지 결코 마음속에 깨달음의 법이 녹아들어 실제 행으로 비추어질 수는 없다. 그래서 깨달음이란 중병으로부터 마음의 문을 활짝 열고 대중 속에서 다양한 연기관계를 함께 수행해 가기 어려울 수 있다.

깨달음을 대단한 것으로 생각하고 이를 위해 목숨까지도 거는 사람들이 있다. 그래서 금광에서 어떻게 하면 많은 금을 내가 먼저 캐낼 수 있을까 하는 욕망에 불타듯이 옆 사람들을 돌아볼 겨를도 가지지 못한다. 즉 남과의 연기관계는 까맣게 잊고 산다.

우리는 왜 인연이 중요하고 불법의 근본은 연기법[2]이라고 하는가? 그 이유는 생명체라는 유정(有情)이나 무생명체라는 무정(無情)이 함께 더불어 잘 지내고자 하는 염원 때문이다.

불법은 개체를 기준으로 하는 것이 아니라 집단, 즉 모든 유정과 무정들을 위한 실질적인 삶(존재)의 법이다. 그래서 우리는 유정설법과 무정설법[3]을 잘 들어야 한다. 유정과 무정으로 이루어진 연기법계에서는 서로 간에 주고받음이 가장 원만하게 이루어져서 모두가 평안하고 자유스러워야 한다.

그리고 비록 연기의 끈에 서로 매여 있어도 자신의 삶의 가치를 고양시킬 수 있는 자유, 남을 도울 수 있는 자유, 집단 전체가 안정된 이완상태로 들어가도록 하는 절제된 자유 등이 있으며, 또한 이에 상응하는 연기법을 따라야 할 의무도 주어진다. 그중 중요한 것은 상대방에게 일체의 피해를 끼치지 않고, 오히려 이타행(利他行)[4]을 한

---

2 연기법(緣起法): 만유는 연이어서 결과를 일으킨다는 인연생기(因緣生起)로 상호 연관된 유기적인 주고받음의 관계 법칙.

3 유정설법(有情說法)과 무정설법(無情說法): 생명이 있는 것[有情]과 생명이 없는 것[無情]이 수행자에게 설법하는(보여 주는) 자연의 이법의 표현.

4 이타행(利他行): 남을 이롭게 하는 행위.

다는 것이다.

만약 나만 잘나고, 나만 깨달으면 모두가 함께 자기처럼 될 수 있는가? 그렇지 않다. 오히려 그런 사람들이 가지는 아상이란 집착 때문에 공동체 전체의 상의적 관계가 불안정해지기 마련이다. 그래서 불법에서는 가장 좋은 방법으로 자신을 낮추라고 한다. 이것이야말로 가장 위대한 자유이다.

그런데 깨침의 오도송[5]을 부르며 자신을 스스로 높이면서 영원한 자유와 행복을 구가한다면 이런 행위는 전체의 상의적 수수과정에 역행되는 죄악이 될 수도 있다.

어떤 집단에서 몇몇 깨쳤다는 사람들이 아무리 큰소리를 치며 아상을 세워도 집단을 이끌어가는 사람들은 대부분 평범한 대중들이다. 이들이 큰소리를 치는 별난 사람들에게 양식을 제공해 주고 잠자리를 마련해 주며 길을 내어 주게 하는 것이다.

지구를 지탱시키는 것은 지혜를 가졌다는 인간이 아니라 지혜가 없어 보이는 동식물과 무생물인 자연 그 자체이다. 그리고 오늘의 인간이 존재하도록 해준 것은 수많은 다른 종류의 생명체와 자연의 자원이다.

몇 사람이 깨쳤다고 해서 지구가 거꾸로 돌 수 없으며, 또 지구의 운동을 정지시킬 수도 없다. 광대 무변한 우주에서 보면 점보다 못한 지구라는 곳에서, 점보다 더 작은 인간들 중에서 깨쳤다고 떠들어 보았자 우주의 어느 누구도 관심이 없으며 또한 관심을 둘 이유조차 없다.

인간들도 별처럼 조용히 우주에서 한 생을 살다 간다면 그것으

5 오도송(惡道頌): 도(道)를 깨닫고 이를 찬양하는 글월.

로 족할 것이다. 불법은 지상의 인간만을 위한 것이 아니라 우주의 만유를 위한 것이다. 진정 깨달은 자라면 우주에 대해 겸손할 줄 알고 스스로 미미한 우주의 한 구성원으로 찰나처럼 살다가 사라지는 존재라는 사실을 인식하고 우주에 어떠한 나쁜 피해도 끼치는 일은 결코 없어야 한다.

법이란 우주의 법이며 그 속에 인간을 위한 법이 있다. 적어도 깨친 자라면 우주의 만법을 볼 줄 알고 이에 따라 행할 줄 알아야 한다[6] 그래서 우주에서 보잘것없는 인간들 앞에서 큰소리치면서 아상을 세우는 것은 너무나도 못난 우매한 짓임을 깨쳐 알아야 한다.

설령 지상의 인간 세상에서 법을 얻어 깨쳤다 해도 이것을 우주의 만법에 비유할 수는 없다. 단지 자신의 짧은 인생 여정의 경험에서 얻은 극히 제한적인 여실지견[7]일 뿐이다.

우주의 만법은 인간에 의해 만들어지는 것이 아니라 인간에 앞서 존재하는 것이므로 비록 깨친 자라도 이러한 우주의 섭리에 따라 그냥 조용히 살아가면 족할 것이다. 이것이 바로 『금강경』에서 설하는 삶의 길이다.

[별의 세계]

태양에서 가장 가까운 별은 4.24광년 떨어진 프록시마 센타우리라는 별이다.[그림24] 이처럼 우리 은하계에서 별들 사이의 평균 거리는 수 광년이다. 이렇게 멀리 떨어져 보이지만 별들은 움직이면서 서로

---

6 『별을 보면 법을 보고 법을 알면 별을 안다』: 이시우, 신구문화사, 2002, 288쪽.
7 여실지견(如實知見): 있는 그대로 실제와 이치에 맞게 보고 아는 것.

그림24 프록시마 센탕우리(가운데 밝은 별)

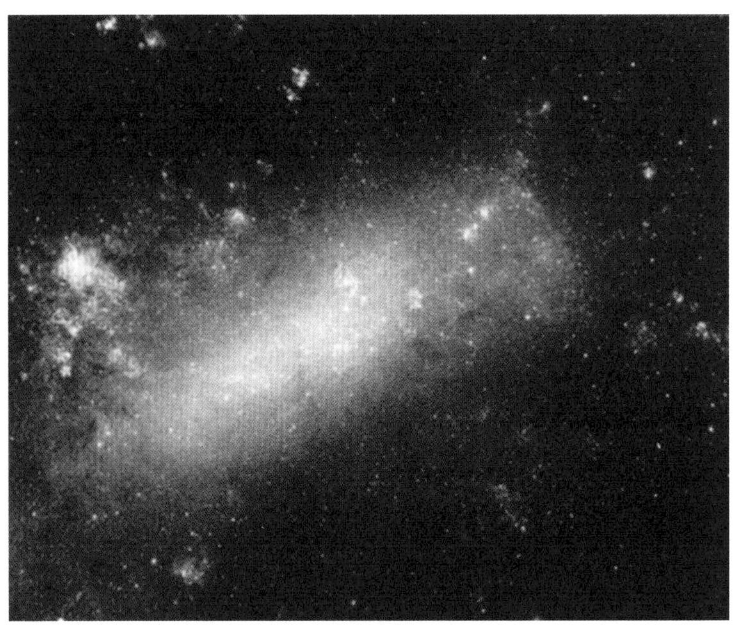

그림25 대마젤란 은하

가까이 접근하여 조우하기도 한다.

우리 은하계에서 가장 가까운 외부 은하는 남반구에서 육안으로 보이는 대마젤란 은하로 16만 광년 떨어져 있다.[그림25] 북반구에서 가을철에 육안으로 희미하게 보이는 안드로메다 은하는 230만 광년 멀리 떨어져 있다.

이들 은하는 우리 은하계와 함께 30개 이상의 은하로 이루어진 650만 광년 크기의 국부 은하군에 속해 있다. 이보다 더 큰 수백 개의 은하들이 모인 집단을 은하단이라 하며 이것의 평균 크기는 약 천만 광년이다.[그림226]

국부 은하군은 주위에 있는 수백 개의 은하단들과 함께 모여 크기가 3,300만 광년인 국부 초은하단을 이루고 있다. 수백 개의 초은하단들이 모여 더 큰 초초은하단을 이루고 있다.

지상에서 같은 종류의 식물이 군집을 이루고 있는 것처럼 우주 내 천체들도 군집을 형성하고 있다. 즉 성단에서 은하, 은하에서 은하단, 초은하단, 초초은하단으로 점차 집단의 규모가 커져간다. 이런 현상은 집단을 형성함으로써 외부 섭동에 의해 흩어지지 않고 안정하게 오랫동안 집단을 유지해 갈 수 있기 때문이다.

여러 천체들이 모인 집단에서는 서로 간의 역학적 상호 작용 때문에 잦은 조우, 섭동이 일어난다. 때로는 직접적인 충돌도 발생한다. 특히 은하의 경우에 이런 충돌 현상이 많다. 이러한 조우나 충돌과정을 거치면서 집단은 점차 안정된 이완상태로 진행해 간다. 이것이 인간 세계에서 무위의 깨달음에 이르는 길에 해당한다.

자연에서는 가장 흔한 것이 가장 보편적이며 가장 안정한 것이다. 이런 상태로의 진행이 소위 엔트로피[8]가 증가하는 방향이다. 즉 무질서의 조화가 일어나는 방향이며 무상정등각에 이르는 길이다.

그림26 은하단

별의 세계에서는 별의 집단이 안정된 이완상태라는 무상정등각에 들어도 그것을 전연 느끼지 못하며 또한 느끼려는 집착심도 없다. 오직 서로 끊임없이 에너지를 주고받는 상의적 관계만 이루어갈 뿐이다. 여기서 이러한 상호관계가 성단의 질서를 이끌어간다. 이런 질서라는 법은 어디에서 얻어온 것이 아니라 성단 스스로가 만들어 낸 것으로 무위법[9]이다.

인간 사회에서는 인간들이 스스로 많은 유위법[10]을 만들어 내어 인간을 특별한 법의 굴레에 구속시킨다. 뿐만 아니라 깨달음의 법도 자연스러운 섭리에 연관되지 않고 지극히 주관적이며 형이상학적인 것에 치우쳐 법의 객관성을 잃는 경우도 많다. 이때는 주로 깨쳤다는 법에 대한 강한 집착의 산냐가 생기기 마련이다.

---

8 엔트로피(entropy) 증가: 쓸 수 있는 물질이 쓸 수 없는 것으로 되는 것을 엔트로피의 증가라 한다.(예: 석탄을 태우면 쓰지 못하는 재로 변한다. 이때 엔트로피가 증가했다고 한다. 일정한 질서를 가진 유형이 무형으로 변하면서 처음의 질서가 사라지며 무질서해지기 때문에 무질서의 증가라 한다.(예: 예쁜 조각품이 세월이 지나면서 훼손될 때 인간의 입장에서 보면 처음의 기하학적인 인위적 질서가 점차 사라져 가면서 무질서가 증가해 간다. 그러나 자연의 입장에서 보면 조각품은 원래 자연의 흙을 빚어 만든 것으로 자연적인 무위적 질서를 감소시켰는데 이것이 훼손되면서 점차 흙으로 다시 되돌아가기 때문에 자연적 조화(질서)의 증가로 볼 수 있다. 그래서 엔트로피의 증가는 무질서의 증가인 동시에 자연적 조화의 증가이다.

9 무위법(無爲法): 함이 없는 것. 조건지어지지 않는 것.

10 유위법(有爲法): 함이 있는 법. 임의로 조건지어진 것.

제23분 깨끗한 마음으로 선을 행함

漢譯 정심행선분(淨心行善分)

復次須菩提야 是法이 平等하야 無有高下일새 是名阿耨多羅
부차수보리 시법 평등 무유고하 시명아누다라

三藐三菩提니 以無我無人無衆生無壽者로 修一切善法하면
삼먁삼보리 이무아무인무중생무수자 수일체선법

卽得阿耨多羅三藐三菩提하리니 須菩提야 所言善法者는
즉득아누다라삼먁삼보리 수보리 소언선법자

如來 說卽非善法일새 是名善法이니라.
여래 설즉비선법 시명선법

國譯 깨끗한 마음으로 선을 행함

"다시 또 수보리야, 이 법이 평등하여 높고 낮음이 없으니 이 이름이 아누다라삼먁삼보리니라. 아도 없고 인도 없고 중생도 없고 수자도 없이 일체 선법(善法)[1]을 닦으면 곧 아누다라삼먁삼보리를 얻느니라. 수보리야, 말한 바 선법이라고 하는 것은 여래가 곧 선법 아님을 말하는 것이니 그 이름이 선법이니라."

1 선법(善法): 도리에 따르고 자타를 이익되게 하는 법. 능숙한 법으로서 해탈, 열반, 무상 정등각으로 인도하는 법.

新講

정심행선분에서는 맑은 마음으로 선을 행하라고 한다. 그런데 과연 맑은 마음이란 무엇인가? 맑은 마음은 맑지 않은 불결한 마음과 대별되는 것으로 분별의 산냐를 드러낸다. 또한 선하고 선하지 않은 분별도 구태여 필요한 것은 아니다. 반야심경에 있듯이 깨끗하고 더러운 것, 늘지도 않고 줄지도 않는 것 등은 인간의 분별심이 만들어 낸 것이다. 주고받는 연기과정에서는 다양한 경우가 발생한다. 이 모두는 집단 전체가 가능한 안정된 상태로 진행해 가려는 것에서 생긴다. 이때 '더럽다', '악하다'고 소리쳐 봤자 소용없다. 왜냐하면 이 모두는 구성원 전체가 스스로 만들어 낸 인과관계에서 생기는 것이기 때문이다.

뿌린 대로 거둔다는 것이 바로 연기법[2]이다. 불안정을 증폭시키면 그런 대로 법은 흘러가고, 또 안정을 증폭시켜도 역시 법은 그런 대로 흘러간다. 그러니 법이 평등할 수밖에 없다. 연기법은 자연의 이치를 거스르며 거꾸로 작용하는 유위법이 아니다.

인간이 아무리 유위적인 행동을 하더라도 연기법은 그에 상응해서 무위적으로 흘러가기 마련이다. 그래서 자연과 함께 살아가는 인간이 자연을 마구 훼손하더라도 자연의 인과법칙을 절대로 벗어날 수는 없다.

[해설]

"법이 평등하여 높고 낮음이 없으니 이 이름이 아누다라삼막삼보리니라. 아도 없고 인도 없고 중생도 없고 수자도 없이 일체 선법(善法)을 닦으면 곧 아누다라삼막삼보리를 얻느니라.

2 연기법(緣起法): 만유는 연이어서 결과를 일으킨다는 인연생기(因緣生起)로 상호 연관된 유기적인 주고받음의 관계 법칙.

…… 말한 바 선법이라고 하는 것은 여래가 곧 선법 아님을 말하는 것이니 그 이름이 선법이니라(如來 說卽非善法 是名善法)."

법은 평등하다. 그러기에 차별이 없고 사상(四相)의 산냐가 붙지 않는다. 그리고 이러한 법은 어떠한 과보를 바라지 않는 선법(善法)으로써 깨달음에 이르게 한다.

연기법계에서 서로 간의 조화로운 주고받음, 많이 주려고도 하지 않고 또 많이 받으려고도 하지 않는 평등한 관계, 언제나 가장 적은 에너지 상태로 조용히 머물려는 최소의 요동상태, 상대방에게 나쁜 영향을 끼치지 않으면서 외부 반응에 가장 적은 에너지로 반응하려는 무위적 자세, 모두가 평등한 에너지 상태에서 동등한 존재 가치(삶의 가치)를 지니면서 가능한 안정된 평형상태를 유지하려는 방향으로 진화하며 이완되고자 하는 것, 이것들이 연기법의 기본 원리이다.

이러한 연기법은 구성원 사이에서 상대방에게 어떠한 피해를 끼치지 않고 또 과보도 바라지 않으니 착한 법, 또는 능숙한 법이라고 부른다. 그러나 법에는 애초부터 착하다, 악하다는 구별이 없이 그냥 구성원들 간의 주고받음의 질서에 따라 흘러갈 뿐이므로 구태여 선법이니 악법이니 하는 구별을 둘 필요는 없다. 이러한 연기적 흐름의 과정에서는 국부적으로 심한 불안정이 발생할 수도 있다. 이것은 상호 간의 에너지 교환이 매우 불규칙하게 일어나는 경우이며, 이러한 불안정의 기간은 비교적 짧다.

인간 사회에서 주고받음이 정상적 관계를 넘어 잘 주지 않거나(불평의 발생) 또는 보통 때보다 더 많이 가지게 되는 경우(지나치게 과분한 획득으로 불안정 발생)에 안정한 상태가 깨지면서 불안정한 상태가 될 수 있다. 이와 같은 국소적 불안정이 발생한다 해도 이웃하는 다른 지역과의 상호 작용을 거치면서 궁극에는 집단 전체가 안정한 상태에 이르게 된다. 따라서 어느 시기에는 불안정해서 악법이고, 어느 시기에는 안정해서 선법이라고 분명히 구별할 필요가 없다.

진행 과정에서 악법도 선법으로 변할 수 있는 것이고, 선법도 악법으로 변한 후에 새로운 선법으로 나타나는 것이 자연의 흐름의 이치다. 이 모든 것은 구성원 각자의 다양한 특성과 주고받음의 복잡미묘한 과정 때문에 자연스럽게 일어나는 현상이다.

이러한 관점에서 일체법에 집착하지 않는다면 '선법이라는 것'도 실은 '선법이다'라고 할 필요가 없고, '법이다'라는 것도 어떤 특정한 경우를 보고 이로부터 법이란 것을 끌어낼 수는 없다. 그래서 "말한바 선법이라고 하는 것은 여래가 곧 선법 아님을 말하는 것이니 그 이름이 선법이니라"고 하는 것이다.

흐르는 물에 점을 찍을 수 없듯이 법이란 것도 공하므로 주고받음의 단순한 과정을 나타낼 뿐이지 특별히 고정된 틀에 해당하는 것은 아니다.

인간의 입으로 들어가는 것은 어떤 것이든 자연에서 생겨난 것이므로 인간의 입은 자연이란 것에 붙어 결코 떨어질 수 없다. 그리고 인간의 불안정이나 불만은 모두가 입에서 시작하여 입으로 끝나기 마련이다. 고상하다고 자부하는 인간의 지혜도 입에서 시작되고 입으로 끝난다. 입을 닫는 경우는 곧 죽음을 의미한다. 그러나 자연은 입이 없다. 그래서 자연은 조용하고 무위적이다. 인간도 가능한 입을 적게 쓸수록(적게 먹고, 적게 말하고) 자연을 닮아 가면서 보다 안정된 삶의 가치를 구현할 수 있을 것이다.

현대의 물질문명은 바로 입의 문명이라고 해도 과언이 아니다. 말이 많고 탈도 많다. 특히 아상을 버리라는 불법은 어디 가고 모두가 스스로 자신을 높이 치켜세워 돋보이려고 집착하는 것이 오늘날 소유 양식을 근본으로 하는 자본주의 문화이다. 그래서 정신적 관대함은 사라지고 오직 물질적 소유의 척도로 인간의 존엄성을 좌우하는 거친 세상이 되어버렸다. 이런 상태에서 맑은 마음으로 착하게 행하라는 것은 잘 통하지 않는다.

근본적으로 자기 스스로를 잘 제어하고 조정할 능력이 상실되어 남과의 연기관계가 원만하게 잘 이루어지지 못하고 있다. 이런 현상이 경에서 말하는 말세인지도 모른다. 그러나 이런 말세에도 연기법에 관련된 사구게[3]만이라도 들려 주어 익히고 행함으로써 정법의 시대를 앞당길 수 있다고 설한 것이 『금강경』이다. 이 경은 궁극의 진리를 설하는 교학일 뿐만 아니라 무심, 무념의 중도를 바탕으로 한 실천적 경임을 보이고 있다.

오늘날과 같이 혼란스러운 문명시대에 정법을 심어 세상을 구제하기 위해서는 옛날처럼 방편적인 속세의 진리만을 설할 것이 아니라 근본적인 진리를 바탕으로 삶의 올바른 가치를 구현하도록 해야 한다. 이를 위해서는 가장 근본적인 『금강경』의 사구게만이라도 익혀서 실천토록 하는 것이 첩경의 길이다.

[별의 세계]

별도 의식이 있을까? 별이 외부의 다른 천체로부터 받는 영향은 서로 끌어당기는 중력과 전자기력 그리고 빛이다. 여기서 별의 운동에 크게 영향을 미치는 것은 중력이다. 별들은 이런 중력을 통해서

---

3 사구게(四句偈): 중요한 내용이 담긴 글귀.

서로 에너지를 주고받는 작용과 반작용을 일으키게 된다. 이것이 별들 간에 일어나는 의식과정이다. 그렇다면 은하와 은하들 사이, 은하단과 은하단 사이, 초은하단과 초은하단 사이, 초초은하단과 초초은하단 사이 등 모든 천체의 집단 사이에도 중력으로 상호 작용하는 의식활동이 있다고 볼 수 있다. 즉 우주 내에서 일어나는 변화는 바로 천체들의 의식활동 즉 원초적인 집단 무의식(아뢰야식)의 흐름에 따른 결과로 볼 수 있다.

영국의 프레드 호일은 주로 수소분자들로 이루어진 암흑성운 내 분자들은 전파로 서로 교신한다고 보고, 성운은 비화학적 생명체라

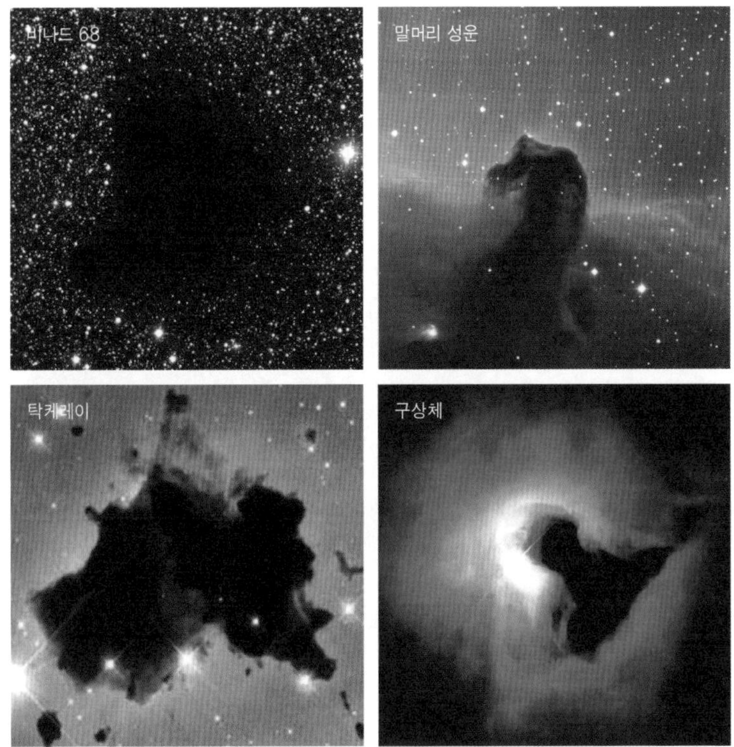

그림27 암흑 성운

고 했다.[그림27] 그리고 성운은 밝은 별 주위를 지날 때 많은 전기적 에너지를 충전한다고 했다. 결국 별을 탄생시키는 재료가 되는 성운은 의식을 가진 천체라는 것이다.

별의 세계에서는 두 천체가 가까이 만나며 지나칠 때 강한 섭동[4]을 서로 미치면서 에너지의 주고받음이 심하게 일어나 각자의 운동 경로와 속도가 심하게 바뀐다. 이때 일어나는 여러 현상은 별들의 자연스러운 맑은 마음에서 생기는 선법이라는 상호 관계법에 따른 것이다. 여기서 맑은 마음이란 자연의 섭리를 따르는 무위적 질서의식을 뜻한다.

인간과 달리 별들은 외부의 반응에 대해 그대로 순응하면서 따른다. 이것이 최소작용의 원리이며, 별들은 이런 원리를 결코 어기지 않는다. 그래서 별들의 세계에서는 집착이란 산냐가 없다. 그런데 인간이 항상 끌고 다니는 집착은 바로 이런 최소작용의 원리를 어기기 때문에 일어나는 것이다.

---

4 섭동(攝動): 주된 힘 이외의 적은 힘. 예를 들면 성단 내에서 한 별에 미치는 성단 전체의 힘은 주된 힘이고, 그 별이 이웃하는 별 주위를 지나면서 받는 힘(중력)은 적은 힘으로 섭동이라 한다.

제24분 복과 지혜는 비교하지 못함

漢譯 복지무비분(福智無比分)

須菩提야 若三千大千世界中所有諸須彌山王如是等七寶聚를
수보리 약삼천대천세계중소유제수미산왕여시등칠보취

有人이 持用布施어든 若人이 以此般若波羅蜜經으로 乃至四
유인 지용보시 약인 이차반야바라밀경 내지사

句偈等을 受持讀誦하야 爲他人說하면 於前福德으로 百分에
구게등 수지독송 위타인설 어전복덕 백분

不及一이며 百千萬億分乃至算數譬喩로 所不能及이니라.
불급일 백천만억분내지산수비유 소불능급

國譯 복과 지혜는 비교하지 못함

"수보리야, 만약 삼천대천세계 가운데 있는 바 모든 수미산왕만한 칠보 무더기를 가지고 어떤 사람이 보시에 쓰더라도 만약 또 사람이 있어 이 반야바라밀경[1]이나 내지 사구게 등을 받아 지니고 읽고 외우며 다른 사람을 위해 말해 주면 앞의 복덕으로 백 분의 일도 미치지 못하며 백천만억 분의 일도 되지 못하며 내지 숫자가 있는 대로 비교하고 비유할지라도 능히 미치지 못하느니라."

---

1 반야바라밀경(般若波羅蜜經): 완전한 지혜에 이르는 경.

新講

복지무비분은 복보다 지혜가 훨씬 중요하다는 걸 보이고 있다. 특히 재물보시에 의한 복덕은 경의 사구게[2]를 가르쳐 주는 지혜에 비교할 수 없다는 것이다. 여기서 지혜란 올바른 연기법에 연관된 지혜이다. 그런데 지혜가 반드시 행으로 이어진다는 보장은 없다. 행이 따르지 않는 지혜는 오히려 지혜가 없는 것만 못해 위험스러울 수 있다.

왜냐하면 얕은 지혜는 남을 속이거나 나쁜 방향으로 이끌 수 있기 때문이다. 뿐만 아니라 자칫 지혜는 아상과 아만을 키울 수 있는 계기가 될 수도 있다. 그러므로 올바른 지혜는 반드시 그에 상응하는 올바른 행이 따를 때만 그 빛을 낼 수 있는 것이다.

[해설]

"막대한 재물보시보다 지혜의 완성이라는 법문에서 사구게 하나라도 받아 남들에게 가르쳐 준다면 그 공덕이 매우 크다."

올바른 지혜의 법을 가르쳐 준다는 것은 상호관계를 잘 가르쳐서 올바르게 수행토록 하는 것이다. 물론 비유해서 재물이란 물질적인 것보다 정신적인 보시가 훨씬 크다고 하지만, 구태여 복덕을 바라서는 안 된다. 재물보시도 복덕을 바라지 않고 해야 하지만, 이 복덕이 사구게를 가르쳐 주는 복덕보다 반드시 더 적다고도 말할 수 없다. 왜냐하면 사구게의 복덕은 이것을 받아 지닐 수 있는 처지가 되었을 때만 가능하기 때문이다.

---

2 사구게(四句偈): 중요한 내용이 담긴 글귀.

예를 들어 생활이 궁핍한 사람에게는 재물보시가 사구게보다 훨씬 중요하고 시급하다. 다만 이 경에서 이야기하는 것은 이러한 극단의 경우를 말하는 것이 아니라 연기법의 올바른 실현이 가능토록 하기 위해서 지혜를 담은 사구게의 중요성을 설하고 있다.

『금강경』을 통째로 외우며, 좋은 사구게를 설한다고 해도 그 사람이 올바른 상호관계를 행하지 못한다면, 그는 남을 속이고 부처를 속이며 불법을 악법으로 만들게 된다. 오늘날 우리 사회에서 이러한 사람들이 없다는 보장이 없다. 따라서 『금강경』을 무조건 외우고 사구게를 설하는 것이 중요한 것이 아니라 경의 근본을 익혀 그에 따라 올바르게 행하는 것이 가장 중요하고 유익하다는 것이다.

『금강경』을 통해서 개인적인 깨달음의 성취라는 그릇된 생각에서 실제 행이 어려울 수도 있다. 『금강경』은 개인이 아니라 여러 대중, 즉 '집단에 의한 집단을 위한 집단의 경'이다.

그러므로 항상 나의 깨침만이 아니라 여러 사람들과 더불어 깨침이 있어야 하고, 그래야만 올바른 상의적 연기관계를 이루어 갈 수 있는 것이다. 혼자만 깨쳐서 눈뜬장님들과 함께 가고자 한들 이들을 모두 붙들지 않고 어떻게 갈 수 있겠는가? 서로 깨쳐서 눈을 떠야만 함께 잘 갈 수 있는 것이다.

『금강경』은 대중이 경을 함께 익히고 습득하여 같이 깨달음에 이르도록 해야 한다는 것을 보여 주고 있다. 경에서는 붓다가 항상 대중들과 함께 살면서 법을 설하며 가르치고 또 대중들의 연기관계에서 법이 공하다는 걸 배운다. 여기서 지혜라고 하는 것도 한 개인의 지혜가 아니라 '대중의 지혜'이다. 『금강경』이 대승불교[3]의 소의(所

---

3 대승불교(大乘佛教): 자리(自利)보다 중생을 위해 이타행(利他行)을 실천하고, 그것에 의해 부처가 되는 것을 주장하는 불교의 한 종파.

依) 경전이 되는 이유도 바로 이러한 집단 연기관계의 중요성 때문이다.

함께 깨달음의 수레를 타고 가는 것이 대승불교가 지향하는 목표이다. 여기서는 특별히 깨달은 지도자가 필요한 것보다는 서로 주고받음을 통해 삶의 참 가치를 대중 모두가 함께 이룩해 가는 것이다. 그래서 깨달아도 함께 깨닫는 것이다.

만약 홀로 먼저 깨달았다고 해서 자기 혼자 모든 대중을 깨달음의 길로 인도하려고 한다면, 이것은 마치 혼자 황금 수레를 타고 앉아 서로 발이 묶인 대중을 끌고 가는 모습과 다를 바 없다. 이것은 결코 『금강경』의 근본 뜻이 아니며, 나아가 불법에 어긋나는 행위로 오히려 불법을 해치는 외도(外道)[4]의 짓이다.

우리 모두는 연기의 끈에 묶여 있다. 그래서 연기의 수레를 타도 함께 타야 하고, 걸어도 함께 걸어서, 깨달음의 피안에 함께 이르러야 한다.

『금강경』은 비할 수 없는 연기법의 중요성을 설하고 있다. 어떤 이는 『금강경』은 공사상[5]을 나타내는 것이라고도 하지만, 이런 공사상은 연기사상과 같은 것이다. 즉 제법실상[6]의 무자성은 연기에서 귀결되고, 공은 무자성에서 귀결되기 때문이다. 따라서 『금강경』의 근본은 집단적 연기사상이다. 즉 공동체 내에서 개체들 사이의 상의적 관계는 항상 새로운 관계를 이루어가면서 서로 간의 인연을 긴밀하

4 외도(外道): 불교 이외의 사상이나 종교를 신봉하는 사람들.

5 공사상(空思想): 모든 사물은 인연에 의해 생기는 것으로 고정된 실체가 없다는 사상. 모든 것은 연기(緣起)하고 있다는 사상. 유(有)와 무(無)라는 두 가지 극단을 떠나 있는 것으로 중도(中道)사상에 해당한다.

6 제법실상(諸法實相): 만유의 실상(實相). 만유의 진실의 본성. 만유의 상주불변(常住不變)의 이법(理法)

게 만든다.

이 과정에서 과거의 상호관계는 사라지고 새로운 상호관계가 맺어지기 때문에 모든 것은 변화와 발전이라는 관계로 이어지면서 옛 것에서부터 새로운 것이 나타나게 된다. 이러한 관계의 변화는 고정된 자성을 갖지 못하므로 공(空)이다. 상호관계를 통한 변화 자체가 실은 공을 내포하고 있다.

만유는 외부와 끊임없이 에너지를 주고받기 대문에 고정된 자성을 유지하지 못하고 항상 새롭게 변화해 간다. 이와 같이 변화를 거치면서 과거의 자성이 사라져 고정된 실체가 없게 되므로 고정된 실체는 공이라 한다. 이때 공은 없다는 무(無)가 아니라 다른 상태로의 변이(變異)를 뜻한다. 이런 관점에서 상의성은 바로 공이라고 말할 수 있다.

이런 공사상은 만유를 항상 새로운 초월적인 향상일로의 단계로 이행토록 하는 것이 그 특징이다. 즉 연기관계[7]에서는 과거보다 현재, 현재보다 미래가 더 안정된 평형상태로 진화해 가는 것이 일반적 특징이다.

한편 상호 작용은 상호 의존적 수수관계를 통해 어느 한 극단에 치우치는 것을 막기 때문에 중도(中道)[8]를 표방한다. 그러므로 중도 사상은 연기사상과 동일하다. 특히 『중론(中論)』에서 부정적 표현의 대표인 불생불멸(不生不滅), 불일불이(不一不異), 불상부단(不常不斷), 불래불거(不來不去) 등 여덟 가지 부정[八不][9]은 곧 상호 의존적 연

---

7 연기관계(緣起關係): 연기는 연이어서 결과를 일으킨다는 인연생기(因緣生起)의 뜻이며, 만유는 상호 연관된 연기로 얽혀 서로 주고받는 유기적인 관계.

8 중도(中道): 두 개의 대립되는 것[예를 들면 있음(有)과 없음(無), 고통과 쾌락, 단(斷)과 상(常 등]을 떠나서 이들을 서로 상통하여 융합함으로 어느 하나에 치우치지 않는 것.(참조 『별을 보면 법을 보고 법을 알면 별을 안다』: 이시우, 신구문화사, 2002, 279쪽)

기와 공을 기본으로 한 예로서 법계연기의 바탕을 이룬다.[10] 여기서 중론(中論)이 제법실상에 대해 공사상과 전체적(전일적) 사상을 지향하는 것은 지극히 당연하다.

중도란 모순 대립적인 두 극단의 양변이 서로 상통하며 융합하는 것이다. 이때 융합이란 최소작용의 원리를 따라 일어난다.

예를 들면 고(苦)와 낙(樂)은 고통과 즐거움으로 서로 모순되는 양 극단의 대립적 개념이다. 한 개체에서 일어나는 고와 낙의 과정을 보면 다음과 같다.

개체들 사이에 일어나는 연속적인 상호 의존적 관계에서 고통은 시간이 지나면서 즐거움으로 바뀌고 또 즐거움은 다시 고통으로 바뀌면서 변천해 간다. 따라서 고통과 즐거움은 서로 무관하게 독립적으로 존재하는 것이 아니라 고통 속에 즐거움이 내재해 있고, 또 즐거움 속에 고통이 내재해 있는 것이다. 그래서 고와 낙은 서로 상통하여 융합되어 있다고 한다.

이런 관점에서 고와 낙은 별개로 구별되는 것이 아니라 궁극적으로 이들은 같은 것인데 단지 나타나는 현상만이 다를 뿐이다. 즉 대립적인 두 개념은 각기 상반되는 이중성(二重性)을 가지지만 이 이중성은 동시에 다 나타나지는 않는다.

이러한 실례는 빛의 이중성에서도 볼 수 있다. 즉 빛은 파동성과 입자성의 두 가지 성질을 가지고 있다. 비누방울의 간섭 무늬처럼 빛이 파동의 성질을 보일 때는 입자의 성질이 나타나지 않는다. 반대로 디지털 카메라로 사진을 찍을 때는 빛의 입자가 카메라에 내장된

9 팔불(八不): 불생불멸(不生不滅)-생기는 것도 없고 소멸하는 것도 없다. 불일불이(不一不異)-같은 것도 없고 다른 것도 없다.
불상부단(不常不斷)-항상하는 것도 없고 단멸하는 것도 없다.
불래불거(不來不去)-오는 것도 없고 가는 것도 없다.

10 『용수의 삶과 사상』: 中村 元 지음 · 이재호 엮음, 불교시대사, 1993, 105쪽 · 123쪽.

전하결합소자[11]와 충돌함으로써 상(像)이 생긴다. 이때 빛이 가진 입자의 성질은 보이지만 파동의 성질은 나타나지 않는다.

연기법계에서 고와 낙이 실제는 차별 없이 서로 상통하게 융합된 것이므로 이 중 어느 한 극단에 집착하는 것은 의미가 없다. 인식이라는 과정에서 볼 때 우리는 언제나 가장 낮은 에너지 상태에 머물며(선정을 통해), 또 외부 반응에 대해 가장 적은 에너지로 반응(계와 혜를 통해)할 때 대립적인 양극단이 서로 상통하여 융합될 수 있다.

예를 들어 고통을 이겨 내기 위해 억지로 많은 에너지를 낭비하지 않고 가장 조화로운 상호관계를 통해 주어진 상황에 순응, 적응하면서 최소작용의 원리에 따라 지내다 보면 언젠가는 고통이 사라지고 즐거움이 닥치게 된다. 그런데 이 즐거움이 영원히 계속되지 않고 다시 고통으로 변천해 가는 것이 상호관계의 법칙이다. 그러므로 고통과 즐거움이라는 어느 한 극단에 집착하지 않고 최소작용의 원리에 따라 상호관계를 조화롭게 이어가는 것이 가장 현명한 중도의 도리이다.

중도는 대립적인 모순이 융합되는 것을 말하며, 모순이 융합된 세계를 중도의 세계라 한다.

선과 악, 시(是)와 비(非), 유와 무, 고와 낙 등과 같은 상대적 대립으로 이루어진 것이 세상이다. 이런 대립적 모순이 존재하는 현실에서 이들을 서로 상통 융합하여 조화롭게 만드는 것이 법계연기[12]에서 일어나는 중도이고 쌍차쌍조[13]이다.

---

11 전하결합소자(電荷結合素子): 반도체에 빛을 쪼이면 빛의 입자(光子라 부름)가 충돌하여 전자를 방출하고, 이를 축적하여 기록해 둔다. 이런 기능을 가진 것을 전하결합소자(CCD라고 불림)라 한다.

12 법계연기: 우주 만물은 모두가 서로 연기되어 있어 하나가 전체[一卽一切]이고 전체가 하나[一切卽一]인 중중무진(重重無盡)한 관계. 여기서는 중생, 부처, 번뇌, 보리, 생사, 열반 등의 대립이 모두 동등하다. 법계무진연기(法界無盡緣起), 일승연기(一乘緣起), 무진연기(無盡緣起)라고도 함.

모순의 대립이 직접 상통하는 중도가 헤겔의 변증법과 다른 것으로 보기도 한다. 왜냐하면 후자의 정반합(正反合)이라는 과정을 거치는 변증법은 모순의 대립이 시간적 간격을 두고 발전해 가기 때문이다.

그렇다면 불교의 중도사상은 과연 시간과 무관한 것일까?

우리는 일상 생활의 여러 경우를 통해서 전체적으로 보면 고통과 즐거움, 삶과 죽음, 사랑과 증오 등을 동시에 경험한다. 그러나 한 개체를 중심으로 볼 때는 고통과 즐거움, 삶과 죽음, 사랑과 증오 등이 상의적 과정을 통해 시간적으로 차이를 두고 일어난다.

즉 고통[正]을 지나다 보면 이에 반대되는 즐거움[反]이 생기고, 사랑[正]의 단계를 지나다 보면 이에 반대되는 증오[反]가 생기며, 또 삶[正]의 과정을 지나다 보면 이에 반대되는 죽음[反]에 이른다. 이러한 서로 모순 대립적인 정(正)과 반(反)의 단계를 거치면서 새롭고 초월적인 모순의 융합이라는 합의 단계로 이어지는 것이 변증법이다. 여기서 초월적 합의 단계가 불교에서는 연기관계에 따른 중도에 해당된다고 볼 수 있다.

그런데 우리의 의식과정에서 볼 때 변증법에서는 합이 반드시 정(正)과 반(反)의 단계를 차례로 거쳐서 이루어지는데 비해 불교의 연기관계에 따른 중도는 정반(正反)에 해당하는 대립적인 양극단이 동시에 서로 상통하여 초월적으로 융합된다. 이것이 중도와 헤겔의 변증법의 차이이다.

우리가 중도사상에 입각해서 사물이나 현상을 볼 때는 어느 한

13 쌍차쌍조(雙遮雙照): 차(遮)는 구별·분별을 버리고 초월함을, 그리고 조(照)는 서로 상통해서 하나로 되는 것을 뜻한다. 그래서 쌍차쌍조는 모순 대립적인 양변을 버리고 양변을 상통시켜 원융하는 것으로 중도사상을 나타낸다. 즉 원교(圓教)의 중도설을 따르면 쌍차면은 공(空)이라 하고, 쌍조면은 혜(慧)라 하며, 쌍차쌍조는 중(中)이라고 한다.(참고 『별을 보면 법을 보고 법을 알면 별을 안다』: 이시우, 신구문화사, 2002, 55쪽)

상태에서 나타나는 특별한 것에 집착하지 말고 긴 시간에 걸쳐 관찰함으로써 사물이나 현상의 특성을 보다 정확히 이해할 수 있다.

예를 들면 매우 아름답게 보이는 사람도 시간이 지나 늙어지면 추하게 보일 수도 있다. 또 매우 착해 보이는 사람도 어떤 환경에 처해서는 매우 악한 사람으로 돌변할 수도 있다. 따라서 처음 볼 때의 아름다움이나 착함에 집착하지 말고, 시간이 지나면 추해질 수도 있고 또 악해질 수도 있다는 가능성을 미리 짐작해야 한다. 그리고 '상호 관계에서 일어날 수 있는 것은 언젠가 일어난다'는 발생의 보편성에 입각해서 미(美)와 추(醜), 선과 악 등에 대한 집착을 모두 버리고, 미와 추는 같은 것이고 또 선과 악도 같은 것이라는 중도의 사상을 가져야 한다. 그래야만 세상에 대한 편견을 벗어나서 조화로운 연기관계를 유지할 수 있다.

피안의 세계 곧 절대적이고 무한한 세계를 구상하여 그곳에서 영원한 행복을 누리도록 노력하는 것이 종교의 근본 취지라는 견해도 있다.[14] 그러나 중도의 불법에서는 절대성과 영원성 그리고 행복이란 한쪽으로 치우친 극단을 허용하지 않는다. 왜냐하면 상호 의존적 연기관계에서는 절대적 세계도 없고, 영원한 행복도 없이 오직 상의적 관계성만이 이어져갈 뿐이다.

피안의 세계에 해당하는 열반은 일체의 희론(형이상학적 논의)과 일체의 분별을 떠나며 나아가 모든 대립을 초월한 것으로 궁극의 무위상태 즉 공(空)의 상태로서 이것은 긴밀한 상호 작용을 통해 얻어진다.

이처럼 불교는 어느 한 극단의 이상향(理想鄕)을 지향하는 단순한 종교가 아니라 만유의 존재와 진화의 상의적 연기법칙을 내포한다.

---

14 『영원한 자유』: 퇴옹 성철, 장경각, 2002, 17쪽.

그래서 불교는 우주적 과정철학[15]인 동시에 개인적인 기원(祈願)이나 기복(祈福)이 아니라 불법을 신앙하는 종교다.

[별의 세계]

별의 세계에서 '지혜의 완성이란 법문'은 바로 무위적인 연기법이다. 그리고 법문은 어느 특정한 별이 홀로 하는 것이 아니라 모두가 함께 소리 없는 법문을 하면서 함께 행을 이루어 간다. 그러기에 법문은 법문이 아니라, 법문은 바로 주고받는 행 그 자체이다.

별의 세계에서는 작은 수레에 여러 별이 타고 간다. 그리고 작은 수레들은 다시 더 큰 수레에 함께 타고 간다.

예를 들어 성단(星團)이라는 작은 수레는 이들이 모여 은하라는 큰 수레에 함께 타고 간다. 은하라는 수레는 다시 모여 더 큰 은하단, 초은하단, 초초은하단이라는 더 큰 수레를 차례대로 만들어 간다. 그래서 별들은 점차 더 커지는 수레를 타고 가면서 우주라는 가장 큰 수레에 놓이게 된다.[16]

별은 각 수레에서 깨달음이란 안정된 이완상태[17]를 이루며, 그리고 수레가 클수록 더 많은 별들이 새로운 이완상태를 이루어 간다. 결국 별의 세계에서는 깨달음의 수레가 크기에 따라서 여러 가지가 있

---

15 『과정과 실재』: 화이트헤드·오영환 옮김, 민음사, 1999.
『화이트헤드의 유기체 철학과 불교』: 고목스님, 시간과 공간사, 1999.

16 『천문학자와 붓다의 대화』: 이시우, 종이거울, 2004, 169쪽.

17 이완상태(弛緩狀態): 집단 내에서 구성원들 사이의 연속적인 주고받음의 관계를 통해서 개체의 고유한 초기 특성이 완전히 사라지면서 집단 전체의 고유한 특성이 생기는 가장 안정된 상태로 진행해 가는 체계. 여기서 집단의 특성이란 각 구성원들의 역할과 존재 가치가 동등해지고 평등해지며 그리고 특수성이 사라지면서 모든 것이 보편화되는 것이다.

다는 것이다.[18]

사실 인간을 포함한 지상의 모든 유정과 무정들은 태양계라는 큰 수레에 타고 있고, 여기서 다시 우리는 지구라는 작은 수레에 타고 있다. 이 수레가 고장나면 여기에 타고 있는 모든 생명체는 위험을 맞게 된다. 이것이 인간의 멸종이라는 최악의 상태에 이른다면 인간의 머리 속에서 우주는 완전히 사라지게 될 것이다.

지구의 수레에서 오늘날 대승불교라는 대승의 수레는 과연 인간들을 잘 태우고 가고 있는 것일까? 그리고 우리는 불법에 따라 인간을 태우고 가는 지구라는 수레바퀴를 진정 잘 굴리고 있는가?

18 『별을 보면 법을 보고 법을 알면 별을 안다』: 이시우, 신구문화사, 2002, 143쪽.

제25분 교화하여도 교화함이 없음

漢譯 화무소화분(化無所化分)

須菩提야 於意云何오 汝等은 勿謂如來이 作是念호대 我當度
수보리 어의운하 여등 물위여래 작시념 아당도

衆生이라 하라 須菩提야 莫作是念이니 何以故오 實無有衆生
중생 수보리 막작시념 하이고 실무유중생

如來度者니 若有衆生如來度者면 如來 卽有我人衆生壽者니라
여래도자 약유중생여래도자 여래 즉유아인중생수자

須菩提야 如來說有我者는 卽非有我어늘 而凡夫之人이 以爲
수보리 여래설유아자 즉비유아 이범부지인 이위

有我일새니 須菩提야 凡夫者는 如來 說卽非凡夫일새 是名凡夫니라.
유아 수보리 범부자 여래 설즉비범부 시명범부

國譯 교화하여도 교화함이 없음

"수보리야, 어떻게 생각하느냐? 너희들은 여래가 이런 생각을 하되 '내가 마땅히 중생을 제도한다'고 이르지 마라. 수보리야, 이런 생각하지 말지니라. 어찌한 까닭이냐? 실로는 여래가 제도할 중생이 없나니 만약 중생이 있어 여래가 제도할진대 여래는 곧 아와 인과 중생과 수자가 있음이니라.

수보리야, 여래가 아(我)가 있다고 말하는 것은 곧 아가 있음이 아니거늘 범부[1]인 사람들이 이를 아가 있다고 하느니라. 수보리야, 범부라는 것도 여래는 곧 범부가 아님을 말하는 것이니 그 이름이 범부니라."

新講

교화하되 교화한 뭇 삶이 없다는 화무소화분에서는 깨닫게 하되 깨닫게 했다는 집착을 내지 말고, 범부를 범부로 차별하는 집착도 내지 말라고 설한다. 상호관계에서는 어느 것이 어느 것보다 더 낫고, 더 높다는 분별과 차별은 있을 수 없다. 그렇지 않으면 상호 작용을 통해서 깨달음이란 이완의 세계로 들어갈 수 없다.

연기법계에서 이루어지는 것은 평등성, 보편성, 에너지 등분배 등으로 이들에 의해 구성체 모두의 존재 가치가 동등해지는 경지에 이르게 된다. 그렇지 못하면 불안정한 혼돈상태를 맞게 된다. 실은 이런 경우도 집단이 파괴되지 않는 한 시간이 지나면 언젠가는 집단 전체가 안정된 상태로 이루어져 가는 것이 조화로운 연기법계의 참 모습이다. 불안정한 상태는 안정된 상태보다 항상 짧은 기간을 가지는 것이 자연의 섭리이다.

이것은 최소작용의 원리 때문이다. 불안정 상태는 안정된 상태보다 항상 더 큰 에너지 상태, 즉 들뜸 상태에 있는 것으로 이런 상태가 오랫동안 지속되려면 외부로부터 에너지를 계속 공급받아야 한다. 그렇지 못하면 낮은 에너지 상태인 안정된 상태로 내려오게 된다.

1 범부(凡夫): 불교의 가르침을 모르는 평범한 사람.

[해설]

"실로는 여래가 제도할 중생이 없나니 만약 중생이 있어 여래가 제도할진대 여래는 곧 아와 인과 중생과 수자가 있음이니라.

수보리야, 여래가 아(我)가 있다고 말하는 것은 곧 아가 있음이 아니거늘 범부인 사람들이 이를 아가 있다고 하느니라. 수보리야, 범부라는 것도 여래는 곧 범부가 아님을 말하는 것이니 그 이름이 범부니라(凡夫者 如來 說卽非凡夫 是名凡夫)."

여래가 해탈시킨 중생은 없다고 한 것은 '해탈시켰다'는 집착의 산냐[2]를 피하기 위해서다. 즉 사상(四相)의 집착을 떠나기 위한 것이다. 그런데 어리석은 범부들이 이러한 자아라는 아(我)에 집착하기 때문이다. 그리고 실은 범부도 범부라고 부를 수 없는데 산냐 때문에 '범부다', '해탈시켰다'라고 분별을 일으키는 것이다.[3)]

그러면 실제 연기관계[4]를 살펴보자.

서로 간의 인연에 얽혀 수수관계를 이어 가기 때문에 모두는 동등하다. 여기서는 누가 누구를 제도하는 것이 아니라 서로가 서로를 제도한다. 이런 점에서 비록 깨친 여래라 하더라도 대중 속에 들어가면 그도 대중이 된다. 단지 그는 상의적 관계를 보다 효율적으로 이끌어갈 뿐이다. 그런데 이러한 상호 작용은 대중이 잘 따라서 서로의 상의적 관계가 원만해진다면 연기관계는 훨씬 효율적으로 진행

---

2 산냐(saṃjña): 정형화된 상(相, 想)으로서 대상을 받아들여 개념작용을 일으키고 이름을 붙이는 작용. 즉 개념화·이념화·이상화·관념화 등에 관련된 것이다.

3 『별을 보면 법을 보고 법을 알면 별을 안다』: 이시우, 신구문화사, 2002, 274쪽.

4 연기관계(緣起關係): 연기는 연이어서 결과를 일으킨다는 인연생기(因緣生起)의 뜻이며, 만유는 상호 연관된 연기로 얽혀 서로 주고받는 유기적인 관계.

될 수 있다. 만약 그렇지 못하면 깨달은 여래도 깨닫지 못한 대중으로 되돌아갈 수밖에 없다.

대중 속에서 유아독존[5] 격으로 홀로 깨달은 존재로 남는다는 것은 깨달음과 아무런 의미가 없다. 오히려 대중들 간의 상호관계에 지장만 줄 뿐이다. 왜냐하면 아상만 돋보이기 때문이다.

이런 점에서 여래가 대중과 함께 지내면서 모두가 깨달음에 이르렀다면, 이것은 여래에 의해 대중이 깨달았다고 볼 수는 없다. 그 이유는 여래는 많은 대중들의 한 구성원일 뿐이며 깨달음은 구성원들 사이의 유기적인 수수관계를 통해서만 이루어지기 때문이다. 그래서 여래는 '내가 마땅히 중생을 제도한다고 이르지 마라'고 하는 것이다.

실제로 깨닫는 것은 대중들 모두에 의해 이루어진 것이고, 여래는 그러한 과정에서 깨달음을 인도했을 뿐이다. 결국 깨달음은 누구 몇 사람에 의해 이루어지는 것이 아니라 전체 대중들이 스스로 얻어내는 것이며, 그리고 진정한 깨달음은 깨달음이 공이라는 것을 깨닫는 것이다.

한편 범부들이라고 하는 것은 범부가 아닌 사람과 비교해서 상대적으로 부르는 분별에서 생기는 것이다. '어리석은 일반인'이라는 범부는 어리석다고 보는 사람의 분별심에 의한 것이지 원래부터 어리석은 것으로 차별되어 태어나는 것은 아니다.

그러므로 범부니, 깨친 선지식인이니 하는 분별은 적어도 연기법계에서는 있을 수 없다. 왜냐하면 깨쳤다는 선지식인이란 단지 연기관계를 좀더 효과적으로 이끌어가는 대중들 중의 한 구성원일 뿐이

5 불교에서 유아독존(唯我獨尊)을 '인간 존엄성의 선언'으로 보기도 한다. 그러나 유아독존은 인간 존엄성의 선언이라고 보는 것보다는 우주 내에서 나[我]라는 개체 유형의 탄생은 단 한번밖에 있을 수 없는 사건으로서 우주의 한 구성원이 되고 있음을 가리키는 것이다. 그리고 우주 내 만물은 모두가 존엄한 것이지 인간만이 존엄하다는 생각은 불법의 평등성과 보편성에 어긋난다.(참조: 『자기를 바로 봅시다』: 퇴옹 성철, 장경각, 2003, 321쪽)

며 그리고 자아에 대한 집착을 가진 대중(범부)도 궁극에는 깨침에 이르기 때문이다.

제대로 된 인간 사회라면 역동적인 상호관계를 통해서 대중 전체가 함께 깨달음에 이르도록 해야 올바른 사회가 될 수 있다. 그리고 어느 한 국부적인 작은 집단의 사람들이 깨달음에 이르렀다고 해서 반드시 집단 전체의 모든 사람들도 쉽게 깨달음에 이른다는 보장은 없다. 왜냐하면 깨달음은 사상(四相)의 산냐를 내포하고 태어날 수 있기 때문이다. 그래서 사상의 집착에 빠지지 않으려면 모두가 함께 깨달음을 성취토록 해야 한다.

별과 다르게 지혜를 가진 인간 사회에서는 별처럼 대중 전체가 함께 깨달음에 이른다는 것은 그렇게 용이하지 않다. 그러나 대중의 대부분이 깨달음에 이르면 나머지는 자연적으로 따라오는 것이 인간의 심리이다.

이런 과정에서 가장 중요한 것은 서로 간에 일어나는 주고받음이라는 상의적 관계가 매우 긴밀하고 역동적으로 일어나도록 해야 한다. 이것이 바로 자리이타의 수행 방법이다. 그래야만 불안정이 빨리 사라지면서 안정된 이완상태[6]의 사회가 이룩될 수 있다.

[별의 세계]

별의 세계에서는 물론 미리 깨달은 별이 나머지 깨닫지 못한 별

---

6 이완상태(弛緩狀態): 집단 내에서 구성원들 사이의 연속적인 주고받음의 관계를 통해서 개체의 고유한 초기 특성이 완전히 사라지면서 집단 전체의 고유한 특성이 생기는 가장 안정된 상태로 진행해 가는 체계. 여기서 집단의 특성이란 각 구성원들의 역할과 존재 가치가 동등해지고 평등해지며 그리고 특수성이 사라지면서 모든 것이 보편화되는 것이다.

들을 제도하는 그런 유위적인 수수관계는 결코 일어나지 않는다. 별들은 서로의 상호관계에서 함께 깨달아 함께 이완상태에 이르고, 또 안정을 잃으면 함께 불안정해지는 것이지 어느 특정한 별에 의해서 인도되는 것은 아니다.

별들의 세계에서는 일찍 깨달아 잘났다는 별도 없고 또 어리석고 못났다는 별도 없다. 모든 별들은 인간과 달리 차별적 지혜와 이에 따른 집착이 없기 때문에 어떠한 경우든 동등한 존재 가치를 지닌다. 그래서 선지식 별도 없고 범부 별도 없이 서로가 서로를 교화하는 조화로운 상호관계가 일어나고 있다.

만약 선지식 별이 많다면 어떻게 될까? 집단 내에서 선지식 별이 많으면 그들의 특이성 때문에 국부적인 불안정이 발생하고, 이것이 증폭되면서 성단 전체가 불안정해진다. 이런 상태에서는 선지식 별과 범부 별 사이에 활발한 상의적 수수작용이 일어나면서 조우, 섭동이 증폭된다. 그러면서 성단 전체는 새로운 안정을 찾아간다. 그리고 선지식 별과 범부 별이라는 분별적 차이[四相]가 사라지면서 모두가 평등하고 평범한 구성원으로 이완될 것이다.

이런 현상은 인간 사회에서도 마찬가지다. 즉 특정한 집단에 의해 국부적으로 불안정이 발생하면 집단 내 나머지 구성원과의 새로운 상호 작용은 불가피하게 일어난다. 이 과정에서 새로운 것이 옛 것을 극복하든지 또는 그 반대 현상이 일어날 것이다.

어떠한 상호 작용이 일어나는 집단 전체는 과거와는 다른 새로운 상태로 안정을 찾아가며 이완된다. 이것이 바로 상호 의존적 관계를 통해 반드시 일어나는 초월적 상태로의 변이이다. 물론 이 과정에서 잠시 동안의 혼란스런 불안정 상태가 지속될 수도 있지만 전체적으로 보면 이 기간은 결코 길지 않다.

여기서 중요한 것은 새로운 초월적 상태에 내포되는 삶의 질은 전적으로 구성원 각자의 삶에 대한 가치 기준에 달려 있다는 것이다. 특히 삶이 유위적 지혜에 의존할수록 무위적 자연과는 멀어진다.

제26분 법신은 상이 아님

漢譯 법신비상분(法身非相分)

須菩提야 於意云何오 可以三十二相으로 觀如來不아 須菩提
수보리 어의운하 가이삼십이상 관여래부 수보리

言하사대 如是如是하니이다 以三十二相으로 觀如來니이다
언 여시여시 이삼십이상 관여래

佛言하사대 須菩提야 若以三十二相으로 觀如來者인댄 轉輪
불언 수보리 약이삼십이상 관여래자 전륜

聖王이 卽是如來로다 須菩提 白佛言하사대 世尊하 如我解佛
성왕 즉시여래 수보리 백불언 세존 여아해불

所說義컨댄 不應以三十二相으로 觀如來니이다 爾時에 世尊이
소설의 불응이삼십이상 관여래 이시 세존

而說偈言하사대 若以色見我어나 以音聲求我하면 是人은
이설게언 약이색견아 이음성구아 시인

行邪道라 不能見如來니라.
행사도 불능견여래

國譯 법신(法身)[1]은 상이 아님

"수보리야, 어떻게 생각하느냐? 가히 32상으로써 여래를 볼 수 있겠느

1 법신(法身): 진실의 본체.

냐?"

수보리가 말씀드렸다.

"그러하오이다. 32상으로써 여래를 보겠습니다."

부처님께서 말씀하셨다.

"수보리야, 만약 32상으로써 여래를 볼진대 전륜성왕[2]도 곧 여래이리라."

수보리가 부처님께 말씀드렸다.

"세존이시여, 제가 부처님께서 말씀하신 바 뜻을 이해하옴 같아서는 응당 32상으로써 여래를 볼 수 없사옵니다."

저때에 세존께서 게송으로 말씀하셨다.

"만약 형상으로 나를 보려 하거나 음성으로 나를 찾는다면 이 사람은 사도를 행함이라.

여래를 능히 보지 못하리라."

新講

법신비상분에서는 여래의 형상이나 깨달음의 지혜라는 법신에는 그 어떤 특징도 없다고 한다. 그러므로 어떤 형상이나 법에 집착하는 산냐를 버리라는 것이다. 여래가 설한 모든 법도 서로 주고받음의 과정 속에 들어 있는 것이지 따로 떨어져 별도로 존재하는 것이 아니다. 만약 연기법을 상호관계 속에서 보지 않고 단순히 법으로만 본다면, 연기법은 더 이상 법이 아니고 집착의 대상일 뿐이다.

2 전륜성왕(轉輪聖王): 법의 바퀴를 굴리며 천하를 평정한다는 인도의 전설적인 왕.

[해설]

"가히 32상으로써 여래를 볼 수 있겠느냐?……제가 부처님께서 말씀하신 바 뜻을 이해하옴 같아서는 응당 32상으로써 여래를 볼 수 없사옵니다."

32상을 갖추었다고 해서 모두 여래라고 볼 수 없다. 몸의 특징은 그 개체의 외형적 특징일 뿐이지 이것이 상호관계에서 어떤 역할을 하는 것은 아니다. 만약 몸의 특징이 상의적 관계에 영향을 미친다면, 이것은 특징이라는 것에 집착함으로써 올바른 연기관계를 이룰 수 없다. 왜냐하면 외형적 특징은 평등성과 보편성을 근본 바탕으로 하는 연기법[3]에 어긋나기 때문이다.

예를 들면 예쁜 사람에게 치우쳐서 특별한 대우를 한다면, 이것은 평등성을 벗어난 특수성에 대한 선호로서 여러 사람 사이의 상호관계를 부자연스럽게 하여 모두가 안정한 상태에 이르는 데 큰 지장을 초래하게 된다.

오늘날 많은 사람들이 외형적인 모습에 신경을 쓰며 많은 돈을 투자하고 있다. 이런 현상은 자신의 정체성을 최대한 돋보이고자 하는 이기적 행위로 남과의 조화로운 상호관계를 매우 어렵게 만든다. 그래서 오늘날 사회 전체가 불안정한 소비시대를 맞이하게 되었고, 이것은 다시 연기를 통한 깨침이나 안정성을 저해하는 심각한 요인이 되고 있다.

그 결과 오늘날 최첨단 과학기술을 통한 물질만능주의는 인간 본성을 찾는 존재 양식이 아니라 사상(四相)의 산냐에 빠져 소유욕구

3 연기법(緣起法): 만유는 연이어서 결과를 일으킨다는 인연생기(因緣生起)로 상호 연관된 유기적인 주고받음의 관계 법칙.

에 충만한 인간을 한갓 물건으로 취급하는 소유 양식의 시대로 끌어가고 있다.[4]

붓다가 32상을 지닌다는 것도 실은 시대적 요청에 따라 붓다를 우상화시키기 위해 억지로 만들어 낸 것인지도 모른다. 32상의 특징이 무슨 소용이 있겠는가? 보통 사람이 가지지 못하는 특별한 상(相)을 가지면 오히려 다른 많은 사람들에 비해 비정상적인 사람으로 보일 뿐이다.

별의 경우처럼 깨달음에 이른 사람, 즉 연기법을 잘 아는 법신에게는 어떠한 외형적 상도 아무런 소용이 없다. 오직 남과의 상의적 수수관계를 원활하게 이루어 가면서 모두가 안정된 이완상태로 나아가는 상호관계만 잘 이룩해 가도록 하면 된다.

"세존께서 게송으로 말씀하셨다. 만약 형상으로 나를 보려 하거나 음성으로 나를 찾는다면 이 사람은 사도를 행함이라."

각묵 스님의 산스끄리뜨 번역본[5]에서는 아래와 같이 좀더 자세히 기술되고 있다.

"형상으로 나를 보았거나
소리로써 나를 찾았던 자들은
그릇되이 정진한 것이니
그 사람들은 나를 보지 못할 것이다."

---

4 『소유인가 존재인가』: 에리히 프롬 지음 · 심일섭 옮김, 도서출판 한글, 1999.

5 『금강경 역해』: 각묵 스님, 불광출판부, 2001, 378쪽.

"법으로 부처님을 보아야 한다.
참으로 스승들은 법을 몸으로 하기 때문이다.
그러나 법의 본성은 분별로 알아지지 않나니
그것은 분별해서 알 수 없기 때문이다."

몸의 형상이나 소리의 특성 등에 집착해서 연기관계를 맺으면 올바르지 않다. 그리고 사람이 얼마나 잘 깨달았나를 알려면 연기관계를 통해서만 판단할 수 있다. 왜냐하면 연기법은 형상을 가진 특별한 것이 아니므로 오관으로 간단히 인식될 수 있는 것이 아니기 때문이다.

오직 서로의 직접적인 주고받음의 관계를 통해서 상대방의 법다움을 비추어 볼 수 있다. 그래서 '참으로 스승들은 법을 몸으로 하기 때문이다'라고 하는 것이다. 이것은 참된 법은 입에서 나오는 것이 아니라 몸으로 이루어지는 직접적인 행을 통한 관계에서 이루어진다는 것을 의미한다.

복잡한 인간 사회에서도 참된 사람은 그의 다양한 행에서 진정한 그의 참모습이 보여질 수 있다. 어느 것이 참된 것이란 절대적 기준은 없다. 단지 남과의 긴밀한 상호관계를 통해서만 그 진의를 파악할 수 있을 뿐이다.

만약 남과의 관계를 차단한 채 오랫동안 홀로 생활을 하게 되면, 나중에 남들과의 상의적 관계를 잘 수행하지 못하게 되므로 참된 깨달음은 어렵게 될 것이다.

공동체 내에서 일어나는 참된 연기관계[6]는 관계의 관계이며, 이런

6 연기관계(緣起關係): 연기는 연이어서 결과를 일으킨다는 인연생기(因緣生起)의 뜻이며, 만유는 상호 연관된 연기로 얽혀 서로 주고받는 유기적인 관계.

유기적이고 긴밀한 관계에서만 삶에 대한 올바른 깨달음에 이를 수 있다. 그래서 '법의 본성은 분별로 알아지지 않나니 그것은 분별해서 알 수 없기 때문이다'라고 하는 것이다. 즉 모든 존재[諸法]의 본성은 공(空)으로 식별될 수 없으니 그것을 대상으로 의식할 수 없다는 것이다. 이것이 곧 삶의 참된 질을 추구하는 존재 양식의 근본이다.[7]

오늘날 우리 사회에서는 깨쳤다고 하면서 대단한 법의 상을 얼굴에 쓰고 나오는 경우가 가끔 있으며, 또 대중들은 없는 상을 대단한 허상으로 만들어 내기도 한다. 이 모두는 집착이고 환상이다. 연기법을 제대로 모르는 소치에서 연유된 것이다.

오늘날 한국 불교는 상의적 관계법을 올바르게 터득하여 익히기보다는 이와는 동떨어진 개인적 소원 성취나 개인적 깨침의 해탈에 치중하는 것 같다. 그래서 혹자는 '나는 깨달은 자이므로 모든 중생은 내 말에 복종하고 따르라'는 아만과 아집에 쉽게 빠지게 된다. 이것은 적어도 대승불교를 표방하는 사회에서 할 수 있는 처사는 결코 아니다.

또한 출가 스님과 재가 대중을 억지로 구별하고 분별토록 하는 것도 함께 수레를 타고 가는 사람들로서 올바른 관계는 아니다. 왜냐하면 불법으로 치장된 스님이란 외형적 형상으로 대중들과 분별토록 하기 때문에 형상에 대한 집착의 산냐에 빠져 스님들과 대중 사이에 올바른 연기관계가 이루어지기 어렵기 때문이다.

스님이 먼저고 대중이 다음이요, 스님이 높고 대중은 낮다는 생각 자체는 적어도 대승적 견해는 아니며, 더욱이 불법도 아니다. 출가

---

7 『별을 보면 법을 보고 법을 알면 별을 안다』: 이시우, 신구문화사, 2002, 288쪽.

스님의 수레가 법의 수레라고 한다면, 재가 대중의 수레는 삶의 수레다. 먹지 않고 법의 수레를 굴릴 수 있는가? 또한 법을 모르고 수레를 올바르게 굴릴 수 있는가? 대승의 수레에는 법과 삶이 함께 실려 있음을 잊지 말아야 한다.

주관적 관념을 넘어선 객관적이며 보편적인 상의적 질서가 곧 법(연기법)이며, 이 법을 잘 따르는 자는 모두가 법신[8]이다. 그리고 이러한 법은 집단 전체의 특성에 의해 규정된다. 따라서 법의 모든 특성이 개별적인 대상에 의해서는 인식될 수 없는 것이다.[9]

[별의 세계]

별들의 세계에서는 별들이 자신들의 특징 때문에 자랑스러워하거나 고민할 것이 전연 없다. 모두가 그렇고 그런 둥근 모양일 뿐이다. 그래서 집착의 산냐가 없는 별들은 조화로운 상호관계를 통해 쉽게 이완상태에 이를 수 있다.

별들은 그 자체가 법신이다. 그렇다고 별에 어떤 특징이 있는 것이 아니며, 또 법의 어떤 특성이 직접 보여지는 것도 아니다. 법신으로서의 모습은 별들 사이에 일어나는 무위적인 수수관계를 오랫동안 지내면서 자연스럽게 나타나는 이완과정에서 찾아볼 수 있다.

별이 법신이라면 별들로 이루어진 은하도 법신이다. 그리고 더 큰 별의 집단인 은하단, 초은하단, 초초은하단 등 모두가 법신이다. 다시 말하면 이 모두를 포함하는 삼천대천세계인 우주 자체가 법신이

8 법신(法身): 진실의 본체.
9 운문(雲門, 864~949): "매일 같이 좋은 날이다."(『벽암록 상』; 장경각, 1999, 71쪽)

고 법계이다. 우리 인간은 이런 법계에서 극히 작은 점보다 못한 한 곳에서 우주 법신의 가피를 받으며 살아가는 셈이다.

세존께서는 일찍이 새벽에 밝은 별[明星][10]을 통해 우주 법신을 보시고 지혜의 경을 설하셨다. 그중에서도 궁극의 진리를 설한 것이 『금강경』이다. 그러므로 우리는 이 경을 통해 우주 법신의 가피를 직접 받을 수 있다. 이런 점에서 특히 오늘날과 같이 지구라는 테두리를 벗어나 우주로 향하는 최첨단 우주시대에 이 경은 삶의 안내서로서 그 중요성은 더욱 높아지고 있다.

즉 우주에서 생의(生意)를 지닌 만유는 연기법계에서 서로 조화로운 상의성을 지니면서 평등하고 보편적이며, 또한 상호 친화적인 유기적 관계를 이루고 있다는 것이다. 그러므로 인간은 지금까지 누리고 온 지구 중심적인 우월성을 버리고, 우주 내 모든 문명체[11]와 더불어 공존하는 법을 익혀야 한다.

---

10 명성(明星): 새벽 하늘에서 가장 밝게 보이는 금성(金星)을 뜻함.

11 문명체(文明體): 인간처럼 문학, 예술, 과학, 기술, 정보 등을 쓰는 지적 생명체.

제27분 단멸(斷滅)이 아님

漢譯 무단무멸분(無斷無滅分)

須菩提야 汝若作是念호대 如來 不以具足相故로 得阿耨多羅
수보리 여약작시념 여래 불이구족상고 득아누다라

三藐三菩提아 須菩提야 莫作是念호대 如來 不以具足相故로
삼먁삼보리 수보리 막작시념 여래 불이구족상고

得阿耨多羅三藐三菩提라 하라 須菩提야 汝若作是念호대 發
득아누다라삼먁삼보리 수보리 여약작시념 발

阿耨多羅三藐三菩提心者는 說諸法斷滅가 莫作是念이니 何
아누다라삼먁삼보리심자 설제법단멸 막작시념 하

以故오 發阿耨多羅三藐三菩提心者는 於法에 不說斷滅相이니라.
이고 발아누다라삼먁삼보리심자 어법 불설단멸상

國譯 단멸(斷滅)이 아님

"수보리야, 네가 만약 생각하기를 '여래는 구족한 상을 쓰지 아니하는 연고로 아누다라삼먁삼보리[1]를 얻었다' 한다면 수보리야, 이런 생각하지 말지니라. '여래는 구족한 상을 쓰지 않는 연고로 아누다라삼먁삼보리를 얻었다'고.

1 아누다라삼먁삼보리: 위없이 바른 평등과 바른 깨달음.

수보리야, 네가 만약 생각하기를 '아누다라삼먁삼보리심을 발한 자는 모든 법의 단멸을 말함이라' 한다면 이런 생각하지 말지니 어째한 까닭이냐? 아누다라삼먁삼보리심을 발한 자는 법에 있어 단멸상을 말하지 않느니라."

新講

무단무멸분에서는 법에 대한 집착을 버리는 것이 법의 단멸이나 파괴를 뜻하는 것이 아님을 설한다. 여기서 법이란 주로 연기법으로 우주가 존재하는 한 이 법은 단멸하거나 소멸하지는 않는다. 그리고 우주에서 연기법의 근본은 언제 어디서나 동일하다. 이것은 상의적 에너지 수수관계가 상호 의존적이고, 우주의 진화가 바로 이런 상의적 관계의 변화이기 때문이다.

[해설]

"아누다라삼먁삼보리심을 발한 자는 법에 있어 단멸상을 말하지 않느니라(發阿耨多羅三藐三菩提心者 說諸法斷滅 莫作是念)."

깨달음이나 법은 형상에 무관하므로 이에 집착하지 말 것을 말했을 때 '그러면 법을 얻는다는 것은 별것이 아니다'라는 단멸상이나 '법이란 실제로 없는 것이다'라는 소멸상도 가져서는 안 된다고 강조한다.

연기과정에서 일어나는 불안정이나 혼돈은 연기법이라는 질서(법)의 소멸(파괴)이나 단멸이 아니라 집단 전체가 조화로운 안정된 상태로 진행해 가는 과정에서 발생 가능한 것으로서 이들 속에 연기의 법질서가 내재해 있다. 또한 깨달아도 깨달음을 모르는 이완상태에 이르렀다고 해서 깨달음의 법이 없어지는 것이 아니라 무위적 상태를 유지해 가는 그 자체가 바로 상의적 연기관계이다.

어떠한 경우라도 상호관계의 대상이 되는 개체들이 존재하는 한 연기법 그 자체는 파괴되거나 단멸되어 없어지는 것이 아니다. 즉 우주 만유가 존재하는 한, 연기법은 계속 존재하며 이런 세계가 바로 우주의 연기법계이다.

만약 연기법의 단멸이나 파괴를 논하는 자가 있다면, 그는 상호관계를 고립된 한 개체에 적용하여 그 개체의 생멸과 연관 지우거나 또는 연기의 뜻 자체를 잘못 이해한 것이다. 연기의 세계(연기법계)에서는 비록 어떠한 계(집단)가 불안정으로 파괴되었다 해도, 파괴된 잔해는 주위의 다른 물체와 결합하여 다시 새로운 상호관계의 계를 이루어 간다. 그래서 상호관계는 달라지더라도 연기법은 그대로 적용되어 계를 안정된 상태로 이끌어 간다.

우주 만물은 거대한 인드라망[2]의 그물코에 하나씩 걸려 있다고 볼 수 있다.[3] 그래서 어느 한쪽이 당기면 그쪽으로 끌려가는 형태로 그물의 모습이 변형될 것이다. 또 한 부분의 그물코가 없어지면(파괴되어) 그 주위에 새로운 그물코를 만들어 새로운 상호관계를 만들어 갈 것이다. 이처럼 우주의 인드라망이 있는 한 법(연기법)의 단멸이나 파괴는 있을 수 없다.[4]

---

2 인드라망: 인도 만신(萬神)들 중 왕이라 불리는 힘의 상징인 신이 인드라(Indra)이다. 이 신이 있는 제석궁을 둘러싸고 있는 보배구슬로 장식된 그물을 인드라망이라고 한다.

3 『별을 보면 법을 보고 법을 알면 별을 안다』: 이시우, 신구문화사, 2002, 143쪽.

4 설봉(雪峰, 832~908): "온 대지를 움켜 쥐어들면 좁쌀만하구나. 이를 면전에다 던져도 새까만 칠통 같아 알지 못하네. 북을 쳐서 운력이나 하라."(『벽암록 상』: 장경각, 1999, 65쪽)

별의 세계에서는 그들의 상의적 관계를 이끌어 가는 질(법)에 대해서 어떠한 집착도 가지지 않으므로 법에 대한 단멸상이나 소멸상이란 있을 수 없다. 이런 현상은 별들의 상호 의존적 관계, 즉 연기관계가 무위적으로 일어나기 때문이다.

그런데 인간 세계에서는 인간의 집착심 때문에 상호 작용이 주로 유위적이고, 이에 따라 법에 대한 단멸상과 소멸상이 생기기도 한다.

별이 늙어 임종에 이르면 질량에 따라 백색왜성, 중성자별[그림28], 블랙홀 등을 남긴다. 특히 백색왜성과 중성자별은 빛을 모두 잃게 되면

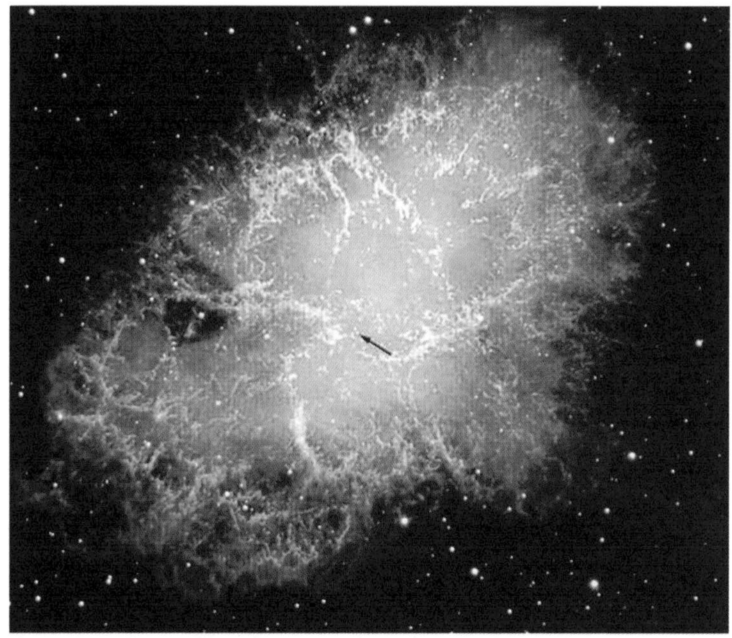

그림28 게성운(화살표는 중성자 별을 가리킨다

암체로서 생을 마친다.[5] 그러면 우주는 궁극적으로 빛을 낼 수 없는 암체(暗體)들만 존재할까? 꼭 그렇게 된다고 볼 수 없다. 왜냐하면 암체들끼리 충돌하고 파괴되면서 다시 새로운 별들을 탄생시키는 재료를 만들어 내어 빛을 내는 별을 형성시킬 수 있기 때문이다. 그래서 우주는 영원토록 빛을 낼 수 있게 된다.

만약 우주 내 모든 물질이 다시 안쪽으로 끌려 들어가 모두 한군데로 모이면서 대붕괴가 일어난다면 순간적으로 우주는 사라지고 그에 따라 연기법도 사라지게 된다. 왜냐하면 대붕괴로 우주의 만물이 한 점으로 모여들기 때문이다. 특이점(特異點)이라 불리는 이 점에서는 우주의 모든 법칙과 정보가 사라진다.

그러나 곧 이어 특이점에서 대폭발이 일어나면서 우주의 탄생이 다시 시작되면 물리법칙과 함께 연기법이 자동적으로 나타나게 된다. 이때 성주괴공, 생주이멸에 연관된 연기법은 과거의 우주나 새로운 우주에서 모두 같이 적용될 것이다. 그러므로 우주 법계의 단멸상이나 소멸상은 결코 일어나지 않는다.

5 『천문학자와 붓다의 대화』: 이시우, 종이거울, 2004, 169쪽.

제28분 받지도 않고 탐내지도 아니함

漢譯 불수불탐분(不受不貪分)

須菩提야 若菩薩이 以滿恒河沙等世界七寶로 持用布施어든
수보리 약보살 이만항하사등세계칠보 지용보시

若復有人이 知一切法無我하야 得成於忍하면 此菩薩이 勝前菩薩의
약부유인 지일체법무아 득성어인 차보살 승전보살

所得功德이니 何以故오 須菩提야 以諸菩薩이 不受福德故니라
소득공덕 하이고 수보리 이제보살 불수복덕고

須菩提 白佛言하사대 世尊하 云何菩薩이 不受福德이니잇고
수보리 백불언 세존 운하보살 불수복덕

須菩提야 菩薩은 所作福德에 不應貪着일새 是故로 說不受
수보리 보살 소작복덕 불응탐착 시고 설불수

福德이니라.
복덕

國譯 받지도 않고 탐내지도 아니함

"수보리야, 만약 보살이 항하의 모래 수와 같은 세계에 가득 찬 칠보를 가지고 보시에 썼더라도 만약 다시 사람이 있어 일체법[1]이 아(我)가 없

1 일체법(一切法): 일체 만유를 포섭하는 말. 일체 모든 법이나 일체 만물 등.

음을 알아 인(忍)을 얻어 이루면 이 보살이 앞의 보살이 얻은 공덕보다 나으리라. 어찌한 까닭이냐? 수보리야 모든 보살들이 복덕을 받지 않는 연고니라."

수보리가 부처님께 말씀드렸다.

"세존이시여, 어찌하여 보살이 복덕을 받지 않사옵니까?"

"수보리야, 보살은 지은 바 복덕을 응당 탐착하지 아니하나니 이 까닭에 '복덕을 받지 않는다' 말하느니라."

新講

만유는 상호관계 때문에 항상 변화과정을 겪는다. 그래서 고정된 자성이 없다는 것을 깨닫는다. 그리고 상호관계에 따르는 모든 이법(理法) 즉 연기법은 새로 생기거나 멸하는 것이 아니라 항상(恒常)한다는 것을 깨닫는 것은 매우 보람된 것으로 큰 복덕을 이루는 것임을 불수불탐분에서 설한다.

그러나 이런 복덕은 상호과정에서 자연적으로 이루어지는 것이므로 사실 특별히 복덕이랄 것도 없다. 그러므로 깨침을 대단한 것으로 생각하여 아상을 내세우는 일이 있어서는 안 된다. 상호관계에서는 모두가 안정된 이완상태로 함께 나아가는 과정이므로 특별한 복덕을 얻거나 또 복덕을 탐할 바 못 된다. 모두가 무위적 과정으로 스스로 그렇게 되어 갈 뿐이다.

[해설]

"만약 보살이 항하의 모래 수와 같은 세계에 가득 찬 칠보를 가지고 보시에 썼더라도 만약 다시 사람이 있어 일체법이 아(我)가 없음

을 알아 인(忍)을 얻어 이루면 이 보살이 앞의 보살이 얻은 공덕보다 나으리라."

보살이 무아(無我, 자성이 없음)와 생겨나지 않는 법을 인내하여 성취한다면 칠보로 보시하는 것보다 더 큰 복덕을 얻는다는 것이다. 즉 상호관계에서 수수작용으로 자성이 존재할 수 없음을 깨닫고 또 연기법은 생겨나는 것도 아니고 멸하는 것도 아님을 인내하여 깨닫는다면(無生法忍)[2] 그 이상 더 큰 성취가 없다는 것이다.

우주 내 만유의 성주괴공과 생주이멸을 이루어가는 것은 바로 만유 사이의 상호 의존적 관계이다. 이것은 우주와 더불어 존재하는 것으로 멸하지도 생하지도 않으면서 만유의 존재 양식을 정의한다. 따라서 연기법의 참된 이해는 셀 수 없는 복덕을 얻는 것과 같다는 것이다.

"보살은 지은 바 복덕을 응당 탐착하지 아니하나니 이 까닭에 '복덕을 받지 않는다' 말하느니라."

이완이라는 깨달음에 이르는 것은 어느 한 개체의 노력이나 의지에 의해 이루어지는 것이 아니고, 공동체 내 모든 구성원의 무위적인 조화로운 상의적 수수과정에서 얻어지는 것이므로 특정한 공덕을 말할 수 없다. 이런 경지는 모두의 공덕이며, 또한 실제로 공덕이랄 것도 없다. 왜냐하면 존재나 삶 자체가 바로 연기법[3]을 따르는 것

---

2 무생법인(無生法忍 또는 無生忍): 모든 법의 자성(自性)이 공적(空寂)하여 본래부터 일어남도 없고, 멸함도 없다는 이치를 알아 이 이치에 안주하여 움직이지 않는 마음. 불생불멸하는 진여 법성을 앎. 고(苦)의 진리를 깨달아서 마음이 안정되는 것.

3 연기법(緣起法): 만유는 연이어서 결과를 일으킨다는 인연생기(因緣生起)로 상호 연관된 유기적인 주고받음의 관계 법칙.

이므로 이보다 더 큰 공덕이 있을 수 없기 때문이다.

연속적인 상호과정을 거쳐 이완상태에 이르면 궁극적으로 얻는 것도 잃는 것도 없게 된다. 그리고 상호관계에서 개체 간의 주고받음 그 자체가 무위의 보시와 복덕인데 무슨 특별한 복덕이 따로 있을 수 있겠는가? 그래서 '복덕을 짓는다'는 것은 연기관계에서 생기는 개별적 공덕을 말하며, '복덕을 받지 않는다'란 말은 대중들의 연기관계 전체로 보면 특별한 복덕이란 있을 수 없다는 뜻이다.

즉 복덕은 받는 것이 아니라 남을 위해 짓는 것이므로 복덕에 대한 집착을 버리라는 것이다. 그럼으로써 자비의 육바라밀을 수행할 수 있는 것이다.

인간 세계에서는 지혜의 장난으로 연기관계가 좀더 복잡해지기는 하지만 그 불안정의 시기가 좀더 길어질 뿐 궁극에는 안정된 상태로 이완하게 된다. 그 이유는 인간은 자연 내에서 다른 존재와 함께 지내면서 이들과 끊임없이 상호관계를 맺어오는 과정에서 자연의 무위적 수수과정에 자동적으로 적응해 왔으며 또 계속 적응해 가고 있기 때문이다.

인간이 스스로 불안정을 조장하며 혼돈상태에 빠질수록 자연이란 환경은 인간의 혼돈상태[4]를 점차 정화시켜 나가는 상호작용을 하기 마련이다. 그러면 인간은 이러한 변화에 대응하지 않을 수 없게 된다. 적어도 지구라는 환경 내에서 인간이 생존해 가려면 자연을 수용하지 않으면 안 된다.

어쩌면 인간의 역사는 인간이 만들어 간다고 볼 수 있지만 역사의 전환은 자연이 가르쳐 주었다고 볼 수 있다. 언제나 역사의 전환

---

4 『별을 보면 법을 보고 법을 알면 별을 안다』: 이시우, 신구문화사, 2002, 27쪽.

은 빈곤과 굶주림, 고통의 심각한 관계를 맞이하며 자연을 찾게 되는 과정을 거쳐온 것이다. 땅에서 태어난 것은 결코 땅을 떠날 수 없는 것이 연기법의 진리이다.

그런데 오늘날 심각한 물질문명, 급속히 변해 가는 첨단과학 시대에 살아가는 인간들은 무엇이든 받아 가지려 하며, 탐욕에 빠져 삶의 가치를 소유의 가치에 두고 있기 때문에 무위적인 깨달음과는 정반대로 진행하고 있다. 이런 과정은 불안정과 혼란의 초래로 궁극에는 삶 자체를 위협할 뿐이며, 인간들이 서로 존중할 수 없는 지극히 그릇된 연기관계로 빠질 위험이 내재해 있다.

적어도 자연의 섭리를 거스르는 한 인간은 자연으로부터 냉혹한 심판을 받아 대변혁의 시기를 맞지 않을 수 없게 될 것이다. 이러한 관점에서 하루 속히 연기법의 올바른 가르침과 행을 통해 인간들을 순화시켜 탐하는 마음을 없애고 진정한 깨달음에 이르도록 하는 것이 절실하다. 그러기에 현대는 불법의 참된 이해가 필수적인 시대라고 볼 수 있다.

[별의 세계]

별들은 우주 공간에서 태어나 그 공간을 결코 벗어날 수 없이 언제나 그곳에 머물며 생멸을 이어가는 연기의 순환을 계속하고 있다. 무아상태의 별들이 오랜 과정을 거쳐 이완상태에 이르렀다고 해서 어떠한 공덕을 찾아 기뻐하면서 아상을 세우는 일은 결코 없다. 오직 다음에 다른 어떠한 불안정이 발생하면 이것에 적응하여 새로운 안정을 찾아가는 무위적 연기법을 따를 준비만 해 가는 것이다.

받지 않고 탐하지 않는 별들의 세계가 있었기에 오늘의 우주 속에 인간이 생존할 수 있었고 또 계속 생존해 갈 수 있는 것이다. 다만 인간 스스로가 자신들의 생존을 파괴하는 짓을 저지르지 않는다면 말이다.

1957년 인류 역사상 최초로 구 소련의 스푸트니크 우주선이 발사되면서 우주 탐사의 시대가 열렸다. 지금까지 우주 탐사선을 이용하여 12명의 인간이 달을 다녀왔다.[그림29] 그리고 태양계에서 가장 멀리 있는 명왕성을 제외한 나머지 행성들과 위성들을 자세히 탐사했다. 특히 밤하늘에서 붉게 보이는 가까운 화성은 탐사에서 가장 중요한 대상이 되고 있다.[그림30]

그림29 달 탐사

그림30 화성 탐사

지구 크기의 반정도인 화성에는 지구 대기 양의 1/100에 해당하는 희박한 대기가 있다. 표면에는 25~30억 년 전에 많은 양의 물이 흘렀던 강이나 협곡 같은 흔적들도 많다.

현재 화성 표면의 평균 온도는 영하 60도 정도로 아주 낮지만 물이 많았던 과거에는 생명체가 살기 좋은 환경을 가졌을 가능성이 높다. 이런 점에서 화성의 생명체에 대한 탐사연구는 계속되고 있다. 앞으로 2030년 내에 인간이 직접 화성에 가서 탐사할 계획이다.

만약 화성에 인간이 간다면 어떤 문제가 생길까?

화성에 영구 기지를 설치하고 생활할 것이다. 그러면 원시적인 청정한 화성은 파괴되고 오염되기 시작할 것이다. 우선 수십 억 년 전의 깨끗한 물을 땅에서 끌어내어 식수로 쓰며 또 다른 중요한 자원도 채취해서 이용할 것이다.

지구 역사 46억 년을 1년으로 두면 노자, 붓다, 공자, 예수 같은 성인의 등장은 약 25초 전이고, 코페르니쿠스의 과학혁명 이후 이룩한 물질문명은 겨우 2초 이내다. 그리고 외계 탐사를 계기로 한 최첨단 과학의 발달은 약 0.2초 이내다. 결국 인간이 먼 옛날부터 잘 지켜왔던 푸른 지구를 황폐화시킨 것은 불과 1~2초의 극히 짧은 기간에 일어난 것이다.

지금까지 지상에서 인간의 탐욕 때문에 파괴되고 오염된 지구 를 고려할 때 인간이 가는 곳에서는 화성뿐만 아니라 다른 천체에서도 환경이 파괴되고 오염될 것은 자명해진다.

인간은 지혜를 앞세운 자연탐구라는 너울을 쓰고 있지만 그 속에는 부의 창출이라는 경제적 논리와 원초적 탐욕이 내재해 있다. 부의 창출은 변화와 파괴를 수반하지 않고는 이룩할 수 없다. 왜냐하면 부를 위한 재료는 전적으로 자연에서 이끌어내야 하기 때문이다.

혹자는 '그렇다면 개발을 하지 말고 원시인처럼 살아야 하는가'라고 반문할 것이다. 문제는 자연을 이용하지만 자연을 잘 가꾸며 자연과 함께 공존함으로써 자연 법계의 근본 질서를 깨트리지 않아야 한다는 것이다. 이를 위해서 인간은 자연의 모든 종 중에서 가장 위대하다는 아상과 무절제한 탐욕을 버려야 한다.

그리고 만유는 상의적 연기관계에서 동등한 존재 가치와 생의(生意)를 지니는 범심론적(汎心論的)[5] 사상이 동양의 생명관이다. 따라서 인간은 자연의 유정(有情)이나 무정(無情)과 더불어 살아가야 하며, 또한 자연의 조역자(助役者)로서 범생태적 책임 윤리를 가져야 한다고 본다.[6] 이러한 생명의 평등관(平等觀)은 '만유가 부처'라는 경에서도 잘 보여 주고 있다.

5 범심론(汎心論): 모든 것은 마음을 가지고 있다는 설. 이것은 모든 것은 신의 뜻이라는 범신론(汎神論)과 반대된다.

6 『우주의 신비』: 이시우, 신구문화사, 2002, 98쪽.

제29분 위의(威儀)가 적정(寂靜)함

漢譯 위의적정분(威儀寂靜分)

須善提야 若有人이 言如來 若來若去若坐若臥라하면 是人은
수보리 약유인 언여래 약래약거약좌약와 시인

不解我所說義니 何以故오 如來者는 無所從來며 亦無所去일새
불해아소설의 하이고 여래자 무소종래 역무소거

故名如來니라.
고명여래

國譯 위의(威儀)가 적정(寂靜)함

"수보리야, 만약 어떤 사람이 말하기를 '여래가 혹 온다거나 혹 간다거나 혹 앉는다거나 혹 눕는다'고 한다면 이 사람은 내가 설한 바 뜻을 알지 못함이니라. 어찌한 까닭이냐? 여래는 어디서조차 오는 바도 없으며 또한 가는 바도 없으므로 여래라 이름하느니라".

新講

위의적정분에서는 여래의 모든 행동은 편안한 여여한 상태에서 일어나는 것으로 특별한 것이 아니므로 어떤 것에 대해 집착하는 산나를 버리라고 한다.

[해설]

"여래는 어디서조차 오는 바도 없으며 또한 가는 바도 없으므로 여래라 이름하느니라(如來者 無所從來 亦無所去 故名如來)**."**

여래는 어디로 가거나, 오거나, 서거나, 앉거나, 눕거나 하는 특이한 행동을 통해서 알려지는 것이 아니라 언제나 한결같이 있는 그대로인 여여(如如)함을 뜻한다. 즉 행주좌와(行住坐臥)라는 산냐로 여래를 보지 말아야 한다.

공동체에서 각 구성원은 다른 구성원과 연속적인 수수관계를 일으키면서 시시각각으로 변화를 거치며 지낸다. 어느 시기에는 주위로부터 강한 섭동을 받게 될 것이고, 또 어느 때는 약한 섭동을 받으며 지낼 것이다. 이런 다양한 강도의 섭동을 거치지만, 어느 것이 특별한 것이라는 특징적 사건을 찾을 수는 없다.

또한 모든 구성원들의 이와 같은 운동의 상호관계를 고려할 때 어느 개체가 특별하다는 특징도 분별할 수 없다. 모두 한결같이 주어진 반응에 알맞게 순응하고 적응하며 변화해 간다. 따라서 어느 개체가 어디서 오든, 어디로 가든 이것은 전연 특이한 것이 아니다. 이 모든 현상은 당연히 상호 작용에서 일어날 수 있는 평범한 것일 뿐이다.

그렇다면 어느 시기에 '깨쳤다'고 외치며 오도송[1]을 읊는다면 이것은 '깨쳤다'는 것을 자기 스스로 입증하는 행위의 일종이다. 어디서

1 오도송(悟道頌): 도(道)를 깨닫고 이를 찬양하는 글.

와서 어디로 가는지도 모르는 무위적 진화과정에서 어떤 특이한 상태에 이르렀다는 징표를 남기는 것은 완전히 유위적인 것으로 여래라는 여여[2]함과는 거리가 먼 행위다. 왜냐하면 깨달음을 통해 여여한 여래 즉 부처가 되는 것은 아무런 특징이나 느낌이 없이 그냥 몸속에 녹아들어 모두가 안정된 이완상태에 이르기 때문이다. 그러면 오직 공동체 전체의 고유한 특성만 존재할 뿐이지 개체에 관한 특징은 아무런 의미도 없게 된다.

때로는 행주좌와의 모습이나 어떤 특이한 죽음의 모습[命: 앉아서 마치거나 서서 마치거나]을 보고 깨달음의 경지를 가늠해 보는 집착의 산냐에 빠지기도 하는데 이런 모습들은 깨침과는 전연 무관하다. 가장 평범하고 가장 보편적인 것이 참된 여여함이고, 집착의 산냐를 벗어난 연기법의 실체이다.

만유의 생멸은 마치 파도가 생겼다가 곧 사라져 버리는 것과 같다. 그래서 인식이라는 범주에서 볼 때 유형의 생과 무형으로 바뀌는 죽음이 가장 특징적으로 나타난다. 그러므로 생의 과정이나 죽음에서 특별한 점을 찍지 말아야 한다. 점을 찍으면 집착심과 아상이 생겨 여여한 마음이 흐트러질 뿐이다.

사람들 중에는 돈오(頓惡)[3]를 통한 완전한 깨달음을 갈망하며 온 생애를 바쳐 수행하기도 한다. 끊임없는 고행으로 완전한 깨달음을 얻었다고 하자. 과연 완전한 깨달음이란 무엇인가? 먹지 않고 살 수 있는 경지인가? 남의 마음을 훤히 들여다보고 모든 병을 고칠 수 있

---

2 여여(如如): 그렇고 그렇게 있는 것. 있는 그대로의 것. 진여(眞如)와 동일. 잃고 얻음도 없는 그렇고 그런 편안한 상태. 열반의 경지.

3 돈오(頓惡): 신속하게 곧바로 깨닫는 것. 수행의 단계를 거치지 않고 곧장 깨닫는 것.

는 신비한 능력을 지니는가? 가난과 고통을 해결해 줄 수 있는 초능력의 소유자인가?

이 모두는 부질없는 노릇이다. 오직 자신의 만족감에 취할 뿐이며 이것이 아상을 심어, 다른 사람으로 하여금 자기의 존재를 특별한 것으로 보이게 하려는 치장이나 술수에 지나지 않는다.

진정한 깨침은 깨침이란 것도 모른 채 남과 상의적 관계를 한결같이 잘 수행하며 자리이타행[4]을 베풀 수 있는 경지에 이르렀음을 의미한다. 우리는 깨침이 중요한 것이 아니라 인간다운 삶의 가치를 구현하고 이를 고양시켜 인간과 자연이 함께 잘 지낼 수 있는 자연 친화적이고 범생태적 환경을 만듦으로써 만유의 상호관계가 원활하게 진행될 수 있도록 해야 한다.

묵묵히 걸어가는 외뿔소처럼 소리 없이 생을 살아가며 남을 도울 수 있다면 이보다 더 편안한 삶이 어디 있겠는가? 육신을 일부러 고통 속으로 밀어 넣어 신비감에 젖어서 오직 나만이 해낼 수 있다는 오기로 수행하여 어떤 깨달음이란 과일을 따 본들 이것은 자기 손안에서만 가지고 놀 수 있는 것일 뿐 결코 남에게 줄 수 있는 것은 아니다.

우리는 어느 것은 옳고, 어느 것은 그르다고 분별하며 시비하고 비난한다. 이 모든 것은 자기를 내세우려는 아욕에서 시작된다. 이런 사람들과는 올바른 상호관계를 이루어가기가 매우 어렵다. 왜냐하면 높고 낮음의 이원적(二元的) 분류, 즉 '너와 나는 다르다'는 분별심은 상의적 수수관계를 자기 쪽으로 유리하게 끌어들여 자기 생각대로 만사를 판단하려는 고집과 아만을 가지기 때문이다.

---

4 자리이타행(自利利他行): 스스로는 깨달음을 구하고, 다른 사람을 구제하고 이로움을 주는 행위로 대승의 요건임.

이 세상은 내가 없어도 잘 돌아간다는 생각을 하면서 나라는 존재의 가치가 집단 내에서 특별한 것이 아니라는 생각을 한다면 스스로 낮아지고, 그러면 주변 사람들이 편해져서 주고받음의 상호관계가 보다 원활하게 이루어질 수 있다.

우리의 육신은 높은 곳으로 오르기보다 낮은 데로 내려오는 것이 훨씬 쉽다는 것을 잘 알면서도 어찌 마음만은 항상 높은 곳을 향하여 끊임없이 상승하고자 하는가?

여래라는 여여함은 바로 물 흐르듯이 최소작용의 원리를 따르면서 유유히 흘러가는 것이다. 물은 높은 데서 낮은 데로 흐른다.

이런 이치에 따라 높은 지위에 있던 붓다는 낮은 지위로 내려와 걸식하며 지냈으며, 이것이 바로 최소작용의 원리에 따라 가장 낮은 에너지 상태에 머물면서, 외부 반응에 대해 가장 적은 에너지로 대응하며 만족할 줄 아는 편안한 상태이다. 즉 계·정·혜[5]의 삼학을 원융하게 올바로 갖춘 여여한 상태로서 쌍차쌍조[6]인 중도[7]의 경지이다.

여여한 상태는 무거워질수록 잘 이루어진다. 무겁다는 것은 자체에 강한 구속력(강한 자기 중심)을 뜻하는 정[禪定]의 경지, 즉 가장 낮은 에너지 상태를 말하며, 그리고 무거울수록 외부 영향에 쉽게 흔들리지 않고 자신을 잘 유지할 수 있는데 이것은 외부 반응에 대해 가장 적은 에너지로 대응하는 계와 혜의 경지를 뜻한다.

---

5 계(戒): 행동을 삼가하기 위한 계율.
정(定, 禪定): 진정한 이치를 사유하고 생각을 고요히 해 산란치 않게 하는 것.
혜(慧): 도리를 선별할 수 있는 판단을 하는 마음작용.

6 쌍차쌍조(雙遮雙照): 차(遮)는 구별·분별을 버리고 초월함을, 그리고 조(照)는 서로 상통해서 하나로 되는 것을 뜻한다. 그래서 쌍차쌍조는 모순 대립적인 양변을 버리고 양변을 상통시켜 원융하는 것으로 중도사상을 나타낸다. 즉 원교(圓敎)의 중도설을 따르면 쌍차면은 공(空)이라 하고, 쌍조면은 혜(慧)라하며, 쌍차쌍조는 중(中)이라고 한다.(참고 『별을 보면 법을 보고 법을 알면 별을 안다』: 이시우, 신구문화사, 2002, 55쪽)

7 중도(中道): 두 개의 대립되는 것[예를 들면 있음(有)과 없음(無), 고통과 쾌락, 단(斷)과 상(常) 등을 떠나서 이들을 서로 상통하여 융합함으로써 어느 하나에 치우치지 않는 것.(참조 『별을 보면 법을 보고 법을 알면 별을 안다』: 이시우, 신구문화사, 2002, 279쪽)

여기서 선정이 없이는 계와 혜가 따로 존재할 수 없고 또한 계와 혜 없이 선정이 별도로 있을 수 없다. 이들 삼학은 언제나 함께 어우러져 행으로 나타나기 때문에 실제로는 이들 셋을 각각 구별할 수 없을 뿐만 아니라 구별 자체에 아무런 의미가 없다. 왜냐하면 가장 낮은 에너지 상태(선정)에 머물려면 외부 반응에 대해 가장 적은 에너지로 대응(계, 혜)하며, 또한 가장 적은 에너지로 외부 반응에 적응(계, 혜)하면 자연적으로 가장 낮은 에너지 상태(선정)에 머물게 되기 때문이다.

깨달음은 공하므로 한계가 없다. 그런데 깨달음이 깊을수록 외부 영향에 쉽게 흔들리지 않고 자기 위치를 잘 견디어 요란스럽지 않다. 그리고 깨달은 사람의 마음은 무겁기 때문에 주위의 연기의 끈을 잘 끌어당겨 끈의 흔들림을 막아 줌으로써 안정된 상태를 잘 유지해 주는 역할을 할 수 있다.

그래서 삼학을 잘 닦아서 깨달음이 깊은 사람이 많을수록 그렇지 못한 경우보다 대중의 집단은 더 안정되고 더 편안해진다. 이를 위한 최선의 방법은 공동체의 구성원 모두가 유기적이고 적극적인 주고받음의 관계를 원활하게 수행하는 것이다. 그래야만 모두가 평등하고 보편적이 된다. 이런 경지에 이르지 못한다면 삼학을 통한 올바른 깨달음은 결코 성취될 수 없다.

[별의 세계]

별의 세계에서 집단 내 별들은 중력이라는 연기의 끈에 서로 묶여 주고받음을 이어간다. 이들은 애초부터 사상(四相)이 없기 때문에 언제나 여여하게 역학적 진화를 이어간다.

예를 들어 수백 만 개의 별들로 이루어진 구상성단에서는 한 별이 성단의 중심 주위로 회전하는 데 약 수백만 내지 수천만 년 걸린다. 이런 회전과정에서 각 별들은 주변 별들과 에너지를 주고받음으로써 운동의 초기 특성이 사라지면서 무거운 별들은 성단 중심부로 들어가고, 가벼운 별들은 성단 외곽에 주로 분포하면서 성단 전체는 안정된 이완상태에 이르게 된다.[8] 성단 내에서 일어나는 별들의 모든 상의적 수수과정은 무위적인 최소작용의 원리[9]를 만족한다.

만약 구상성단의 외곽을 돌고 있는 별이 주위를 지나는 다른 큰 천체의 섭동으로 성단을 이탈한다면 이 구상성단에서는 어떤 일이 생길까?

성단의 큰 구속력을 벗어나 성단을 이탈하려면 별의 운동 속도가 매우 커야 한다. 속도가 크면 운동 에너지가 크기 때문에 별의 이탈로 성단의 총 에너지는 줄어들게 된다. 그 결과 성단은 전체적으로 수축함으로써 구속력을 증가시켜 별이 더 이상 이탈하지 못하도록 한다. 별의 이탈로 불안정해진 성단이 다시 안정을 이루기 위해 취하는 이러한 자기 조절은 놀라울 정도로 조화롭다.

이런 현상은 인간 사회에서도 볼 수 있다. 예를 들어 사원이 회사를 떠나면 그 회사의 책임자는 무슨 이유로 회사를 떠났으며 앞으로 사원의 이탈을 막기 위해 어떠한 조치를 해야 하는가를 궁리하게 된다. 이런 경우는 대체로 안정되고 조직력 즉 구속력이 강한 회사나 기업체에 한한다.

조직력이 느슨하여 구속력이 약한 회사나 기업체에서는 직원이 조직체를 이탈해도 그 원인을 밝혀 후속 조치를 취하려는 의지가

8 『천문학자와 붓다의 대화』: 이시우, 종이거울, 2004, 110쪽.
9 최소작용의 원리: 가장 낮은 에너지 상태에 머물며, 가장 적은 에너지로 외부 반응에 대응하는 것.

전연 없거나 있어도 비교적 약하다. 이런 경우가 외부의 큰 섭동으로 조직체가 쉽게 불안정해지면서 해체되는 경우에 해당한다.

별의 세계처럼 집단이 강한 구속력을 가지려면 첫째 구성원이 많아야 한다. 그래야만 구성원 상호 간의 수수관계가 활발히 일어나면서 집단의 총 에너지(구속력)는 증가한다. 둘째는 구성원 사이의 상의적 관계가 역동적이며 유기적으로 이루어지도록 해야 한다. 그래야만 구성원의 고유한 특성이 빨리 사라지면서 집단이 안정된 이완상태에 이른다. 별의 경우는 이런 현상이 자동적(무위적)으로 일어난다.

그러나 인간 사회에서는 구체적이고 면밀한 조직구조와 강력한 조절 및 통제기능이 있어야 하며, 그리고 가능한 구성원이 많아야 한다. 그렇지 않으면 구성원 각자의 고유한 특성이 쉽게 사라지지 않고, 그 결과 집단은 강력한 구속력을 갖추지 못해 불안정한 상태를 유지하므로 이완상태에 이르지 못할 수도 있다.

일반적으로 대기업은 별이 많은 구상성단처럼 안정된 이완상태에 있다고 볼 수 있다. 그래서 한 기업체의 사원을 보면 그 기업체의 특성을 알 수 있다. 즉 대기업의 특성은 기업주의 특성에 의해 규정되는 것이 아니라 공동체를 이루고 있는 구성원 전체에 의해 규정된다. 이런 현상은 비단 기업체뿐만 아니라 모든 종류의 집단에 적용되는 상호 의존적 연기관계와 안정된 이완의 원리이다.

제30분 하나에 합친 이치의 모양

漢譯 일합이상분(一合理相分)

須菩提야 若善男子善女人이 以三千大千世界로 碎爲微塵하면
수보리 약선남자선여인 이삼천대천세계 쇄위미진

於意云何오 是微塵衆이 寧爲多不아 甚多니이다 世尊하
어의운하 시미진중 영위다부 심다 세존

何以故오 若是微塵衆이 實有者인댄 佛이 卽不說是微塵衆이니
하이고 약시미진중 실유자 불 즉불설시미진중

所以者何오 佛說微塵衆이 卽非微塵衆일새 是名微塵衆이니이다
소이자하 불설미진중 즉비미진중 시명미진중

世尊하 如來所說三千大千世界 卽非世界일새 是名世界니
세존 여래소설삼천대천세계 즉비세계 시명세계

何以故오 若世界 實有者인댄 卽是一合相이니 如來 說一合相은
하이고 약세계 실유자 즉시일합상 여래 설일합상

卽非一合相일새 是名一合相이니이다 須菩提야 一合相者는
즉비일합상 시명일합상 수보리 일합상자

卽是不可說이어늘 但凡夫之人이 貪着其事니라.
즉시불가설 단범부지인 탐착기사

國譯 하나에 합친 이치의 모양

"수보리야, 만약 선남자 선여인이 있어 삼천대천세계를 부수어 가는 먼

지를 만들었다 하면 네 생각에 어떠하냐? 이 가는 먼지가 얼마나 많다 하겠느냐?"

"심히 많사옵니다. 세존이시여, 어찌한 까닭인가 하오면 만약 이 가는 먼지가 실로 있는 것일진대 부처님께서 곧 저 가는 먼지라 말씀하시지 않았으리이다. 까닭이 무엇인가 하오면 가는 먼지가, 곧 가는 먼지가 아니오며 그 이름이 가는 먼지이옵니다.

세존이시여, 여래께서 말씀하신 바 삼천대천세계도 곧 세계가 아니옵고 그 이름이 세계이옵니다. 왜냐하오면 만약 세계가 실로 있는 것일진대 곧 이것은 하나로 뭉친 모양이오니 여래께서 말씀하시는 하나로 뭉친 모양도 곧 하나로 뭉친 모양이 아니옵고 그 이름이 하나로 뭉친 모양이옵니다."

"수보리야, 하나로 뭉친 모양이라 하는 것은 이것이 말할 수 없는 것이거늘 다만 범부인 사람들이 그것에 탐착하느니라."

新講

개체는 개체만으로 영구히 존재하지 않고 이들은 다시 흩어져 티끌이 되고, 티끌은 다시 모여 유형의 세계를 이루는 미시세계와 거시세계의 형성적 순환을 이어 간다. 그러므로 일합이상분에서는 어느 한 형상에 집착하지 않도록 함을 설한다. 이런 연기적 순환에서는 각 개체가 항상 그 전의 정보를 간직하므로 한 개의 티끌 속에도 우주가 들어 있다.

[해설]

"만약 선남자 선여인이 있어 삼천대천세계를 부수어 가는 먼지를 만들었다 하면 네 생각에 어떠하냐? 이 가는 먼지가 얼마나 많다 하겠느냐? 심히 많사옵니다. 만약 이 가는 먼지가 실로 있는 것일진대 부처님께서 곧 저 가는 먼지라 말씀하시지 않았으리이다. 까닭이 무엇인가 하오면 가는 먼지가, 곧 가는 먼지가 아니오며 그 이름이 가는 먼지이옵니다.…… 여래께서 말씀하신 바 삼천대천세계도 곧 세계가 아니옵고 그 이름이 세계이옵니다.…… 여래께서 말씀하시는 하나로 뭉친 모양도 곧 하나로 뭉친 모양이 아니옵고 그 이름이 하나로 뭉친 모양이옵니다."

원자의 집합이나 삼천대천세계의 이야기는 개체의 실체성보다 이들 전체의 유기적이고 역동적인 변화의 순환적 상호관계를 나타낸다.

예를 들어 삼천대천세계를 모두 부수면 티끌 같은 원자(작은 입자)로 될 것이고, 다시 이들 티끌이 모여 뭉치면 삼천대천세계를 이룰 수 있다. 그러니 먼지의 실체에만 집착할 것도 없고, 또 삼천대천세계라는 실체에만 집착할 필요도 없다. 모두는 연기적으로 생멸하며 순환하는 연기작용의 결과임을 유의해야 한다.

별들은 티끌과 가스가 모여 생겨나고 또 이들이 빛을 내다 죽으면서 다시 티끌과 가스를 방출한다. 이러한 성간 물질[1]이 모여 다시 별들을 탄생시킨다.

우리 인간도 마찬가지다. 분자들의 결합체에서 몸을 얻어 탄생해 지내다가 죽으면 모두가 티끌과 가스로 흩어진다. 이들은 다시 다음의 어떤 물체(유정이든 무정이든)를 형성하는 데 쓰인다.

그래서 이 세상에 고정된 고유성을 지닌 실체란 없으므로 어느

---

1 성간 물질(星間物質): 별들 사이에 흩어져 있는 물질.(『천문학자와 붓다의 대화』 참조)

특정한 대상에 집착하는 것은 연기법을 모르는 허망한 짓이다.

자신의 몸에 대해 지나치게 집착하는 것도 허망한 짓이다. 왜냐하면 태어남은 결국 사라지는 것이고, 또한 몸을 이루는 오온은 공하므로 자신에 집착하는 것은 남과의 조화로운 상의적 관계를 방해할 수 있기 때문이다.

그러기에 죽어 사라지는 것을 잘 알아야 올바르게 사는 법을 안다고 한다.

일합상(一合相)에 관한 내용은 법장(法藏)의 『금사자장(金師子章)』[2] 에서도 아래와 같이 언급되고 있다.

"서로 합쳐 한 덩어리를 이루며, 거대한 작용을 일으키되, 반드시 진리성을 모두 갖추어야 일어난다. 온갖 현상이 어지러이 흩어져 있지만, 조화를 이루어 서로 뒤섞이지 아니한다. 일체가 곧 하나이니 모든 것이 그 자신의 본성[自性]을 지니고 있지 않아, 헤아릴 수 없이 많은 것 속에 하나가 녹아들어 있기 때문이다. 하나가 곧 일체이니, 원인과 결과가 질서정연하여, 하나 속에 헤아릴 수 없이 많은 것이 녹아들어 있기 때문이다. 힘과 작용은 서로를 수반하여 숨김과 나타남이 자유롭다."

여기서 개체들은 상호 연기작용을 통해 서로 섞여 하나의 전체(一合相)를 이루고(相卽相入), 이 속에는 진리성이 내재한다는 것이다. 그런데 개체가 무자성이므로 전체도 무자성이다. 그러므로 전체(一合相)는 공이고, 공인 일합상은 그 이름이 일합상일 뿐인데 이에 집착하는 것은 어리석은 짓이다.

2 『불교사상과 성양철학』: 에드워드 콘즈 外 · 김종욱 편역, 민족사, 1994, 249쪽.

우주의 근본 실체는 에너지이다. 이것은 인식되는 유형의 상이 아니므로 공으로 볼 수 있다. 그런데 우주의 본질은 완전히 빈 공(空)이 아니라 복사에너지로 충만한 공이다. 이러한 에너지에서 기본 물질이 생기고, 이들이 모여 우리가 인식할 수 있는 유형의 물체가 형성된다. 이것은 다시 주변과의 상의적 수수과정을 통해 초기의 고유 특성이 상실되면서 무형의 상으로 변해 간다.

즉 서로 무관한 이접적(離接的)인 물질 요소들이 상호 작용하는 연접적(連接的) 상호관계로 서로 모여 일합상의 물체를 만든다. 그러면 이것은 다시 외부와의 연속적인 수수관계를 거치면서 점차 변화되어 무형의 상으로 해체된다.

이러한 우주 만유의 성주괴공의 현상은 연기법계의 조화로운 자연 법칙을 따르는 것으로 무위적 입장에서 보면 원래의 상태로 진행해 가는 질서의 증가에 해당한다. 그러나 인간의 유위적 입장에서 보면 기존의 물체의 상이 지닌 질서가 점차 사라져 가는 무질서의 증가(엔트로피의 증가)[3]에 해당한다.

결국 법계연기[4]는 이접과 연접관계를 통해 서로 다른 다자(多者)가 일자(一者)로 되고 또 일자가 다자로 바뀌면서 순환하며 보편성과 평등성을 이룩한다.[5]

---

3 엔트로피(entropy) 증가: 쓸 수 있는 물질이 쓸 수 없는 것으로 되는 것을 엔트로피의 증가라 한다.(예: 석탄을 태우면 쓰지 못하는 재로 변한다. 이때 엔트로피가 증가했다고 한다. 일정한 질서를 가진 유형이 무형으로 변하면서 처음의 질서가 사라지며 무질서해지기 때문에 무질서의 증가라 한다.(예: 예쁜 조각품이 세월이 지나면서 훼손될 때 인간의 입장에서 보면 처음의 기하학적인 인위적 질서가 점차 사라져 가면서 무질서가 증가해 간다. 그러나 자연의 입장에서 보면 조각품은 원래 자연의 흙을 빚어 만든 것으로 자연적인 무위적 질서를 감소시켰는데 이것이 훼손되면서 점차 흙으로 다시 되돌아가기 때문에 자연적 조화의 증가로 볼 수 있다. 그래서 엔트로피의 증가는 무질서의 증가인 동시에 자연적 조화의 증가이다.

4 법계연기: 우주 만물은 모두가 서로 연기되어 있어 하나가 전체[一卽一切]이고 전체가 하나[一切卽一]인 중중무진(重重無盡)한 관계. 여기서는 중생, 부처, 번뇌, 보리, 생사, 열반 등의 대립이 모두 동등하다. 법계무진연기(法界無盡緣起), 일승연기(一乘緣起), 무진연기(無盡緣起)라고도 함.

5 『천문학자와 붓다의 대화』: 이시우, 종이거울, 2004, 145쪽.

"하나로 뭉친 모양이라 하는 것은 이것이 말할 수 없는 것이거늘 다만 범부인 사람들이 그것에 탐착하느니라."

어떤 사물이나 현상에 대한 언어적 표현은 그 대상을 나타내고 기술하는 개념의 축약이다. 예를 들어 별이라고 하면 스스로 빛을 내는 천체를 지칭한다. 이와 같은 언어적 표현은 주위의 여러 사물과 현상의 이해를 위해서 이루어지는 기초적 단계이다. 그런데 이런 대상의 언어적 표현은 그 대상을 대표하는 것일 뿐 그 대상의 시간적 변화를 구체적으로 나타내지는 않는다. 그러므로 하나로 뭉친 모양에만 집착해서 희론[6]하는 것은 범부의 부질없는 집착일 뿐이다.

예를 들어 별은 태어나서 늙어 가다 언젠가는 일생을 끝내며 빛을 내지 못하는 암체로 남게 된다. 그리고 흩뿌려진 잔해에서 다시 별들이 태어난다. 그러니 별은 하나로 보이지만 수많은 가스와 티끌이 모여 이루어진 것이다. 그렇지만 우리에게 쉽게 보이는 대상의 간단한 언어적 표현에만 집착한다면 그 대상의 진화적 측면을 보지 못하고 별은 영구히 빛을 내는 천체로 착각할 수 있다.

그러므로 대상에 대한 파악은 구체적인 변화에 따른 진화적 측면을 이해함으로써 만유는 상호 작용으로 고정된 특성, 즉 고정된 자성을 가지지 못한다는 제법무아라는 말을 하게 된다. 이런 점에서 인식되는 대상은 계속 정체성을 상실해 가기 때문에 불변의 실체가 아니다(非法: 법이 아니다). 그러나 대상으로는 존재한다(非非法: 법 아닌 것도 아니다)고 볼 수 있다. 이와 같이 '그것은 법이 아니요, 법이 아님도 아니다'[7]는 것은 상호 의존관계가 일어나는 연기법계[8]의 특징이다.

---

6 희론(戱論): 무의미한 이야기. 불도(佛道) 수행에 도움이 되지 않는 사상. 헛소리, 장난, 농담.
7 『금강경 역해』: 각묵 스님, 불광출판부, 2001, 406쪽.
8 연기법계(緣起法界): 유기적인 주고받음의 연기관계가 이루어지는 불법의 세계.

집단에서 개체를 단지 하나의 독립된 구성원으로 볼 때 이들은 단순히 생물학적이나 화학적 진화를 거쳐 가는 개체에 불과하다. 즉 개체로서의 존재 이외는 아무런 의미가 없다. 그러나 개체가 집단의 한 구성원으로 존재한다면, 그는 구성원들 사이에 서로 주고받는 상호 의존관계에 얽혀 집단적 진화를 수행해 가는 연기법계에 놓이게 된다. 이때 비로소 개체의 존재 가치가 구체적이고 실질적으로 구현된다.

여기서 한 개체를 집단과 분리해서 볼 때는 그 개체로부터 구체적인 집단의 질서(연기법)가 분명하게 나타나지는 않지만 개체들 사이의 관계를 볼 때 비로소 연기법이 나타나며, 그리고 모든 구성원들이 집단의 보편적 질서를 따라서 진화해 가는 것을 알 수 있다.

따라서 집단 내에서 한 개체를 중심으로 볼 때는 이것이 법이 아닌 것(非法) 같은 법(非非法)을 따르고 있는 것이다. 즉 각 구성원은 자유로운 독립적 진화를 하고 있는 것 같지만 실제는 집단 전체의 보편적 질서(非非法)를 따르며 진화하고 있다. 이런 점에서 구성원은 어떠한 법이라는 특정한 조건을 의식하지 않은 채 무위적인 집단의 질서를 자연스럽게 따르고 있다. 이것이 연기법계에서 일어나는 상호 의존관계의 특성이다.

우리가 흔히 말하는 깨달음도 내용이 없는 언어적 관습, 언어적 표현일지도 모른다. 왜냐하면 이런 깨달음은 실체가 없기 때문이다. 그러나 깨달음의 구체적 증거는 구성원들 상호 간의 의존적 수수관계를 통해서 그 내용과 단계가 나타날 수 있다.

흔히 깨친 자는 깨친 자만이 알아본다고 한다. 이것은 특별한 체험을 한 사람들만이 그들 세계를 이해할 수 있다는 것이다. 그리고 이러한 일종의 신비적 세계를 경험하지 못한 사람은 깨친 자가 될 수 없다는 것이다. 이와 같은 판단은 지극히 이원적(二元的) 사고로 특수 집단을 형성하여 그렇지 못한 집단 사이의 상호관계가 제대로 이루어질 수 없도록 높은 벽을 쌓아올리는 격이다. 이것이야말로 깨달음이란 집착이 만들어 내는 허공의 장벽이고 아상과 아만으로 치장된 허망한 인격체일 뿐이다.

공동체에서 이루어지는 연기법[9]이란 '불법[10]의 담을 쌓는 것이 아니라 허무는 것이고, 높은 것을 낮추는 것이며, 어려운 것을 쉽게 풀어가고, 특수한 것을 보편적으로 만들어서 모두가 평등한 삶의 가치를 지니도록 하는 것'이다. 이런 점에서 특별한 깨달음을 갈구하는 자는 불법에 비추어 볼 때 외도(外道)[11]에 해당한다고 볼 수 있다. 그러면 오늘날 돈오[12]를 깨침의 으뜸으로 삼는 한국 불교는 과연 불법을 제대로 실천하고 있는지 다시 생각해 보아야 할 것이다.

[별의 세계]

우주에 있는 물질의 기본은 가스와 티끌이다. 이들이 모여 별을 이루고, 별들은 늙어 임종을 맞으면서 많은 양의 가스와 티끌을 방출한다. 이처럼 기본 물질은 별의 생성을 통해 순환하며 우주의 정보를 저장해 간다. 그래서 한 개의 티끌이나 하나의 별에도 우주(세계)의 정보가 담기게 된다. 그러니 모든 물질이 모여 하나의 거대한

9 연기법: 만유는 연이어서 결과를 일으킨다는 인연생기(因緣生起)로 상호 연관된 유기적인 주고받음의 관계 법칙.
10 불법(佛法): 부처님이 깨달은 진리. 불교의 기초가 되는 근본.
11 외도(外道): 불교 이외의 사상이나 종교를 신봉하는 사람들.
12 돈오(頓悟): 신속하게 곧바로 깨닫는 것. 수행의 단계를 거치지 않고 곧장 깨닫는 것.

우주를 만든다 하더라도 이 우주 속에는 은하와 같은 작은 우주가 무수히 많이 존재하는 셈이다.[13] 18세기의 철학자 임마뉴엘 칸트는 당시에 희미하게 보이는 이것을 섬우주라고 불렀다.

물질의 순환으로 우주는 계속 변해 간다. 따라서 우주는 존재하지만 불변의 실체를 가지는 우주는 존재하지 않는다. 그러므로 우리는 어느 한 우주, 즉 예를 들면 현재 인식되는 우주(세계)가 변치 않는 것으로 보고 이에 집착하면 우주의 본질을 모르게 된다.[14]

더욱이 현재 팽창하고 있는 우주가 영원히 팽창을 계속할 수도 있지만 팽창 속도가 감소한다면 어느 정도 팽창한 후에는 다시 자체의 중력 때문에 모든 은하들이 안쪽으로 한 점에 모여 대붕괴를 일으킬 수도 있다. 그러면 이곳에서 다시 대폭발이 일어나면서 새로운 우주가 만들어지게 될 것이다. 이런 우주 모형을 진동우주(振動宇宙)라 한다.

현재의 천문학적 관측자료로는 우주가 앞으로 어떠한 모습으로 변하게 될지 확실히 알 수 없다. 다만 우주가 팽창하면서 계속 변해 가는 것만은 확실하다.[15]

인간은 흙, 물, 바람, 불 등 4요소로 이루어졌다고 한다. 이들 요소는 인간의 구성 성분이 아니라 인체의 기능적인 면에서 본 것이다. 예를 들면 사람이 죽으면 뼈와 살과 빛깔은 흙으로 돌아가고, 피와 침과 물기는 물로, 따뜻한 몸 기운은 불로, 움직이는 힘은 바람으로 돌아간다고 본다. 이것을 역으로 하면 이들 요소가 모여 유형의 몸을 구성하는 것이다.

실제 인간의 구성 성분은 총 원소 개수의 65%는 수소, 29%는 산

13 『천문학자와 붓다의 대화』: 이시우, 종이거울, 2004, 220쪽.
14 『별을 보면 법을 보고 법을 알면 별을 안다』: 이시우, 신구문화사, 2002, 137쪽.
15 『우주의 신비』: 이시우, 신구문화사, 2002, 154쪽.

소, 6.4%는 탄소, 1.4%는 질소로 이루어졌다. 이러한 원소 함량비의 순서는 태양의 경우(수소 93.4%, 헬륨 6.5%, 산소 0.06%, 탄소 0.03%, 질소 0.01%)와 같다.

여기서 헬륨은 강한 휘발성 기체로서 다른 원소와 잘 화합하지 않기 때문에 우리 인체에는 헬륨 원소가 없다. 이 원소를 제외하면 인간과 태양의 원소 함량의 크기 순서는 수소, 산소, 탄소, 질소의 순서로 서로 같다. 이 결과는 박테리아나 혜성의 경우에도 똑같다.

인간의 구성 성분은 지구의 구성 성분(산소 50%, 철 17%, 규소 14%, 마그네슘 14% 등)과는 전연 다르다. 그러므로 인간의 씨앗이 지구 자체에서 생겼다고 볼 수 없다. 지구의 형성 과정을 고려할 때 원시 태양계 성운의 성분을 가진 혜성이 지구와 충돌하면서 인간의 씨앗을 전해 준 것으로 본다.[16]

한편 원시 태양계의 물질은 그 전 세대의 별들이 죽으면서 흩뿌린 잔해이다. 이 세대의 별들은 다시 그 전 세대의 큰 별들이 죽으면서 방출한 물질에서 형성된 것이다. 결국 우주가 처음 생기면서 형성된 제1 세대의 큰 별들이 죽으면서 방출한 물질에서 제2 세대의 별이 생기고, 제2 세대의 큰 별들이 죽으면서 방출한 물질에서 제3 세대의 별들이 탄생되고, 다시 이들 중에서 큰 별들이 죽으면서 방출한 물질에서 제4 세대의 별들이 생긴 것이다. 이 중의 하나가 태양이고 또 인간이다.

결국 인간은 우주에서 제4 세대의 작은 별에 해당하는 셈이다. 밤하늘에서 보이는 아주 밝은 별들은 우리보다 아래인 제5 세대의 별들이다.[17]

---

16 『천문학자와 붓다의 대화』: 이시우, 종이거울, 2쇄 2004, 262쪽.
17 『별과 인간의 일생』: 이시우, 신구문화사, 1999, 128쪽.

인간의 씨앗은 우주에서 왔다. 별들은 밝은 빛을 내지만 인간이란 작은 별은 지혜의 빛을 내고 있다. 이들은 모두 먼 조상 별들로부터 왔기 때문에 우주의 법계연기를 잘 따라야 함은 지극히 당연하다. 이러한 인간과 우주 법계의 깊은 관련성은 궁극의 진리를 설하는 『금강경』에서 잘 보여 주고 있다.

그림31 대마젤란 은하 내의 초신성 폭발

별의 정상적인 핵융합 반응에서 마지막 남는 원소는 철이다. 태양 질량의 10배 이상 되는 무거운 별은 임종의 순간에 거대한 폭발을 일으키면서 갑자기 밝아지는 초신성이 된다.[그림31] 이때 온도와 압력이 급격히 올라가면서 철보다 무거운 원소들이 만들어진다. 부의 상징인 금이나 백금, 은, 전선으로 쓰이는 구리, 아연이나 주석, 수은, 납 등등 많은 무거운 원소들은 모두가 초신성(超新星)의 폭발 때 생긴 것이다. 즉 별에서 온 것이다.

사람들은 몸에 금이나 은을 지니고 다니면서도 이것들을 만들어 준 조상 별들에게 고마움을 느끼지 못한다. 이런 귀금속뿐만 아니라 우리를 구성하는 물질도 모두 먼 조상 별들의 세대를 거쳐 왔다는 것을 생각하면서 우리의 우주적 뿌리를 깊이 생각해야 할 것이다. 그리고 우리는 단순히 지상의 인간 법계가 아니라 우주 법계에 속해 있다는 것을 명심해야 한다.

빛을 내지 못하는 가스와 티끌이 모여 하나의 뭉치[一合相]인 별이 되고, 이것이 죽어 다시 가스와 티끌로 흩어지면 여기서 새로운 별이 탄생한다. 인간도 마찬가지다. 사람의 형체가 없는 물질에서 사람이 생겨나고, 사람이 죽으면 다시 형체가 없는 상태로 변한다. 결국 우주에는 고정된 상이 원래부터 존재하지 않고, 오직 순환이라는 변화의 과정이 있을 뿐이다. 그러므로 상에 집착하는 것은 어리석은 범부의 짓이라는 것이다.

순환 과정에서 앞 세대가 지닌 정보는 점차 다음 세대로 전달되어 간다. 별의 경우는 세대가 지날수록 무거운 원소가 많아진다. 그래서 별의 원소함량을 조사하면 그 별이 몇 세대의 별인지 알 수 있다.

인간의 경우는 조상으로부터 물려 받은 아뢰야식이 저장되어 간다. 아뢰야식에는 원초적 잠재의식뿐만 아니라 DNA라는 핵산 내에 저장된 생물학적 유전 정보도 다음 세대로 전달되어 간다.

제31분 지견(知見)을 내지 아니함

漢譯 지견불생분(知見不生分)

須菩提야 若人이 言佛說我見人見衆生見壽者見이라 하면 須菩提야
수보리 약인 언불설아견인견중생견수자견 수보리

於意云何오 是人이 解我所說意不아 不也니이다 世尊하 是人이
어의운하 시인 해아소설의부 불야 세존 시인

不解如來所說義니 何以故오 世尊이 說我見人見衆生見壽者見은
불해여래소설의 하이고 세존 설아견인견중생견수자견

卽非我見人見衆生見壽者見일새 是名我見人見衆生見壽者見이니이다
즉비아견인견중생견수자견 시명아견인견중생견수자견

須菩提야 發阿耨多羅三藐三菩提心者는 於一切法에 應如
수보리 발아누다라삼먁삼보리심자 어일체법 응여

是知하며 如是見하며 如是信解하야 不生法相이니 須菩提야
시지 여시견 여시신해 불생법상 수보리

所言法相者는 如來 說卽非法相일새 是名法相이니라.
소언법상자 여래 설즉비법상 시명법상

國譯 지견(知見)을 내지 아니함

"수보리야, 만약 어떤 사람이 말하기를 '여래가 아견(我見)과 인견(人見)과 중생견(衆生見)과 수자견(壽者見)을 말하였다' 하면 수보리야, 어

떻게 생각하느냐? 이 사람이 내가 말한 바 뜻을 아는 것이냐?"

"아니옵니다. 세존이시여, 이 사람은 여래의 설하신 바 뜻을 알지 못함이옵니다. 어찌한 까닭인가 하오면 세존께서 말씀하신 아견과 인견과 중생견과 수자견은 곧 아견, 인견, 중생견, 수자견이 아니옵고 그 이름이 아견, 인견, 중생견, 수자견이옵니다."

"수보리야, 아누다라삼먁삼보리심을 발한 자는 일체법에 응당 이와 같이 알며 이와 같이 보며 이와 같이 믿고 이해하여, 법상[1]을 내지 말지니라. 수보리야, 말한 바 법상이란 것도 여래가 곧 법상이 아니요 그 이름이 법상임을 말하느니라."

新講

지견불생분에서는 사상(四相)에 대한 견해를 내지 말고 연기법을 올바르게 이해하라고 강조한다. 대체로 사상(四相)에 대한 집착은 좁은 시야에서 생기는 주관적 견해에 기인한다. 즉 전체를 보지 않고 국부적인 것이나 특정한 시기에 얻어진 기억의 노예가 되어 이를 고집하게 된다. 그렇게 되면 단절된 사고의 늪에 빠지는 셈이다.[2] 그러나 연기법은 넓은 시야로 상호관계의 전체를 통해 이해하는 유기적인 전일적 사고[3]가 필수적이다.

[해설]

"'여래가 아견(我見)과 인견(人見)과 중생견(衆生見)과 수자견(壽

1 법상(法相): 만상이 가지는 본질적인 체상(體相). 여러 가지 법의 특질.

2 『별을 보면 법을 보고 법을 알면 별을 안다』: 이시우, 신구문화사, 2002, 170쪽.

3 전일적 사고(全一的 思考): 부분적인 것들을 분석 종합하여 이들 전체의 유기적이고 체계적인 관계를 조망하고 관조하는 사고.

者見)을 말하였다' 하면 수보리야, 어떻게 생각하느냐?…… 세존께서 말씀하신 아견과 인견과 중생견과 수자견은 곧 아견, 인견, 중생견, 수자견이 아니옵고 그 이름이 아견, 인견, 중생견, 수자견이옵니다."

아견, 인견, 중생견, 수자견 등의 사상(四相)에 대한 견해란 곧 사상에 대한 집착을 의미한다. 법[존재]에 대해 이러한 집착을 가지고는 그것을 올바르게 보고 인식할 수 없으므로 참된 깨달음에 이를 수 없다는 것이다.

"법상이란 것도 여래가 곧 법상이 아니요 그 이름이 법상임을 말하느니라(所言法相者 如來 說卽非法相 是名法相)."

어떠한 현상이나 물체를 보고 그것에 집착하는 것은 곧 법상에 대한 집착으로 그릇된 견해를 가지게 된다. 만유는 상호 의존적 관계에서 끊임없이 변화를 거친다. 그러므로 어느 한 부분 또는 어느 한 찰나의 상(相)을 보고 그것에 집착하는 것은 전체를 모르고 보이는 것에만 끌려 애착을 갖거나 주장하는 어리석은 짓이다.

상호관계는 전체적인 연속적 흐름의 관계이다. 그러므로 전체를 보지 않고 일부분에 집착하는 것은 극히 위험스럽다.

만유의 유기적이고 역동적 수수관계에서는 부분의 합보다 더 많은 정보를 바탕으로 하는 체계적이고 전일적인 사고를 해야만 연기법을 올바르게 이해할 수 있다. 이런 사고방식은 전체 속에서 부분을 보는 것이 아니라 상호관계에 있는 전체를 내려다보고 포괄적으로 분석하고 종합하는 직관적 사고 방법이다.

여러 무리가 모여 이루는 상의적 관계에서는 각 구성원의 성격적 특성 이외에 상호 의존적 관계에서 새로 생기는 집단의 특징이 있기 때문에 상호관계는 전일적 사고로 이해되지 않으면 안 된다. 그러므로 연기법계에서는 어느 한 개체 또는 어느 한 특별한 현상이나 사고(思考)의 한 단면만을 보고 이에 집착하여 상호관계를 이해하려는 것은 매우 그릇된 주관적 판단을 유발할 가능성이 높다.

대상과 관찰 사이에는 항상 불확실성이 내재한다. 왜냐하면 관찰자는 어떤 목적 의식을 가지고 관찰하는 데 비해서 사물이나 현상은 제한적인 여실지견을 가진 관찰자와는 무관하게 다양한 양상을 나타내기 때문이다.

그래서 관찰자가 어떠한 목적으로 어떻게 보느냐에 따라서 대상의 특성이 규정되며, 이것은 대상이 지니고 있는 원래의 특성과 다를 수 있는 확률을 항상 내포하고 있다. 이런 불확실성으로부터 인간의 방황은 시작된다고 볼 수 있다.

상호관계에서는 불확실성의 발생이 특별한 것이 아니라 지극히 일반적 현상이며 대상과 관찰자 사이에 일어나는 본질적 특성이다. 오히려 역동적인 연기법계에서는 복잡한 상의적 수수관계와 비결정론적[4]이고 비선형적[5]인 현상 때문에 정확성이나 완전성 및 절대성을 기대할 수 없고 오직 확률적 추론만이 가능하다. 특히 이런 현상은 원자와 같은 미시세계에서 현저히 잘 나타난다.

예를 들면 원자 내에서 전자의 운동량과 위치를 동시에 정확히 측정할 수 없으며 이들 사이에는 최소한의 일정한 불확실성이 내포된다는 것으로 이를 하이젠베르그의 불확정성 원리라 한다. 이 원리는

4 비결정론적(非決定論的): 물리량을 시간이나 공간적 함수로 정확히 예측할 수 없는 것.
5 비선형적(非線型的): 물리량이 연속적이지 못하고 시간이나 공간적으로 단절되어 정확히 예측할 수 없는 것.

현대 양자물리학의 기본 가설이 되고 있다.

또한 오늘날과 같은 복잡 다양한 최첨단 과학문명 시대에서 우리는 모든 것이 매우 빠른 속도로 진행되는 유기적이고 역동적인 상호관계 때문에 확실한 결정론이 성립되지 않는 불확실성의 시대를 맞고 있다. 특히 이런 불확실성은 과학의 한계성 때문에 생긴다.[6]

그리고 현대는 2,600여 년 전의 붓다시대와는 근본적으로 다른 세계이다. 따라서 복잡한 상의적 관계에서는 정확한 결과를 기대하기보다는 발생 가능한 불확실성을 찾고 이를 수용하는 열린 마음이 요구된다.

불법에서는 항상 초월적 향상일로[7]를 강조하는데 이것은 어떤 한 단계에서 달성되는 완전성이나 절대성을 배제하고 점진적인 발전을 전제로 하기 때문이다. 다양한 분야로 세분화된 현대 문명사회에서 일어나는 상의적 관계에서는 항상 불확실성이 발생할 수 있다. 그러므로 불법에서는 불확실성이 보편적 현상이다.

그렇다면 오늘날 당면하고 있는 불확실성 시대의 극복은 조화로운 수수관계를 통해서만 해결할 수 있는데 이를 위해서는 정신과 물질의 양면에서 최소작용의 원리를 따라야 한다. 이렇게 함으로써 발생 가능한 불확실성을 최소화시킬 수 있는 것이다.

오늘날 물질만능 사회에서는 불확실성을 회피하면서 정밀성을 요구한다. 그래서 토론보다 정답을, 상식보다 전문지식을, 포용과 중용보다 극단적인 법질서를 중시한다. 일상 생활에서는 주관적 불안감

---

6 『우주의 신비』: 이시우, 신구문화사, 2002, 117쪽.
7 향상일로(向上一路): 깨달음에 이르는 한줄기 길. 언어, 사려가 미치지 않는 최상의 경지. 부처님의 경지에 이르기 위해 수행에 전념하는 것.

으로 높은 스트레스를 받게 된다. 이런 내용은 여러 나라에 있는 다국적 기업을 대상으로 세계 문화를 조사한 홉스테드의 연구 결과이다.[8]

그에 따르면 불확실성을 수용하는 나라는 주로 북구 나라들이며, 미국을 비롯한 일본과 한국 등은 불확실성 회피문화를 가졌다. 그 결과 우리 나라 교육에서는 정답만을 요구하며 또 일상 생활에서 시간은 행동 제시의 틀이 아니라 시간은 돈이라는 경제논리에 젖어 있다. 이러한 현상은 불확실성을 수용하는 불법의 정신이 우리 나라에 부재(不在)함을 극명하게 잘 보여 주는 구체적인 실례이다.

[별의 세계]

별의 세계에서는 별들이 연기법을 잘 따르고 있지만 법 자체에 대해서는 어떠한 집착도 없다. 자연에서 만유를 다스리는 질서라는 법은 인간의 인식과는 무관하게 존재한다. 집착이란 산냐는 외부 대상에 대한 우리의 인식 과정에서 생길 수 있는 일종의 편견의 원인이 된다.

따라서 인간이 개입되지 않는 자연에서는 특별히 법 자체도 언급될 필요가 없다. 왜냐하면 자연은 인간의 이성이란 것에 의해 어떠한 규격화된 테두리 속에 갇히기를 싫어하기 때문이다. 그래서 자연의 입장에서 보면 '법에 대한 지각'이란 순전히 인간의 지성적 놀이에 불과하다.

8 『세계의 문화와 조직』: 홉스테드(G. Hofstede), 차재호·나은영 역, 학지사, 1996.

한정된 시공간에서 일어나는 현상이나 대상은 특별해 보일 수도 있다. 예를 들어 어떤 한 성단의 모양이 특이해 보인다고 해서 이에 집착하여 특수성을 주장할 수도 있다. 그러나 시공간을 확장하여 더 많은 천체들을 관측해 보면 앞서 본 경우는 지극히 평범한 것임을 알게 된다.

오늘날 초대형 망원경은 주로 100억 광년 이상 아주 멀리 떨어진 퀘이사를 찾아 그 특성을 연구하고자 한다. 퀘이사가 광학적으로 보면 별처럼 아주 작아 보이지만 여기서 방출되는 복사 에너지의 양은 은하에서 방출되는 것과 비슷하거나 더 크다.

특별해 보이는 이 천체는 은하가 탄생될 때의 초기 상태에 해당한다. 따라서 퀘이사는 실제로 특별한 것이 아니라 초기 진화상태에 있는 지극히 보편적 은하에 해당한다.

우주에서는 이와 같이 관측 공간을 확장하고 시간을 먼 과거로 거슬러 올라갈수록 특이성이 사라지고 보편성이 나타난다. '법상이란 것도 여래가 곧 법상이 아니요 그 이름이 법상임을 말하느니라'고 하는 것은 시공간의 확장으로 여실지견이 더 넓어지고 더 깊어짐으로써 법상에 대한 집착이 사라진다는 것을 뜻한다. 이럴 때 우리는 올바른 여실지견에 이른다고 하며, 이것이 곧 열반의 경지이다.

제32분 응화(應化)는 참이 아님

漢譯 응화비진분(應化非眞分)

須菩提야 若有人이 以滿無量阿僧祇世界七寶로 持用布施어든
수보리 약유인 이만무량아승기세계칠보 지용보시

若有善男子善女人이 發菩提心者 持於此經하야 乃至四句偈等을
약유선남자선여인 발보리심자 지어차경 내지사구게등

受持讀誦하야 爲人演說하면 其福이 勝彼하리니 云何爲人演說고
수지독송 위인연설 기복 승피 운하위인연설

不取於相하야 如如不動이니 何以故오 一切有爲法이 如夢幻
불취어상 여여부동 하이고 일체유위법 여몽환

泡影하며 如露亦如電하니 應作如是觀이니라 佛이 說是經已하시니
포영 여로역여전 응작여시관 불 설시경이

長老須菩提와 及諸比丘比丘尼와 優婆塞優婆夷와 一切世間
장로수보리 급제비구비구니 우바새우바이 일체세간

天人阿修羅 聞佛所說하사옵고 皆大歡喜하야 信受奉行하니라.
천인아수라 문불소설 개대환희 신수봉행

國譯 응화(應化)는 참이 아님

"수보리야, 만약 어떤 사람이 무량아승기[1] 세계에 가득 찬 칠보를 가지

1 무량아승기(無量阿乘祇): 셀 수 없는 무수한 수.

고 보시에 썼더라도 만약 보리심을 발한 선남자 선여인이 있어 이 경을 지니며, 내지 사구게 등이라도 받아 지니고 읽고 외우며 다른 사람을 위하여 풀어 말하면 그 복이 저보다 나으리라. 어떻게 사람을 위하여 풀어 말할까? 상(相)을 취하지 아니하여 여여(如如)[2]하여 동하지 않느니라.
어찌한 까닭이냐? 일체 함이 있는 모든 법은 꿈이며 환(幻)이며 물거품이며 그림자 같으며, 이슬과 같고 또한 번개와도 같으니 응당 이와 같이 관(觀)할지니라."
부처님께서 이 경을 설하여 마치시니 장로 수보리와 모든 비구·비구니와 우바새·우바이와 일체 세간의 천상·인간과 아수라 등이 부처님의 말씀하심을 듣고 모두 크게 환희하여 믿고 받아 받들어 행하니라.

新講

응화비진분에서는 만유의 존재와 현상은 고유한 본질이 없으므로 한갓 스쳐 가는 바람과 같다고 설한다. 그래서 이들에 집착함은 부질없는 노릇이라는 것이다.

[해설]

"상(相)을 취하지 아니하여 여여(如如)하여 동하지 않느니라(不取於相 如如不動)."

특정한 상에 집착하여 동하지 않고 한결같이 유전하는 자연의 이치를 자연스럽게 따를 뿐이다. 만유의 상에 집착하는 것은 만유는

2 여여(如如): 그렇고 그렇게 있는 것. 있는 그대로의 것. 진여(眞如)와 동일. 잃고 얻음도 없는 그렇고 그런 편안한 상태. 열반의 경지.

고정된 본질이 있다는 환상에서 일어난다. 그러나 만유의 본성은 무자성의 공(空)임을 안다면 상에 취하지 않는 여여한 중도의 깨침에 이르게 된다.

상에 집착하지 않는 방법은 첫째 공동체 내에서 개체 사이의 상의적 수수관계를 긴밀히 함으로써 각 개체가 지닌 고유한 자성을 없애버리는 것이다. 둘째는 다양한 대상이나 현상을 접함으로써 올바른 여실지견을 얻는 것이다. 경험과 인식 세계가 어느 한쪽에 치우칠 때는 이로부터 생기는 여실지견도 한쪽으로 쏠리지 않을 수 없다. 이런 상태에서는 집착을 벗어나지 못하므로 동하지 않는 여여함을 기대할 수 없다.

"일체 함이 있는 모든 법은 꿈이며 환(幻)이며 물거품이며 그림자 같으며, 이슬과 같고 또한 번개와도 같으니 응당 이와 같이 관(觀)할지니라."

우주가 생긴 이래로 만유는 생멸을 거듭하면서 오늘날까지 진화해 오고 있다. 멸하면 그 씨앗이 다음 생을 만들어 내고, 이 생을 유지하다가 다시 사라지고 하는 순환의 연속이 우주의 모습이다. 이런 우주에서 만유는 긴밀한 상의적 관계를 이루며 우주라는 수레바퀴를 굴리고 있다.

일체의 모든 존재는 '꿈처럼, 등불처럼, 환상처럼, 물거품처 럼, 이슬처럼, 그림자처럼, 번개처럼' 생겼다가 잠시 머문 후 사라져 간다. 이것은 모든 존재[법]는 연속적으로 변화하는 무자성의 사물들이나 현상이라는 뜻이다. 혹자는 '모든 것이 허공꽃처럼 허망함'을 나타내는 것으로 잘못 생각할 수도 있다. 그러나 실제는 대상과 인식 주체 간의 긴밀한 상의적 연기관계를 보여 주고 있다. '꿈처럼…… 번개처럼'이라는 것은 우주의 본질이 충만한 공(空)임을 뜻한다. 비록 우주 만유의 존재가 한갓 꿈같이 하찮아 보일지 모르나 허공꽃처럼 보이는 이들이 없다면 우주는 존재할 수 없고, 또한 만유 간의 연기관계는 그 의미를 상실하게 된다.

100년도 채 못 사는 인간의 수명이 우주의 나이에 비하면 찰나 같을지 모르나 그렇다고 해서 우주 내 모든 것이 찰나 같은 운명을 가진 것은 결코 아니다.

형상을 가진 작은 별들 중에는 거의 우주의 나이와 같이 140억 년 이상 오래된 것들도 많이 있다. 그리고 은하들 대부분의 나이는 대체로 100억 년 이상으로 우주의 나이와 비슷하다. 이처럼 작은 별들과 은하들은 아직도 빛을 내며 우주를 밝히고 있다. 이런 점에서 무한한 우주가 아니라 대폭발 우주와 같은 유한한 우주를 생각하면 우주 만물이 모두 '찰나 같은 운명을 지닌 허망한 것들이다'라고 절망적으로 말을 할 수는 없을 것이다.

각묵 스님의 『금강경 역해』에서는
"형성된 것은 참으로 이와 같이 보아야 하나니
별, 눈의 가물거림, 등불과도 같고
환영, 이슬, 물거품과도 같으며
꿈, 번개, 구름과도 같다."

고 하여 구마라집의 한역본(漢譯本)에 없는 '별과 같고'란 흥미 있는 말이 있다.[3]

'별과 같고'라고 한 것은 밝은 태양이 떠오르면 밝은 햇빛 때문에

3 『금강경 역해』: 각묵 스님, 불광출판부, 2001, 420쪽.

하늘의 뭇 별들은 그 자취를 감추며 사라지기 때문일 것이다. 그래서 태양이 없는 밤에만 보인다고 해서 '별과 같고'라고 했을 것이다. 그런데 큰 망원경으로 보면 낮에도 밝은 별을 볼 수 있다. 그러므로 더 이상 '별처럼'이라고 말할 수는 없다.

구마라집의 한문 번역본 『금강경』에서는 '별과 같고'란 말이 빠져 있다.

우주를 채우는 거대한 연기의 인드라망[4]을 생각해 보자. 이 망의 그물코에 은하단들이 걸려 있고, 각 은하단은 다시 작은 그물을 형성하여 그물코에 은하들이 걸려 있으며, 은하는 다시 더 작은 그물을 이루어 그물코에 별들이 하나씩 걸려 있고, 각 별들은 더욱더 작은 그물을 이루어 행성들이 그물코에 하나씩 걸려 있는 셈이다.

우리 지구는 태양을 중심으로 하는 그물에서 한 그물코에 걸려 있다. 그리고 지상에는 인간을 비롯한 여러 생명체들과 무생물들이 연기의 그물을 이루고 있다.

이처럼 우주에는 아주 작은 그물에서부터 우주의 거대한 그물에 이르기까지 여러 단계의 다양한 그물들이 계층적 구조를 이루면서 서로 연결되어 있다. 각 그물에는 다양한 물체가 걸려 서로 조화로운 연기법계를 이루며, 이것은 점차 더 큰 연기법계를 형성하면서 상호 연관되어 있다. 이것이 곧 우주인드라망이다.[5]

만약 지상의 인간이 만들고 있는 연기의 그물망이 출렁이면, 이때 생기는 영향은 지구 전체로 퍼져 나가고, 나아가 태양계의 그물망으

4 인드라망: 인도 만신들 중 왕이라 불리는 힘의 상징인 신이 인드라(Indra)이다. 이 신이 있는 제석궁을 둘러싸고 있는 보배구슬로 장식된 그물을 인드라망이라고 한다.
5 『별을 보면 법을 보고 법을 알면 별을 안다』: 이시우, 신구문화사, 2002, 143쪽.

로 확장되면서 점차 우리 은하계 내 별들의 그물망으로 퍼지고, 그리고 은하들의 그물망을 거쳐 마지막에는 우주의 그물망으로 퍼져 나아갈 것이다.

그래서 인간이 저지른 나쁜 영향이 전 우주적으로 전파되어 우주 내에 좋지 못한 결과를 초래할 수 있다는 것이다. 물론 이런 것이 연기법계에 연관해서 살펴본 순전히 이론적인 상상이라고 생각할 수도 있다. 그러나 전파되는 영향이 무시될 정도로 아주 미약하다는 것이지 완전히 없다는 것은 아니다.

적어도 인간에 의해 지구가 황폐화되고 있는 것은 인간의 문명이란 그물망이 지구 전체의 그물망을 흔들면서 불안정을 초래하고 있음은 분명한 사실이다.

비록 인간이 우주의 역사에 비해 찰나 같은 수명을 지닌 정체성이 없는 존재이지만, 인간은 우주의 만유와 긴밀한 연기관계를 이루면서 우주 법계에 역동적으로 연관되어 있다. 이런 사실은 우주에서 인간도 별들처럼 지혜의 빛을 내고 있는 존재이기 때문에 무위적인 자연의 조화로운 질서를 따르면서 우주를 밝히는 등불이 되어야 마땅하다는 것이다.

그렇다면 어떻게 해서 인간이 자등명 법등명[6]으로써 지상의 등불이 될 수 있는가를 설하고 있는 것이 바로 『금강경』이며, 그리고 나아가 우주 법계의 등불로 볼 때는 이것이 '우주 금강경'이 된다.

여기서 자등명은 각 개인이 닦는 계·정·혜의 삼학을 뜻하며, 법등명은 공동체 내 대중들 사이에서 일어나는 주고받음의 역동적이고 조화로운 연기관계를 뜻한다. 한편 우주 법계의 등불은 삼학과 상의

---

6 자등명 법등명(自燈明 法燈明): 자기 자신을 등불로 삼고, 진리를 등불로 삼으라는 것.(『대열반경』: 불전간행회 편·강기희 역, 민족사, 1994, 61쪽)

적 수수관계를 두루 포함하는 넓은 의미의 최소작용의 원리[7]에 해당한다.

·

[별의 세계]

별의 세계에서 별들은 자신들이 '조건지어져 형성된 참이 아닌 것이다'는 것을 모르며 또 알 필요도 없다. 왜냐하면 이런 말들은 지혜놀이를 좋아하는 인간이 만든 것으로 인간 세계에서만 쓰이기 때문이다. 별들은 인간과 무관하게 자연이 무위적으로 만들어 낸 작품으로 우주를 이루고 있다. 별이 없으면 우주는 없어진다.

우주에서 별들은 찰나같이 지내다가 사라지는 물거품 같은 것은 결코 아니다. 대폭발 우주모형[8]에서 현재 우주의 나이는 137억 년으로 보고 있다. 이런 우주에서 별이 태어날 때 질량이 태양의 0.8배 이하 되는 가벼운 별들은 그 수명이 우주의 나이보다 더 길다.[9] 그러므로 아직도 빛을 내며 살아 있기에 이들의 생(生)은 '찰나 같은 것'이 아니라 오히려 '우주 같은 것'이라고 해야 할 것이다.

별의 나이는 별이 태어날 때의 질량에 따라 달라진다. 즉 질량이 클수록 별의 수명은 짧아진다. 태양 질량의 10배 되는 별은 그 수명이 수억 년 정도이고, 태양의 100배 되는 아주 무거운 별의 수명은 수백만 년 정도로 짧다. 우주의 나이에 비추어 보면 질량이 아주 큰 별들은 비교적 찰나같이 지내다가 사라진다고 볼 수도 있다.

그러나 우주를 이루고 있는 대부분의 별들은 그 수명이 100억 년

7 최소작용의 원리: 가장 낮은 에너지 상태에 머물며, 가장 적은 에너지로 외부 반응에 대응하는 것.
8 대폭발 우주모형: 현재 우주 내에 있는 모든 물질과 에너지가 먼 옛날(약 140억 년 전)에는 한 점에 모여 있었는데, 어떤 원인으로 대폭발이 일어나 현재와 같은 우주가 만들어졌다는 모형.
9 『천문학자와 붓다의 대화』: 이시우, 종이거울, 2004, 64쪽·286쪽.

이상 되는 것으로 결코 찰나 같이 지내다가 사라진다는 말은 할 수 없다. 결국 별의 세계가 이루고 있는 우주에서는 '찰나 같은 것'이 아주 흔하지 않기에 결코 '우주는 허망한 것'이 아니라 별빛으로 충만한 세계이다.

우주는 현상의 세계(사법계-사실들의 영역)와 본체의 세계(이법계-원리의 영역, 최소작용의 원리), 현상과 본체가 일체화된 세계(이법에 따른 현상계의 진화-이사무애법계), 현상과 현상들이 걸림 없이 하나된 세계(사물들의 연기작용-사사무애법계)라는 4중 구조로 형성되었다. 이것이 곧 우주의 연기법계이다.

이러한 우주에서 인간은 태어나 100년도 채 못 살고 사라진다. 그래서 인생을 이슬처럼, 물거품처럼 잠깐 왔다가 사라져 가는 허망한 것으로 볼 수도 있다. 이런 허무주의적으로 보이는 견해는 만유는 유형으로 왔다가 무형으로 사라진다는 변화의 논리에 근거한 것이다.

그러나 실제 인간의 탄생은 위대한 것이다. 왜냐하면 우주의 한 구성원으로서 역할을 하고 또 해야 하기 때문이다. 여기서 후자는 인간이 자연을 이용만 하는 것이 아니라 자연을 가꾼다는 조역자의 의무를 말하는 것이다. 우주의 만유는 인간처럼 삶의 의지[生意]를 가졌다. 그래서 만유는 가장 조화로운 상호 의존적 수수관계를 이어가려는 법계연기를 이루고 있는 것이다.

이슬 같고, 물거품 같다는 것이 허망하다는 뜻이 아니라 유형의 상은 외부 반응에 조화롭게 순응, 적응하면서 초월적 상태로 변이해 간다는 상의적 수수관계를 의미한다. 만약 이슬은 영원히 이슬로 있고, 물거품은 물거품으로 영원히 존재한다면 이 세상은 얼어붙은 얼음처럼 더 이상 움직이는 세상이 되지 못할 것이다. 이슬은 이슬처럼, 물거품은 물거품처럼 변화에 순응하면서 연기법을 따를 때 진정 한 불법이 이루어진다는 것을 경에서 강조하고 있다.

가려 뽑은 금강경 사구게

2분 善護念諸菩薩 善付觸諸菩薩

모든 보살들을 잘 호념하며 모든 보살들을 잘 부촉한다.

3분 如是滅度無量無數無邊衆生 實無衆生得滅度者

이와 같이 한량없고 셀 수 없고 가없는 중생을 멸도하나 실로는 멸도를 얻은 중생이 없다.

5분 凡所有相 皆是虛妄

무릇 형상이 있는 것은 다 허망하다.

若見諸相非相 卽見如來

만약 모든 형상을 형상 아닌 것으로 보면 곧 여래를 본다.

6분 無法相 亦無非法相

법이라는 상도 없으며 법 아니라는 상도 또한 없다.

不應取法 不應取非法

마땅히 법을 취하지 말아야 하며 마땅히 법 아님도 취하지 말아야 한다.

7분 如來所說法 皆不可取 不可說 非法 非非法

여래가 설하신 법은 다 취할 수 없으며 말할 수도 없으며 법도 아니며 법 아님도 아니다.

8분 所謂佛法者 卽非佛法

이른바 불법이라 하는 것도 실은 불법이 아니다.

9분 實無有法名阿羅漢

실로 아라한이라 이름할 법이 없다.

10분 應無所住 而生起心

응당 머문 바 없이 그 마음을 낸다.

13분 佛說般若波羅蜜 卽非般若波羅蜜 是名般若波羅蜜

여래가 말한 반야바라밀이 곧 반야바라밀이 아니라

그 이름이 반야바라밀이다.

如來 說世界 非世界 是名世界

여래가 설한 세계도 곧 세계가 아니라

그 이름이 세계다.

14분 是實相者는 卽是非相

이 실상이라는 것은 곧 상이 아니다.

若心有住 卽爲非住

만약 마음에 머묾이 있으면 곧 머묾 아님이 된다.

如來所得法 此法無實無虛

여래가 얻은 바 법인 이 법은 실다움도 없고 헛됨도 없다.

15분 如來 爲發大乘者說 爲發最上乘者說

여래는 대승에 발심한 자를 위하여 이 경을 설하며

최상승에 발심한 자를 위하여 이 경을 설한다.

16분 當知是經義 不可思議 果報亦不可思議

이 경은 뜻도 가히 생각할 수 없고

과보 또한 생각할 수 없다.

17분 如來者 卽諸法如義

여래라 함은 곧 모든 법이 여여하다는 뜻이다.

所言一切法者 卽非一切法 是故名一切法

말한 바 일체법이란 것도 곧 일체법이 아니므로

그러므로 일체법이라 이름한다.

18분 如來 說諸心 皆爲非心 是名爲心

여래가 설한 모든 마음은 다 마음이 아니요,

그 이름이 마음이다.

過去心不可得 現在心不可得 未來心不可得

지나간 마음도 얻을 수 없으며 현재의 마음도

얻을 수 없으며 미래의 마음도 얻을 수 없다.

21분 說法者 無法可說 是名說法

법을 설한다는 것은 법이 없음을 가히 말하는 것이니

그 이름이 법을 설함이다.

衆生衆生者 如來 說非衆生 是名衆生

중생 중생이라는 것은 여래가 중생 아님을

말하는 것이니 그 이름이 중생이다.

23분 所言善法者 如來 說卽非善法 是名善法

말한 바 선법이라고 하는 것은 여래가 곧 선법 아님을

말하는 것이니 그 이름이 선법이다.

25분 凡夫者 如來 說卽非凡夫 是名凡夫

범부라는 것도 곧 범부가 아니고 그 이름이 범부임을
여래께서 설하셨다.

26분 若以色見我 以音聲求我 是人 行邪道

만약 형상으로 나를 보려 하거나 음성으로 나를
찾는다면 이 사람은 사도를 행함이다.

29분 如來者 無所從來 亦無所去 故名如來

여래는 어디서 오는 바도 없으며 또한 가는 바도
없으므로 여래라 부른다.

30분 如來 說一合相 卽非一合相 是名一合相

하나로 뭉친 모양도 곧 하나로 뭉친 모양이 아니고
그 이름이 하나로 뭉친 모양이라고 여래께서 설하셨다.

31분 所言法相者 如來 說卽非法相 是名法相

법상이란 것도 곧 법상이 아니고 그 이름이 법상임을
여래께서 설하셨다.

32분 不取於相 如如不動

상을 취하지 않아 여여하여 동하지 않는다.

* 사구게 앞에 있는 숫자는 사구게가 들어 있는 본문 분절의 숫자이다.

참고문헌

『금강반야바라밀경』 광덕 역, 불광출판부, 1992(鳩摩羅什 漢譯, 漢 岩懸吐, 光德國譯).
『금강경오가해』 무비 역해, 불광출판부, 1993.
『금강경 역해』 각묵 스님, 불광출판부, 2001.
『금강경 역주』 전재성, 한국빠알리성전협회, 2003.
『금강경 강의』 남회근(南懷瑾) 지음, 신원봉 옮김, 문예출판사, 1999.
『육조단경』 광덕 역주, 불광출판부, 1994.
『대승입능가경』 김재근 역, 명문당, 1992.
『대반열반경』 불전간행회 편·강기희 역, 민족사, 1994.
『원효의 대승기신론 소·별기』 은정희 역주, 일지사, 2002.
『중론(中論)』 나가르주나(龍樹) 지음·박인성 옮김, 동민출판사, 2001.
『화엄종관행문』 대한불교조계종 교육원 편, 조계종출판사, 2001.
『용수의 삶과 사상』 中村 元 지음·이재호 엮음, 불교시대사, 1993.
『일승법계도합시일인』 의상·김지견 역, 도서출판 초롱, 1997.
『法華三部經』 小林一郎 지음·李法華 역,영산법화사 출판부, 1990.
『불교철학입문』 사이구사 미쯔요시·윤종갑 옮김, 경서원, 2001.
『가려뽑은 아함경』 선우도량, 대한불교 조계종 선우도량, 1992.
『각해일륜』 백용성 지음, 임도문 편주, 불광출판부, 1997.
『韶天禪師文集 Ⅱ』 소천선사문집간행위원회, 불광출판부, 1993.
『보현행원품강의』 광덕 지음, 불광출판부, 1994.
『화엄경 보현행원품』 법성 연의, 큰수레, 1993.
『벽암록 상』 장경각, 1999.
『벽암록 중』 장경각, 1999.
『벽암록 하』 장경각, 1999.
『영원한 자유』 퇴옹성철, 장경각, 2002.
『자기를 바로 봅시다』 퇴옹성철, 장경각, 2003.
『禪의 황금시대』 鳴經熊 지음·류시화 옮김, 경서원, 1995.
『불교사상과 서양철학』에드워드콘즈外·김종욱 편역, 민족사, 1994.
『華嚴의 思想』 카마타 시게오·한형조 옮김, 고려원, 1991.
『과정과 실재』 화이트헤드·오영환 옮김, 민음사, 1999.
『화이트헤드의 유기체 철학과 불교』 고목스님, 시간과 공간사, 1999.
『소유인가 존재인가』 에리히 프롬 지음·심일섭 옮김, 도서출판 한글, 1999.
『융, 무의식 분석』 C.G. 융·설영한 옮김, 도서출판 선영사, 2001.
『세계의 문화와 조직』 홉스테드(G. Hofstede), 차재호·나은영 역, 지사, 1996..
『별과 인간의 일생』 이시우, 신구문화사, 1999.
『우주의 신비』 이시우, 신구문화사, 2002.
『별을 보면 법을 보고 법을 알면 별을 안다』 이시우, 신구문화사, 2002.
『천문학자와 붓다의 대화』 이시우, 종이거울, 2004.

후기

『금강경』은 대승불교의 소의(所依) 경전으로서 여러 사람들에 의해 해석되고 또 많은 주석을 해 왔다. 물론 대승불교를 표방하는 한국 불교에서도 『금강경』은 매우 중요한 경전으로 읽혀지고 있다. 이 경은 인간 중심적인 세속의 진리인 속제(俗諦)가 아니라 만유에 대한 궁극의 진리인 진제(眞諦)의 내용을 담고 있다. 그래서 깨어지지 않는 '금강(金剛)'이라고 하는 것이다.

32분절로 이루어진 『금강경』을 경의 내용을 중심으로 분류하면 대체로 5개로 나눌 수 있다.

첫째 집단연기의 수수관계, 둘째 진제의 경, 셋째 사상(四相)의 여윔, 넷째 복덕과 지혜, 다섯째 이완과 열반 등이다. 여기서 경의 반 정도는 사상의 여윔을 강조하는 데 할애되고 있다. 이것은 궁극의 진리를 얻기 위해서는 가장 먼저 사상의 집착을 버려야 함을 강조하는 것이다.

위의 내용을 간추려 보면 『금강경』에 들어 있는 중요한 비밀은 다음과 같다. 공동체 내에서 적극적인 연기관계를 통해 사상(四相)의 산냐를 버림으로써 궁극의 진리를 얻으면서 안정된 이완상태인 열반에 이른다. 이를 실천하는 데는 계·정·혜 삼학과 자비와 지혜에 의한 육바라밀이 있어야만 복덕을 얻어 위없이 바른 평등과 바른 깨달음에 이를 수 있다.

즉 마하반야바라밀[대지혜의 완성]로 아누다라삼막삼보리[무상정등각]를 이루기 위해서는 보현행이 실천의 필수 요건임을 보인다. 또한 위에서 언급한 궁극의 진리는 우주 법계에 두루 적용됨으로써 불법은 우주적 법성(法性)을 내포하고 있음을 경은 잘 보여 주고 있다.

이러한 경의 중요성과는 달리 지금까지 『금강경』의 사상(思想)에 대한 이해는 주로 개인적인 차원에서 '최상의 삶', '최상의 선(善)', '최상의 자비' 등을 통한 해탈과 열반에 치중해 온 것 같다. 그리고 이러한 목적을 달성하기 위해서 각자가 아상·인생·중생상·수자상 등의 산냐를 벗어나 육바라밀과 계·정·혜의 삼학(三學)을 닦아야 한다고 보는 것이 대체적 견해였다. 그러나 사상(四相)의 집착에서 벗어나는 것과 삼학의 효율적 실천은 개인 중심이 아니라 집단적 공동체 내에서 상의적 수수관계를 통해 이루어져야 한다는 연기사상이 『금강경』의 근본 사상인 동시에 불교의 핵심이다.

한편 만유의 무자성은 연기에서 귀결되며, 무진연기에 따른 불공(不空)을 핵심으로 하는 공은 무자성에서 귀결되고 그리고 법계연기에서 제법실상은 중도이다.

따라서 연기는 공이고 중도이므로 『금강경』에는 불법의 근본을 이루는 연기사상, 중도사상(中道思想), 공사상(空思想)[1]이 두루 내포되어 있다.

---

1 공사상(空思想): 모든 사물은 인연에 의해 생기는 것으로 고정된 실체가 없다는 사상. 모든 것은 연기(緣起)하고 있다는 사상.

『금강경』은 최초 제1분에서부터

"이와 같이 내가 들었다. 한때 부처님께서 사위국 기수급고독원에 계시사 대비구중 천이백오십 인과 더불어 함께하셨다."

라고 시작한다. 여기서 '1,250인의 대중'에 대한 중요성이 지금까지 어느 누구도 분명하게 언급하지 않은 채 붓다와 수보리 사이에서 일어나는 대화 속에 묻히고 말았다. 그러나 『금강경』에서 말하고 있는 대승은 바로 이들 공동체의 대중과 함께 시작하고, 또 붓다는 이들 모두의 깨침을 위해 설하며 행하고 있다.

즉 『금강경』은 개인적 차원이 아니라 대중 집단의 차원에서 일어나는 연기사상을 근본으로 삼고 있다는 것이다. 이런 점에서 『금강경』은 공동체의 경으로서 '대중에 의한 대중을 위한 대중의 경전'이다.

그래서 불교는 개인 중심이 아니라 집단인 공동체를 바탕으로 한 종교다. 이 때문에 다른 종교와 달리 불교에서는 연기적인 평등성과 보편성이 강조된다.

이러한 집단의 중요성은 육조 혜능 선사의 『단경(壇經)』에서도 볼 수 있다. 즉 '만약 중생을 알면 즉시 불성이다. 중생을 모르면 불(佛)을 못 만난다.[2]' 그리고 '범부가 곧 불이요, 번뇌가 곧 보리니 전념(前念)이 미혹하면 즉 범부요, 후념(後念)이 깨달으면 즉 불이라. 전념이 경계에 집착하면 번뇌가 되고, 후념이 경계를 여의면 즉시 보리이다[3]'라고 했다.

여기서 중생을 안다는 것은 중생들로 이루어진 집단의 공동체의

---

2 『육조단경』: 광덕 역주, 불광출판부, 1994, 14·15쪽.
3 『육조단경』: 광덕 역주, 불광출판부, 1994, 113쪽.

연기법을 안다는 것이며, 이러한 집단의 연기관계를 모르면 깨달음에 이르지 못한다는 뜻이다. 그러므로 범부인 중생들이 곧 부처로서 깨달음의 대상인 것이다.

이러한 대중 집단의 연기사상이 그 실천면에서는 자리이타의 자비를 근본으로 하는 보현행을 통해 지혜의 완성이란 반야바라밀을 이룩하는 것이다. 이런 보현행원과 반야사상[4]이 우리 나라에서는 각운동(覺運動)[5]과 결사운동(結社運動)[6] 선구자인 용성(龍城) 스님[7]과 소천(韶天) 스님[8] 그리고 보현행원을 최초로 정립하신 광덕(光德) 스님[9]으로 이어져 오면서 '구국구세운동(救國救世運動)'이라는 형태로 전개되어 오고 있다.

여기서 '구세'의 현대적인 뜻은 단순히 지상의 인간 세계의 구제만이 아니라 지구를 포함한 만유의 전 우주적 질서까지 포함하는 우주 법계의 올바른 이해와 구현을 의미한다.

오늘날 진행되고 있는 푸른 지구의 심각한 황폐화는 자연과 인간 사이의 긴밀한 연기관계를 망각한 채 '인간 중심의 구세'에만 국한하여 범우주적인 불법의 깊고 넓은 뜻을 이해하지 못한 데서 온 결과이다. 불법은 생명체와 무생명체를 두루 포함한 우주 만유를 위한 것이지 결코 인간 중심적인 것만은 아니다.

---

4 반야사상(般若思想): 법의 여실한 이치에 계합한 중도(中道)의 관점에서 평등·무념·무분별 등을 관조하여 중생을 교화하는 사상.

5 각운동(覺運動): 진리에 따라 행하면서 만유의 존재 가치를 되찾는 운동.(참조 『韶天禪師文集II』: 소천선사문집간행위원회, 불광출판부, 1993, 478쪽)

6 결사운동(結社運動): 허위에 젖은 대중을 반야로써 각성시키고 역사를 장엄하는 지각된 주체들의 '함께 모임'의 온동.(참조 『화엄경 보현행원품』: 법성 연의, 큰수레, 1993, 6쪽.)

7 『각해일륜』: 백용성 지음, 임도문 편주, 불광출판부, 1997.

8 『소천선사문집 II』: 소천선사문집간행위원회, 불광출판부, 1993.

9 『보현행원품강의』: 광덕 지음, 불광출판부, 1994.

『금강경』의 근간을 이루고 있는 연기관계는 집단 내에서 개체들 사이에서 일어나는 서로 주고받는 유기적이고 역동적인 상호관계이며, 그리고 이러한 연기관계는 높고 낮음의 차별이 없이 모두가 동등하고 평등하다는 조건을 바탕으로 한다. 그래서 붓다도 1,250인의 대중 속에서는 대중의 한 사람으로 존재하기 때문에 32상을 갖춘 특별한 사람으로 보지 말도록 당부하는 것이다.

공동체 내에서 깨친 자로서의 붓다는 높은 위치에서 대중을 직접 제도하는 것이 아니라 대중 속에서 말과 행동을 통한 주고받음의 연기관계를 긴밀히 함으로써 모두가 함께 깨달음에 이르고자 했다.

그러므로 경에서 붓다는 특별한 인격체임을 부정하면서 대중과 함께 큰 수레(대승)를 타고 가며 법과 삶을 함께 펴나간다. 여기서 붓다는 매우 특별한 진리를 설한 것이 아니라 지극히 자연스러운 연기관계를 이야기하며 이를 함께 행했기 때문에 49년 동안 법을 설했어도 설한 바가 없다고 한 것이다. 그는 법은 법이되 법이 아니라는 법의 공성(空性)을 말했다.

오늘날 한국 불교의 현실을 보면 스님들은 법을 펴고 대중을 제도한다면서 대중과 떨어져 삶의 참된 뜻을 잃고 있고, 대중들은 절을 자주 찾아가 법문을 듣지만 경을 통해 불법의 지혜와 계율을 잘 쌓지 못하므로 열심히 살아가면서도 삶의 참된 법을 적시에 익히지 못한다.

결국 출가한 스님은 법의 수레를 혼자 굴리는 것이 되며, 재가 대중은 삶의 수레만을 굴리고 있을 뿐이다. 그래서 출가 따로 재가 따로가 오늘날 우리의 현실이다. 즉 스님과 재가 대중이 참된 공동체를 이루지 못하고 있다는 것이다.

그러나 대승의 큰 수레에는 스님과 대중이 반드시 함께 타고 가야 하며, 그리고 법과 삶이 함께 수레에 실려 있어야만 인간의 참된 존재 가치를 구현하면서 진정한 깨달음에 이를 수 있다.

개체들 사이에서 유기적 상호 작용으로 일어나는 연기관계는 가장 낮은 에너지 상태에 머물며, 또 가장 적은 에너지로 외부 반응에 대응하는 최소작용의 원리를 바탕으로 한다. 이 원리를 인간 세계에서 보면,

첫째 조건은 가장 편안한 상태인 정(선정: 정정진·정정·정념)에 해당하며, 둘째 조건은 외부 영향에 대응하는 과정에서 지켜야 할 계(계율: 정어·정업·정명)와 혜(지혜: 정견·정사유) 등에 해당하는 것으로 삼학이 곧 최소작용의 원리를 나타내고 있음을 알 수 있다. 이런 삼학은 사성제(四聖諦: 苦集滅道)의 수행법인 팔정도를 근본으로 한다. 특히 계율을 뜻하는 계(戒)는 공동체 내에서 그 의미를 가진다.

결국 집단의 연기관계에서 일어나는 최소작용의 원리는 사성제의 수행 원리인 셈이며 쌍차쌍조의 중도사상[10]을 나타낸다. 그리고 이런 중도사상은 우주 법계 전체를 관조하는 전일적 사상을 근본으로 한다.

이러한 관점에서 보면 정(선정)이 없는 계와 혜가 있을 수 없고, 또한 계와 혜가 없는 정(선정)도 있을 수 없음을 알 수 있다. 왜냐하면 연기관계의 필요충분조건인 최소작용의 원리는 정(선정: 가장 낮은 에너지 상태)과 계 및 혜(가장 적은 에너지로 반응) 중 어느 하나가 없어도 이루어질 수 없기 때문이다. 여기서 혜는 사종법계(四種法界)를 두루 포함하는 참된 지혜인 반야이다.

불교의 본질은 형이상학적인 체계의 수립이 아니라 구체적이고 실

10 『별을 보면 법을 보고 법을 알면 별을 인다』: 이시우, 신구문화사, 2002, 55쪽·279쪽.

질적인 삶과 존재 가치의 실현에 있다. 그런데 혹자는 화두를 통해서 깊은 선정(禪定)만 잘 닦으면 깨달음에 이른다고 한다.

예를 들면 불교의 근본은 깨달음에 있고, 그 깨달음은 선(禪) 수행으로 가장 빨리 도달할 수 있다는 것이다.[11] 이런 견해는 깨달음의 근본이 되는 계·정·혜로 이루어지는 삼학의 중요성에 비추어 볼 때 다시 생각해 볼 문제다.

즉 선수행에만 지나치게 열중하면 공동체 내에서 여러 사람들과의 적극적인 상호관계를 통해서 얻어지는 올바른 혜(연기관계에 관한 지혜)와 계(공동체에서 지켜야 할 계율)가 부족하게 되어 최소작용의 원리를 만족하지 못하게 될 수도 있다. 그 결과 아상이나 아만에 쉽게 빠져 심한 차별심과 분별심을 가지게 되어 무분별지(無分別智)를 얻지 못하게 되며, 또한 외부 반응에 대해 올바르게 적응하고 반응하는 능력이 부족하게 된다. 그러면 대중의 무리 내에서 연기관계를 잘 수행해 가기가 어렵게 되므로 결과적으로 그는 올바르게 깨친 자가 못 되는 것이다.

참된 깨달음이란 어떤 신비적인 체험에서 얻어지는 특별한 것이 아니라 공동체 내에서 얻어지는 연기법의 올바른 이해임을 경에서 보여 주고 있다. 즉 대승의 수레를 타고 가면서 연기법에 따라 행하며 만법에 통달하고 이에 완전히 젖어들어 여여(如如)해지는 최상승(最上乘)에 이르는 것이 곧 이완상태로 깨달음에 해당한다.

『금강경』에는 보시나 공덕에 관한 이야기가 많이 나오는데 이들은 연기관계에서 반드시 나타나는 말이다. 보시는 상대방에 대한 '올바른 줌'에 해당하고, 공덕은 이런 보시에 상응하는 '올바른 받음'에 해

11 『자기를 바로 봅시다』: 퇴옹 성철, 장경각, 2003, 284쪽.

당한다. 이러한 보시와 공덕은 특별한 것이 아니라 연기관계에서 개체들 사이에서 서로 주고받는 과정에서 당연히 생기는 평범한 것들이다.

흔히 보시를 함으로써 큰 공덕을 쌓거나 자비를 베풀어 거창한 은혜라도 입는 것처럼 생각하기도 한다. 이런 경우는 개인 중심적 입장에 치우칠 때 생기기 쉽다. 그러나 인간은 사회라는 공동체를 이루며 살아가고 있으며, 여기서는 유기적 연기관계가 끊임없이 일어나면서 서로 줌의 보시와 이에 상응하는 받음의 공덕이 항시 따른다. 그러므로 연기관계에서 당연히 나타나는 보시나 공덕에 대해 특별한 집착을 가지지 말 것을 경에서는 강조하고 있다. 여기서 보시 자체는 상에 대한 집착을 버린다는 것이며, 공덕은 연기관계에서 일어나는 주고받음을 뜻한다.

『금강경』에서 강조하는 상의적 연기관계는 구성원들 사이에서 유기적이며 적극적인 주고받음이라는 보시 행위를 통해서 실천되어야 한다. 물론 이런 보시는 계·정·혜의 삼학을 근간으로 하는 지혜와 자비로운 자리이타의 보현행으로 이루어져야 한다. 그래야만 궁극적으로는 공동체 내 구성원 모두가 안정된 이완상태로 나아가면서 마하반야바라밀[큰 지혜의 완성]에 이르고자 하는 삶의 목적이 불법 속에 녹아들 수 있는 것이다.

결국 『금강경』은 궁극의 진리의 이해뿐만 아니라 참된 삶의 실천 방법도 가르쳐 주고 있다. 즉 『금강경』에는 마하반야바라밀과 보현행원이 함께 들어 있는 셈이다.

불법에서는 불(佛)·법(法)·승(僧)의 삼보(三寶)에 귀의하는 것을 중시한다. 흔히 부처님께 귀의하고, 불법에 귀의하고, 스님께 귀의하는 것으로 생각하지만, 육조 혜능 선사는 넓은 뜻으로 불은 깨달음[覺], 법은 바름[正], 승은 청정(淸淨)으로 설명하고 있다.[12] 후자의 경우에 삼귀의는 아상·인상·중생상·수자상 등의 사상(四相)과 애욕의 집착을 버리고 깨끗한 맑은 마음[僧]과 깨친 마음[佛]으로 연기법(法)을 잘 따르는 것을 뜻한다.

그리고 『금강경』에 따르면 이러한 삼귀의의 달성은 반드시 개인적 차원이 아니라 대중의 집단 전체에서 이루어져야 함을 강조하고 있다. 이런 관점에서 남회근 국사가 말했듯이 『금강경』은 '일체의 종교성을 초월하면서도, 동시에 일체의 종교성을 그 속에 포함하고 있다'[13]고 볼 수 있다.

한편 소천 선사는 "금강경은 일체 종교, 철학, 도덕, 정치, 경제, 예술, 일체 사농공상(士農工商) 등 모든 문물(文物), 과학의 경전인 것이다. 만일 불교인으로 금강경은 불교의 경전만으로 안다면 이는 불교를 바로 알지 못하는 박지(薄智)인 것이다"[14]라고 했다. 결국 『금강경』은 모든 것의 경전이다. 이런 점에서 소천선사는 『금강경』을 각운동(覺運動)의 지침서로 삼았다.

만유의 보편성과 평등성을 근본으로 하고 또 중도사상과 선(禪)이 강조되는 불법이 바로 『금강경』에서 설해지고 있으며, 그리고 이러한 불법은 개인이 아니라 여럿이 모인 대중의 집단(공동체, 국가, 세계 등)에서 달성된다는 것을 이 경은 여실히 보여 주고 있다.

나아가 이러한 불법은 오히려 사법계, 이법계, 이사무애법계, 사사무애법계 등 사종법계(四種法界)가 잘 적용되는 우주 법계에서 더

---

12 『육조단경』: 광덕 역주, 불광출판부, 1994, 194·195쪽.
13 『금강경 강의』: 남회근 지음·신원봉 옮김, 문예출판사, 1999, 17쪽.
14 『天禪師文集II』: 소천선사문집간행위원회, 불광출판부, 1993, 480쪽.

잘 이루어지고 있다. 이런 점에서 『금강경』은 인간뿐만 아니라 별을 포함한 우주 내 만유를 위한 으뜸의 경이다.[15]

15 스님: "무엇이 조사께서 서쪽에서 오신 뜻입니까?"
향림(香林): "오랫동안 앉아 있노라니 피곤하구나."(『벽암록 상』: 장경각, 1999, 158쪽)

찾아보기

금강경과 천문학

초판 1쇄 | 2015년 3월 25일

지은이 | 이시우
펴낸이 김인현

디자인 | 끄레어소시에이츠
인쇄 | 금강인쇄(주)

펴낸곳 | 도피안사
출판등록 | 제2000년 8월(제19-52호)
주소 | 경기도 안성시 죽산면 거곡길 27-52(용설리 1178-1)
전화 | (02) 419-8704
팩스 | (02)336-8701
이메일 | dopiansa@daum.net
홈페이지 | http://www.dopiansa.or.kr

ISBN 978-89-90562-47-0 04220

책값은 뒤표지에 있습니다.
잘못된 책은 바꿔드립니다.